KB151739

갈등사례집

조은영 최희용 최일환 이선우

유원북스

갈등사례집을 출간하면서

　오랜 기간 공공갈등을 연구하고 현장에서 갈등조정 및 자문을 해오면서 이렇게 실제 사례들을 정리하여 책으로 편찬하기는 처음입니다. 한국갈등학회, 공존협력연구소, 한국사회갈등해소센터 등의 운영과 업무에 직·간접으로 관여하면서 다양한 갈등사례들을 경험하거나 자료를 수집할 수 있는 기회가 많았음에도 불구하고, 이런저런 일들로 인해 책으로 엮는 작업이 차일피일 미루어져 왔었습니다. 이러한 아쉬움이 다행스럽게도 조은영·임다희·최희용·최일환 네 분 박사님들의 도움으로 해결되어 참으로 감사하게 생각합니다.

　공공갈등사례들을 수집하여 개요와 일지, 그리고 내용을 단순히 정리한 것이 아니라, 갈등상황을 쟁점별로 이해관계자들의 입장과 속내를 분석하고, 도출된 대안과 합의안의 내용과 의미, 그리고 사후관리 상황까지 독자들이 이해하기 쉽게 진술되었다는 점이 이 책의 특징입니다.

　갈등을 해소하는 방법에는 이해관계자들이 직접 참여하는 협상(negotiation)과 조정(mediation) 및 일반 국민의 시각에서 갈등쟁점을 풀어가는 숙의적 의사결정(public deliberation) 등 크게 두 가지 영역의 세 가지 방법으로 나누어 살펴볼 수 있습니다. 이 책 또한 세 부분으로 구성되었고, 각 방법별로 3~4개의 사례를 소개하고 있습니다.

　물론 갈등을 해소하는 방법들은 매우 다양하며, 전문가들이나 참여한 이해관계자들이 창의적으로 새로운 방법을 개발하여 활용할 수도 있습니다. 가장 기본이 되는 방법들을 사례에 적용하여 설명한 것이라고 이해해 주시면 감사하겠습니다.

모쪼록, 공공갈등 관련 연구자나 교육자, 또는 단순히 갈등관리 분야에 관심을 가지고 있거나 직접 업무를 수행하고 있는 분들에게 이 책이 많은 도움이 될 수 있으면 좋겠습니다.

책 출간을 지원해주신 유원북스 이구만 사장님과 직원분들에게 감사드리며, 끝까지 사례분석과 정리, 그리고 편집하느라 고생한 조은영박사, 임다희박사, 최희용박사, 그리고 최일환 구의원께도 감사드립니다. 이 분들의 도움 덕분에 저의 이름도 함께할 수 있게 되어 행복합니다.

요즘 뜨고 있는 갈등의 현장 대장동 서재에서

2022년 11월 …

이선우 올립니다.

차 례

2장   갈등협상 _ 79

1장

갈등조정 및 중재

- 대학교 기숙사 신축 갈등
- 노량진수산시장 갈등
- 강원도 양양군 설악산 오색케이블카 갈등
- 가리왕산 복원 갈등

○ 대학교 기숙사 신축 갈등

1. 사례 선정이유

2010년대에 접어들면서 대학 주변 지역에서 지역 갈등이 점차 심화되는 추세가 나타나고 있다. 교육부에 따르면 2016년 기준 우리나라 전국 238개 대학의 기숙사 수용률은 20.3%이며, 비수도권 대학은 23.9%이지만 수도권은 15.0%로 수용률이 낮게 나타났다(한국일보, 2017.08.22.).

낮은 기숙사 수용률은 대학생들의 주거복지 및 주거비 부담 등과 연결되어 지방 대학의 경우에는 신입생 모집에도 영향을 미치게 되어 학교운영에도 큰 어려움을 야기하고 있다. 이러한 상황에서 각 대학들은 학생들의 주거 안정성을 위해 대학 기숙사 신축을 추진하고 있으며, 이 과정에서 주변 지역 주민들과의 갈등이 야기되기 시작하였다.

대학 기숙사 건립과 관련한 주요 사례를 살펴보면, 한양대와 광운대, 경희대 등 서울 지역 대학 기숙사와 부경대, 영남이공대, 고신대, 신한대, 나사렛대 등 10여개 지방 대학 기숙사가 2017년부터 운영을 시작하였다. 그러나 이들 대학들도 평균 5년 여의 갈등상황을 겪은 후에 기숙사 운영을 할 수 있었다. 반면, 고려대 기숙사의 경우 2013년부터 신축계획을 발표하고 추진하였으나 아직까지 제자리걸음인 상태이다.

이처럼 서울 시내 주요 대학의 기숙사 신축과 관련된 갈등은 최근에는 홍성 혜전대와 충남 아산 호서대 기숙사 신축 갈등과 같이 지방 사립대로 확대되는 추세를 보이고 있다. 이뿐만 아니라, 한국사학진흥재단이 추진하고 있는 '동소문동 행복기숙사 사업'이나 한국장학재단이 추진하고 있는 '응봉동 기숙사 사업' 등과 같이 재단 등에서 건립하고자 하는 연합기숙사 신축 사업 역시 인근 주민들의 반대로 인하여 어려움을 겪고 있는 상황이다.

2. 사례 개요

1) 갈등 일지

〈표〉 갈등 일지

구분 대학명	시기	전개과정
고려대학교	2008.10.05	• 대형 기숙사 신축으로 개운사와 갈등
	2009.08.05	• 고려대·개운사 장학회 설립으로 갈등 해소
	2013.12	• 성북구 개운산 고려대학교 소유 부지에 기숙사 6개 동 신축 계획 발표
	2014.08	• 고려대 성북구에 공원계획변경 신청
	2014.11	• 성북구의회 기숙사 건립 추진 철회 촉구 결의문 채택
	2015.04.27 2015.05.11	• 고려대 개운산 기숙사 건립 촉구를 위한 공동기자회견(민달팽이 유니온)
	2015.5	• 성북구 주민들 기숙사 신축에 반대하는 주민 서명-고려대 총학생회 투표권 확보하여 정치적 실력행사에 나서겠다며 학생들의 성북구 주소 이전 운동
	2017.06.08	• 고려대 학생들의 '기숙사 신축을 위한 탄원 기자회견'
총신대	2017	• 학교 부지 내 기숙사 증축 과정에서 주변 주민들이 안전문제와 소음 등을 이유로 반대 • 서울시에서 갈등조정 전문가를 투입하여 대학과 주민 간의 의견 접점 찾고 있음
		서울시 분쟁조정위원회에 계류중인 총신대 기숙사(동작구) 문제
호서대	2017	• 기숙사 수용률 16.9%로 인근대학보다 낮아 외국인 학생 유치 등의 어려움으로 기숙사 신축 계획 • 기숙사 신축사업 관련 학교 관계자, 학생대표 및 지역주민 등을 대상으로 한국사학진흥재단의 행복기숙사 사업 설명회 개최(2017.08.01) • 최근 대학가 인근 원룸의 공급과잉과, 당진캠퍼스 신설로 인한 학생유출로 생존권에 위협을 받고 있다는 주민들의 반대로 기숙사 신축 갈등
혜전대	2017	• 학교 측은 남학생 기숙사가 없어 미등록이 많은 현실에서 홍성군에 기숙사 건축허가 신청 • 인근 원룸임대 주민들은 현재 공실률이 50%로 기숙사 신청 반대

2) 갈등 전개

(1) 갈등의 시작

대학 기숙사 건립 갈등의 발단은 각 대학 및 재단 등이 신규 기숙사를 건립하겠다는 계획을 발표하면서 시작된다고 할 수 있다. 신규 기숙사 건립 계획 발표 직후 인근 지역 주민들이 조직적 혹은 산발적으로 반대를 시작하게 된다. 대학교 기숙사 건립에 따른 갈등은 대학가 인근 주민들의 이해관계 및 주변 상권의 조직화 정도에 따라 달라진다. 인근 주민들이 임대업자들을 중심으로 직접적인 소득 저하가 발생할 것을 우려하여 기숙사 건립에 반발하는 것이다. 대표적인 사례가 한양대, 경희대, 세종대 등 서울지역 사립대 기숙사 건립 갈등이다.

대학 주변 임대업자들과 상가를 중심으로 한 기존 상권이 잘 발달된 지역의 대학교 기숙사 건립 사례의 경우 갈등이 첨예하게 나타나고 있다. 원룸이나 하숙집 등을 운영하는 주변 주민들은 대학 기숙사가 건립될 경우 생존권을 위협받는다며 반대를 하고 있다. 대학가 주민들이 기숙사 신축에 반대하는 주요 이유는 임대료 하락과 공실률 증가 등과 같은 경제적 손해가 예상되기 때문이다.

(2) 갈등의 확산

대학교 기숙사 건립 갈등이 확산되는 시기는 각 대학들이 해당 구청 및 지자체 등에 기숙사 건축허가를 신청하는 과정에서부터 시작된다고 할 수 있다. 이 과정에서 대학교 기숙사 건립 갈등은 학생 및 학교 측과 주변지역 주민들 간의 갈등에서 해당 구청 및 지자체가 갈등의 핵심당사자로 등장하게 된다.

대학 기숙사 건립 갈등이 확산되는 시기에는 기숙사 신축과 관련된 제도적 절차가 주요 원인으로 작용한다고 할 수 있다. 대학교 기숙사는 '국토의 계획 및 이용에 관한 법률(국토계획법)' 부칙 제15조에 따라 도시계획시설로 분류되며, 도시계획시설을 지으려면 국토계획법 제88조에 따라 시의원과 공무원, 외부전문가가 포함된 시의 도시계획위원회의 심의를 통과하고 구에서 건축 허가를 받아야 한다(한국일보, 2017. 8. 22). 즉, 대학 측에서 신규 기숙사 건립 계획을 수립하면, 해당 구청은 기숙사 건립 심의에 들어가게 되고 이에 대한 허가권을 갖고 있기 때문에 해당 구청이 기숙사 건립 허가를 내주지 않은 경우 사업 초기부터 학교 및 학생 측과 해당 구청 간의 갈등이 나타나게 된다. 또한, 허가 과정에서 지역 주민들의 민원 등에 민감하게 반응하는 경우 학교 및 학생 측과의 갈등은 더욱 첨예한 양상으로 나타난다.

(3) 갈등축소 및 완화

대학 기숙사 건립 갈등의 완화 및 해소시기는 실질적으로 대학 기숙사 건립에 대한 지자체의 건축허가가 이루어지고 실질적으로 공사가 시작되는 시점부터라고 할 수 있다.

이화여대나 홍익대의 경우와 같이 해당 지자체를 상대로 주민들이 낸 건축허가처분 무효확인 소송에서 패소판결을 받음으로써 갈등이 해소되는 경우도 있다. 행정심판이나 행정소송과 같은 법률적 판단은 공식적으로 갈등을 종료시키는 실질적인 제도적 수단으로 행정소송 결과에 따라 최종적인 사업의 운명이 결정된다고 할 수 있다.

세종대의 경우에는 지역주민들과의 갈등을 지자체의 중재를 통해 원만하게 해결한 대표적인 사례라고 할 수 있다. 세종대는 기숙사 건축을 추진했다가 광진구 주민들의 반대에 부딪히게 되었다. 이후 광진구와 세종대 관계자, 군자동 주민협력위원회가 10여 차례 갈등을 해결하기 위해 의견을 나누었고 '상호 협력과 발전을 위한 협약식'을 가지고 갈등을 완화하였다.

대학 주변 상권이 발달해 있기 때문에 기숙사 신설과 관련된 지역 상인 및 임대사업자 등의 이해관계가 복잡하게 얽혀 있어 첨예한 갈등이 나타나고, 이러한 갈등을 갈등당사자인 대학이나 학생, 지역 주민들이 자체적으로 해결하기는 매우 어려운 상황이다. 이에 당사자 간의 이해관계 및 요구사항 등을 잘 조정해 줄 수 있는 중재자의 역할이 매우 중요하며, 이러한 역할을 해당 지자체가 담당함으로써 갈등을 해소할 수 있는 것이다.

3. 사례 분석

1) 갈등쟁점 및 쟁점별 이슈

대학 기숙사 건립과 관련된 갈등의 가장 중요한 이유는 경제적 이해관계에 있다고 할 수 있다. 학생 측에서는 대학 주변 원룸에서 생활할 경우 보증금을 제외하더라도 매달 약 40~60만원 정도의 월세를 부담해야 한다. 대학 인근 임대업자들의 경우에는 원룸이나 자취방 등을 통해 매달 40~60만원 정도의 수입을 얻을 수 있는 상황에서 대학 기숙사가 건립되게 되면, 공실우려가 높아지고 이로 인하여 전체적인 지역 차원에서 임대료가 낮아짐으로써 직접적인 경제적 피해를 입게 되는 것이다. 이처럼 서로 간의 직접적인 경제적 피해가 크기 때문에 갈등이 첨예하게 나타난다고 할 수 있다.

2) 이해관계자 입장별 입장

(1) 임대업자 및 상인

일반 지역보다 상대적으로 높은 임대수익률로 인해 퇴직자들이 노후를 대비하기 위해 월세 사업을 많이하고 있으며, 많은 지역에서 재개발사업이 제대로 이루어지지 않으면서 대학가를 중심으로 신축 원룸이 더욱 증가하는 추세를 보이고 있다.

여기에 문재인 정부 공약사항인 '기숙사 5만실 확장'과 관련한 실질적인 정책들이 지지부진한 상황에서 기존에 신축을 추진하던 기숙사들마저 주민들의 반대로 어려움을 겪고 있는 것이다.

(2) 지역주민

주민들은 기숙사라는 거대 주거 형태가 자리하게 되면 원룸 공실률이 크게 높아질 것이라 주장하며, 지역경제가 침체될 것이라고 우려하고 있다. 생활관 건립 반대 대책위원회는 "대학가 근처 원룸들은 고령의 노인들이 하는 영세 원룸이 대부분"이라며 기숙사가 들어오면 이들의 노후가 위협받는다고 주장하였다.

(3) 학생 및 총학생회

기숙사 생활을 하지 못하는 지방 대학생들의 경우 주거비가 전체 생활비의 50% 이상을 차지하고 있다. 기숙사를 이용하지 못하는 학생들의 경우에는 등록금과 더불어 주거비 부담이 더욱 높아지는 것이다.

(4) 학교

서울을 비롯한 수도권 대학의 경우보다 지방 대학의 경우에는 학령인구가 지속적으로 감소하고 있는 상황에서 보다 많은 신입생을 유치하고 학생수를 유지하기 위해 기숙사 수용률을 높이는 것이 매우 중요한 대학경쟁력 확보 방안으로 인식되고 있다. 지방에 위치한 사립대의 경우 기숙사마저 부족한 경우 학생유치에 어려움이 발생하고, 이는 결국 학교 주변 상권을 형성하여 생활하고 있는 지역 주민들에게도 결과적으로 부정적인 결과를 야기하기 때문에, 주민들도 기숙사 문제에 대한 공감대를 형성해야 한다는 것이다.

(5) 해당 지자체

서울시 관계자에 따르면, 대학 측에서 시설 및 교육 컨텐츠 공유 등 지역 상생 차원의 제안들을 제시하고 있지만, 임대업으로 생계를 잇고 있는 주민들과의 접점을 찾기가 어려운 상황이라고 한다. 서울시와 해당 구청에서는 어느 편을 들어주기가 난처한 상황이라고 할 수 있다. 학생들의 주거 공간을 마련한다는 학교 측의 입장과 생계권이 달린 주민들의 민원을 모두 고려해야 하기 때문에 수년간 기숙사 신축과 관련한 입장을 보류하고 있는 것이다.

3) 특징

대학교 기숙사 신축 갈등에는 다양한 행위자가 존재하고 있다. 대학 기숙사 건립 갈등의 주체는 크게 기숙사 건립을 찬성하는 측과 반대하는 측으로 구분할 수 있다. 또한, 기숙사 건립 갈등의 해결을 위한 중재 역할을 담당하는 제3자도 존재하는 사례가 있다.

대학교 기숙사 신축 갈등과 관련한 갈등행위는 크게 집회 및 시위, 민원, 소송 등이 나타나고 있는 반면, 기숙사 신축 갈등이 발생하는 지역의 해당 지자체의 갈등관리방식으로는 제3자 중재행위로 토론회나 협약식 등이 나타나고 있다.

4) 갈등관리과정

대학교 기숙사 건립 갈등은 처음에는 주로 서울지역 사립대학을 중심으로 나타났다. 그러나 최근 들어 사학재단이나 연구재단 등과 같은 재단이 추진하고 있는 공익적 기숙사 건립뿐만 아니라 지방 사립대 기숙사 건립으로 점차 확대되는 추세를 보이고 있다. 기존의 서울 사립대학 기숙사 건립 갈등의 해소과정은 크게 두 가지 유형으로 구분할 수 있다. 첫 번째 유형은 제도적 해결수단을 활용한 갈등 해결이다. 이화여대의 경우 인근 주민들이 서대문구를 상대로 낸 건축허가처분 무효확인 소송에서 원고 패소판결을 받음으로써 기숙사를 신축하였다. 홍익대의 경우도 마포구청장을 상대로 학교법인이 낸 건축허가신청 불허가처분 취소 소송에서 원고 승소판결을 받음으로써 갈등이 해결되었다.

대학교 기숙사 건립 갈등이 해소된 두 번째 유형은 합의를 통한 갈등해결이다. 이 방식으로 기숙사 갈등이 지역주민들과 협력적으로 원활하게 해결된 학교는 세종대 사례를 들 수 있다. 갈등은 기본적으로 제로섬 게임(한쪽이 이득을 보면 다른 한쪽이 손해를 보는 상황)이기 때문에 당사자간 합의점을 찾기 어려운 측면이 있다. 하지만 세종대의 경우 광진구가 10여 차례 대화를 주선하면서 대화의 물꼬가 트이기 시작했다. 세종대학교 측이 주민들을 위한 공간과 지원계획을 내놓고 광진구, 세종대, 주민들이 군자동 일대 빈집과 임대주택의 현황을 조사해서 공유하고 대학생이 들어갈 수 있는 집을 연결하는 체계를 갖추는 편으로 합의점을 찾게 되었다. 세종대 측에서 학교 주변 지역의 임대주택의 간단한 수리비와 도배 등을 지원하고 구청에서는 혼자 사는 노인의 집을 대학생에게 싼값에 임대하는 방안을 제시하였다. 또한 늦은 시간에 주민에게 주차장을 개방한다거나 학교 시설에 대한 이용을 주민에게도 개방하는 등 협력적 움직임을 보이게 되면서 주민과의 갈등을 줄임으로써 최종적으로 합의에 이름으로써 갈등을 해결한 사례라고 할 수 있다.

5) 결과

기숙사 건립에 성공한 대학들의 사례를 보면 공통적으로 지역과의 마찰을 줄이기 위한 상호 협의에 성공하였다는 공통점이 있다. 서울대, 고려대, 한양대, 이화여대, 홍익대 등과 같은 대학 주변 상권이 발달한 서울을 중심으로 기숙사 신설과 관련된 갈등이 첨예하게 나타나고 있다. 이들 지역은 대학가 원룸과 하숙이나 자취방 등과 같은 임대주택을 활용하여 생계를 이어가는 주민들이 많기 때문에 임대주택 주거비에 비해 저렴하게 운영되는 기숙사가 신설되면 지역 임대사업자들에게 피해가 나타나기 때문에 서로의 이해관계가 충돌하기 때문이다. 기숙사 건립 과정에서 나타나는 안전문제나 건축법상 문제 및 소음 피해 등의 문제를 제기하기도 하지만, 상권이 발달한 주요 지역에서의 기숙사 건립 반대의 핵심적인 대상은 주변 상인들이라고 할 수 있다.

4. 제언

합의를 통한 갈등완화기제를 보완하기 위한 제도적 차원의 완화기제도 생각해볼 수 있을 것이다. 제도적 측면에서 대학기숙사 갈등을 줄이기 위한 방법으로는 대학기숙사 수용률을 대학평가의 지표에 반영하는 것이다. 일정 수준(최소수준)의 대학기숙사 수용률을 대학평가 지표에 포함시키면, 대학 측에서 기숙사 건립 과정에서 나타나는 갈등을 줄이기 위해 보다 적극적으로 대응할 것이며, 이 과정에서 지자체 등의 제3자에 의한 중재가 없이도 당사자 간의 협상이 보다 활발히 이루어질 것으로 예상할 수 있다. 또한, 보다 근본적으로는 외국대학의 경우와 같이 대학기숙사를 필수시설로 인식하여 향후 대학설립 기준에 최소한의 대학 기숙사 수용률 혹은 기숙사 확보방안을 반드시 갖추도록 하는 것도 필요하다고 할 수 있다. 현행 '대학설립·운영규정'에는 기숙사를 교사 시설의 하나로 갖추기만 하면 될 뿐 수용률을 강제한 규정이 없는 상황이다. 이에 대학기숙사를 대학이 갖추어야 할 필수시설로 법에 명시하고 운영규정 관련 가이드라인을 만드는 것이 필요하다고 할 수 있다. 1996년 이전의 '대학설치기준령'에는 기숙사 수용인원을 총학생 정원의 15% 이상으로 명시했었다. 그러나 이처럼 강제 규정으로 대학기숙사를 필수시설로 지정하는 것은 대학의 자율성을 침해할 우려가 있다는 점을 고려하면, 한국대학교육협의회의 대학기관평가인증시 현행 평가기준인 기숙사 확보율 11%를 상향 조정하여 대학 스스로 기숙사 확보를 독려하는 것(한국일보, 8. 22)도 고려해볼 만한 대안이라 할 수 있다.

┋종합요약

　서울 시내 주요 대학의 기숙사 신축과 관련된 갈등은 최근에는 홍성 혜전대와 충남 아산 호서대 기숙사 신축 갈등과 같이 지방 사립대로 확대되는 추세를 보이고 있다. 이뿐만 아니라, 한국사학진흥재단이 추진하고 있는 '동소문동 행복기숙사 사업'이나 한국장학재단이 추진하고 있는 '응봉동 기숙사 사업' 등과 같이 재단 등에서 건립하고자 하는 연합기숙사 신축 사업 역시 인근 주민들의 반대로 인하여 어려움을 겪고 있는 상황이다. 합의를 통한 갈등완화기제를 보완하기 위한 제도적 차원의 완화기제도 생각해볼 수 있을 것이다. 제도적 측면에서 대학기숙사 갈등을 줄이기 위한 방법으로는 대학기숙사 수용률을 대학평가의 지표에 반영하는 것이다.

❖ 핵심정리

☐ 이해관계자

→ 임대업자 및 상인, 지역주민

☐ 갈등쟁점

→ 낮은 기숙사 수용률

☐ 쟁점별 입장 및 속내

→ 임대업자 및 상인: 대학가를 중심으로 신축원룸이 더욱 증가하는 추세

→ 지역주민: 지역경제가 침체될 것을 우려

☐ 쟁점별 대안

→ 기숙사 건립에 성공한 대학들의 사례를 보면 공통적으로 지역과의 마찰을 줄이기 위한 상호 합의에 성공하였다는 공통점이 있음

☐ 최종합의안

→ 주민에 주차장을 개방한다거나 학교 시설에 대한 이용을 주민에게도 개방하는 등 협력적 움직임을 보이게 되면서 주민과의 갈등을 줄임으로써 최종적으로 합의

☐ 합의이행 여부 및 사후관리

→ 제도적 측면에서 대학기숙사 갈등을 줄이기 위한 방법으로는 대학기숙사 수용률을 대학평가의 지표에 반영

참고문헌

• KBS 뉴스 (2017). 대학 기숙사 건립 곳곳 갈등 … 학생들만 '발 동동'
• 내일신문 (2017). 한양대 기숙사 분쟁, 첫 관문 넘었다.
• 머니투데이 (2017). 기숙사 갈등 이번엔 총신대 … 사상 첫 官 중재 나선다.
• 비즈니스뉴스 (2017). '기숙사 vs 하숙집' 대학촌 반복되는 갈등
• 신아일보 (2020). 성동구, 한양대 기숙사 확충 갈등 '상생'으로 해결
• 연합뉴스 (2017). 대학, 기숙사 신축한다는데 … 주민, 반대하는 이유는
• 한강타임즈 (2015). 광진구, 세종대 기숙사 신축 관련 상생협약

◦ 노량진수산시장 갈등

1. 사례 선정이유

노량진수산시장은 1971년 문을 연 이후 약 40년간 운영되는 과정에서 시설이 노후화되고 안전 및 위생상의 문제가 제기되었다. 이후 2004년 '수산물도매시장 현대화 추진'정책에 따라 2012년 신규 현대화건물 착공에 들어가게 되었으며, 2015년 8월 신(新)시장 건물이 완공되었다. 하지만 구(舊)시장 상인들이 신시장 건물로의 이전을 거부하면서 이전을 추진하는 수산업협동조합(이하 수협) 측과 구시장 상인들 간의 첨예한 대립이 계속되어 왔다.

노량진수산시장 현대화 사업으로 인해 삶의 터전에서 쫓겨난 시장 상인들이 몇 해를 넘긴 지금도 여전히 문제해결을 촉구하고 있다. 국고 1,500억여원을 들인 시장 현대화사업이 수협의 배만 불린 정황이 뚜렷하다. 새로운 수산시장으로 입주하며 내야 하는 임대보증금과 임대료는 급증했다. 반면, 상인들이 사용할 수 있는 공간은 지나치게 작아졌으며 수산물 입하량은 반토막이 났다. 시장을 이용하는 국민들만 불편을 감수해야 하는 상황인 것이다.

문제가 장기화되고 있는 상황, 행정대집행 과정에서 폭력이 발생했다. 상인들을 향해서 매우 위험한 것으로 알려져 있는 물대포 직사살수가 버젓이 벌어지기까지 했다. 노량진 상인들은 국가인권위원회에 진정을 제기했고, 인권위는 서울시의 조정 역할을 촉구했다. 상인들은 생존권을 위협받는 것을 넘어 인권까지 위협받고 있다.

신시장으로의 이전을 반대하는 구시장 상인들은 '신시장 점포의 면적이나 각종 설비가 영업에 적절하지 않고, 기존보다 2~3배 높아진 관리비와 임대료 부담 등을 이유로 점포 이전을 거부하고 있다. 또한, 수협 측이 시장현대화 과정에서 상인들의 목소리를 제대로 반영하지 않았다고 주장하고 있다. 반면, 수협 측은 상인들의 주장은 사실과 다르며, 구시장 상인들이 사유지를 무단으로 점거하고 있어 매년 수억 원의 피해가 발생하고 있다는 주장이다. 수협 측과 상인들의 갈등이 증폭되면서 폭행 및 폭력사건 등의 인적 피해도 발생하였다. 더욱이, 2017년부터 수협 측의 4차례에 걸친 명도집행 과정에서 갈등이 최고조에 달하였다.

2. 사례 개요

1) 갈등 일지

노량진수산시장 현대화사업은 2004년 김대중 정부의 대통령 자문기구인 농어업·농어촌특별위원회에서 수산물 유통체계 선진화 방안으로 '수산물도매시장 현대화 추진'으로 노량진수산시장 현대화사업이 시작되었다. 사업 초기에는 신시장 부지선정과정에서 수협중앙회와 서울시 간 갈등이 있기도 했으나, 농림부 부지 매입을 통한 도매시장 일부부지 시장 이전방식을 택함으로써 2007년부터 본격적인 사업이 추진되었다.

2009년 7월 시장 현대화사업단(수협 측)과 상인 간의 양해각서 체결로 2012년 착공 후 2015년 완공하였다. 그러나 완공된 현대화건물을 직접 본 상인들은 기존보다 면적도 좁고, 기존 시장 구조와 다른 설계구조, 기존보다 2~3배 정도 높은 수준의 임대료 책정 및 건물 내 환기 문제 및 물류 이동능력 저하 등으로 인한 상업활동의 어려움 등을 이유로 비상대책위원회를 구성하여 수협중앙회와 대치하기 시작하였다.

2017년 수협 측은 신설 수산시장 입주 희망 상인들과 판매자리 설치, 소송취하 등 합의사항을 담은 양해각서를 체결하는 등 유화적 방법을 취하기도 하였으나, 2017년과 2018년에 걸쳐 총 4차례의 명도집행을 시도하는 등 강력한 제도적 대응을 취하기도 하였다. 또한, 2018년 11월에는 구시장에 대한 단전 및 단수를 시행하였고, 2018년 11월 9일까지 신시장 입주신청기한을 마감함으로써 입주반대 상인 절반 정도가 신청함으로써 신시장 이전을 위한 절차가 마무리되는 듯하였으나, 남은 구시장 상인들이 서울시청 안에서 연좌농성에 돌입하였으며, 수협의 구시장 통제 및 차단시설 설치과정에서 폭력사태가 발생하였다.

2) 갈등 전개

(1) 갈등의 시작

노량진수산시장 현대화사업은 2004년 당시 김대중 정부의 대통령 자문기구인 농어업·농어촌특별위원회의 수산물유통체계 선진화 방안에 '수산물도매시장의 현대화 추진'이 포함되면서 시작되었다.

현대화사업이 진행되는 과정에서 현대화사업추진단(이하 '사업추진단'이라 함)과 상인들 간 갈등이 발생하는 데, 추진단이 계획했던 복층화 건물이 원인이었다. 추진단의 복층화에 대해 상인들은 해산물 운송의 복잡성과 신속성 등 영업활동의 불편함을 이유로 반대하였다. 현대화사업추진단 계획에서는 경매장과 판매장을 분리하기로 되어 있었는데, 상인들은 경매장과 판매장 분리를 절대적으로 반대하였다.

사업추진단은 상인들의 이러한 의견을 수용하지 않았고, 사업이 추진되면 임대료가 낮아지고 물량이 더욱 늘어날 것이라고 주장하면서 일방적으로 사업을 추진하였다(주간경향, 2009.04.28.). 이처럼 상인들과 사업추진단 간 갈등이 계속되던 중 2009년 사업추진단과 상인 간 양해각서가 체결되어 사업이 본격적으로 추진되었다(이데일리, 2009.07.23.).

(2) 갈등의 확산

노량진수산시장 현대화사업은 2012년 착공되어 2015년 9월 건설이 대부분 완료된 시점에서 처음으로 상인들에게 건물 내부의 모습을 보여주면서 갈등이 시작되었다. 그동안 건물 설계도면과 시뮬레이션만 봐왔던 상인들은 실제 건물 모습을 보고 난 이후 비상대책위원회를 구성하여 수협중앙회와 대치하기 시작하였다. 상인들이 현대화건물의 입점에 반대하는 이유로 크게 네 가지를 들 수 있다. 첫째, 기존에는 상인들이 이용하는 공간이 5.09평(가게+가용면적+도로)이었지만, 새 건물의 전용면적은 1.5평으로 매우 작다는 것이다. 양해각서 체결 당시 상인들은 기존 시장 구조 그대로의 수평적 이동이라는 수협 측의 말을 믿고 서명을 하였지만, 건축과정 중에 확인차 내부 견학을 요청했음에도 수협은 안전상 위험하다는 이유로 비공개로 사업을 진행하였다. 셋째, 수협 측은 현대화사업 계획이 변경될 당시 임대료가 낮아질 것이라고 상인들을 설득했지만, 실제로 건물이 완공되고 난 후에는 기존보다 두 배 정도 높은 수준으로 책정되었다. 넷째, 신규 건물은 건물 천장이 낮고 환풍시설이 부족해 수산시장 특유의 냄새가 잘 빠지지 않는다는 점과 물류 이동능력이 떨어져 영업활동에 어려움이 있다는 것이었다. 그러나 수협은 설계단계부터 완벽한 계획에 따라 한 것이라고 주장하였다(브레이크뉴스, 2016.04.05.).

(3) 갈등의 증폭

신규 건물이 완공된 후 2016년 3월 현대화 건물 입주에 대한 3차 추첨이 마감되었고, 기존 상인들의 구시장 상점에 대한 계약이 만료되었다. 당초 2016년 1월 초까지 시장 상인들을 모두 현대화시장으로 이전시키려고 했으나 상인 대부분이 거부하여 뜻을 이루지 못하였고, 동작갑 국회의원 전병헌 등 지역인사들의 중재안에 따라 일단 이들의 중재를 받아들여 3월까지 구시장의 영업을 보장하기로 하였다.

최후통첩일인 2016년 3월 15일 수협과 노량진수산(주)는 구시장에 대한 모든 지원을 전면중단하고 구시장에서 영업하는 상인들에 대해서는 법적인 제재도 불사할 것이라고 경고를 하였으나, 상인들은 죽어도 나갈 수 없다며 버티고 있으며 수협의 횡포를 비난하였다. 그러던 중 2016년 4월 4일 수산시장의 한 상인이 횟감용 칼로 수협 직원을 공격하여 살인미수의 칼부림을 일으키는 사건이 발생하였다.

2017년 수협 측은 신설 수산시장 입주 희망 상인들과 판매자리 설치 및 소송취하 등 합의사항을 담은 양해각서를 체결하는 등 구시장 상인들의 회유를 지속적으로 시도하였으며, 이 과정에서 노량진수산시장현대화비상대책총연합회(총연합회)와의 갈등이 더욱 심화되었다. 특히, 2017년 4월부터 2018년 10월까지 4차례에 걸친 명도집행을 시도하였고, 이 과정에서 구시장 상인들과의 충돌로 부상자가 발생하는 등 갈등이 최고조에 달하게 되었다.

(4) 갈등의 완화

수협 측의 단전·단수 조치와 더불어 신시장 입주신청기한 마감일을 2018년 11월 9일로 최후 통보함으로써 총 258개 상점 중 신시장 이전 신청을 한 상점이 127개로 집계됨으로써 갈등이 완화 국면에 접어들게 되었다. 이처럼 구시장 상인들의 세력이 약해지자, 남은 구시장 상인들은 노량진수산시장 이전에 반대하며 서울시청 안에 모여 연좌농성에 돌입하였고, 사태해결을 위해 서울시에 시장 정상화를 요구하였다. 수협 측은 안전상의 이유로 구시장의 주차시설 차량 출입통제 및 차단 시설을 설치하는 폐쇄 작업을 하였고, 이 과정에서 구시장 상인들의 폭력행사로 직원이 중상을 입는 사건이 발생하였다.

3. 사례 분석

1) 갈등쟁점 및 쟁점별 이슈

(1) 현대화사업 추진계획 이슈

노량진수산시장 현대화사업은 중앙정부와 지방정부 간의 부지활용 계획을 둘러싼 이해관계로 인하여 부지선정과정에서부터 진통이 나타났으며, 예비타당성 조사결과를 무시한 채 사업이 추진되었다는 문제점을 갖고 있다. 이에 대해 상인들은 수협 측이 수산시장 부지를 축소하여 나머지 부지에 수익사업을 하려는 의도가 있다는 의혹을 제기하였다.

2015년 노량진수산시장 현대화 건물이 완공된 이후에는 수협중앙회가 노량진수산시장에 외국인 전용 카지노를 포함한 복합리조트 건설을 추진하는 등 기존 시장용지의 활용을 둘러싼 정부 및 수협 간의 갈등이 나타나기도 하였다. 이처럼 노량진수산시장 이전 갈등이 종료된 후에도 기존 시장부지의 활용을 둘러싼 중앙정부 및 지방정부, 사업주체인 수협 측의 첨예한 갈등이 예상된다.

(2) 사업 추진절차 이슈

노량진수산시장 현대화사업 추진과정에서 나타난 절차적 이슈는 현대화사업 건물 건설과정에서 나타나고 있다. 수협 측은 현대화 사업을 추진하는 계획단계에서 경매장과 판매장을 분리한 복층화 건물을 계획하였다. 그러나 이에 대한 상인들의 거센 반대에 부딪힘에 따라 상인들과의 양해각서를 체결함으로써 갈등을 해소하였다. 수협 측은 상인들에게 세 가지 안을 제시하였다.

양해각서 체결 당시 상인들은 기존시장 구조 그대로의 수평적 이동이라는 수협 측의 말을 믿고 서명을 했지만, 건축 과정 중에 확인차 내부 견학을 요청하였음에도 불구하고 수협 측은 안전상 위험하다는 이유로 상인들의 출입을 막았다고 주장하고 있다. 이로 인해 건물 설계도면 및 시뮬레이션만 보아왔던 상인들은 현대화 건물의 실제 모습을 보고 나서야 문제점을 인식할 수 있게 되었던 것이다. 이처럼 실제 건축과정에서 상인들의 견학이나 의견제시 등과 같은 참여수단을 활용하였다면 이러한 갈등은 피할 수 있었다고 할 수 있다.

2) 이해관계자별 입장

(1) 구 노량진수산시장 상인

구시장 상인들은 신시장 상점의 면적이 기존상점 면적의 절반 정도도 되지 않아 영업활동을 하기에 매우 좁은 상황이며, 신시장 건물이 천장이 낮고 환풍시설이 부족하여 냄새가 잘 빠지지 않는다는 점, 물류 이동능력이 떨어져 영업활동에 어려움이 있다는 점, 임대료가 기존보다 두 배 이상으로 높아 부담이 된다는 점 등을 이유로 이전을 반대하고 있다.

상인들은 동작구청 앞에서 집회를 열고 행정대집행을 비롯한 구상권 청구에 반발했다. 행정대집행이 야간에 진행되는 등 불법적인 요소가 있기 때문에 구상권 청구도 부당하다는 입장이다. 이와 관련 상인들은 이창우 동작구청장을 경찰에 고소하고, 국가인권위원회에 제소한 바 있다.

상인들은 행정대집행에 굴하지 않고 끝까지 투쟁하겠다는 입장을 고수하고 있다. 수협중앙회가 추진했던 수산시장 현대화 사업으로 발생한 문제를 서울시와 동작구청 등이 함께 나서 해결해야 한다는 것이다.

상인들은 당초 구시장에서 계속 장사를 하고 싶다는 요구를 해왔다. 다만 최근 구시장 부지가 완전 철거를 앞두고 있는 만큼 문제 해결을 위한 '협상 테이블'을 촉구하고 있다.

(2) 수협

수협 관계자는 상인들의 주장에 대해 신시장 건물 건축 과정에서 상인들과의 양해각서를 체결하면서 상인들의 의견을 수렴하여 공사를 진행하였기 때문에, 상인들이 문제삼고 있는 가게면적 및 물류이동능력으로 인한 어려움 등은 '생떼'에 불과하다는 입장을 보이고 있다.

이와 더불어 수협 측은 이전 반대 상인들로 인한 피해를 주장하고 있다. 수협 측은 이전 갈등 사태가 3년째 장기화되면서 입은 피해액이 285억원에 달한다고 추산하였으며, 현대화 시장 마무리공사 지연 등을 감안하면 피해액은 더 늘어날 것으로 주장하였다(국민일보, 2018.12.01). 이처럼 수협은 더 이상 구시장 상인들의 불법점유 행위를 방치할 수 없다는 입장을 보이고 있다.

(3) 서울시

이전 반대 상인들이 적극적인 중재 역할을 요구하고 있는 서울시는 매우 난처한 입장이라고 할 수 있다. 상인 측은 「농수산물유통및가격안정에관한법률」을 근거로, 서울시가 갈등해결을 위해 이해당사자들, 즉 해양수산부, 수협, 서울시, 상인총연합회가 함께 모여 논의를 할 수 있는 장을 만들어야 한다고 주장하지만, 서울시는 개정 이전의 법률을 근거로 그럴 책임은 없다고 반박하면서 명확한 입장을 보이고 있지 않은 상황이다. 서울시는 노량진수산시장이 수협의 자산이고, 상인과 수산시장 간의 계약이기 때문에 시가 개입할 부분이 제한적이라는 입장이다.

3) 특징

갈등행위자 요인은 갈등 상대방인 이전반대 구시장 상인과 사업추진주체인 수협 측의 갈등이 주된 갈등요인이라고 할 수 있다. 즉, 수협 측은 정부의 수산물유통체계 선진화 방안에 따라 노량진수산시장 현대화 사업을 추진하면서 신시장 건물을 완공하고 기존 구시장 상인들을 이전시키고 있다. 구 노량진수산시장은 지은 지 48년이 넘어서면서 시설이 낙후되었고, 안전등급 C등급으로 안전 문제도 제기되고 있다.

4) 갈등관리과정

노량진수산시장 이전 갈등은 아직 완전히 해소된 상황이 아니라고 할 수 있다. 아직까지 127명의 구시장 상인들이 구시장에서 이전 반대활동을 지속하고 있기 때문이다. 하지만, 2018년 11월 수협 측이 단전·단수 조치를 취함과 더불어 11월 9일로 신시장 입주신청기한 마감일을 통보함으로써 사실상 일단락되었다고 할 수 있다.

5) 결과

노량진수산시장 이전 갈등은 법률적·행정적 절차에 따라 해소되어 가는 상황이다. 신시장 완공 이후 이전 과정에서 구시장 상인들에 대해 수협 측은 지속적인 명도소송을 진행하였고, 점유이전금지가처분 신청을 법원이 받아들임으로써 이전 반대 상인들의 입지가 줄어들기 시작하였다. 이러한 상황에서 수협 측은 구시장 전역에 대한 단전·단수 조치를 시행함으로써 구시장 상인들의 실질적인 영업활동을 금지하였다. 이러한 법률적 조치에 대해 이전반대 상인들 역시 점유방해금지 가처분신청 제기 및 단전·단수 조치 중단 가처분신청 등을 제기하였으나 법원이 이를 기각하였다. 수협 측의 단전·단수 조치 및 신시장 입주신청기한 마감일 통보로 인하여 절반 정도의 구시장 상인들이 신시장으로 이전함으로써 이전반대 구시장 상인들의 세력이 반으로 줄어들게 됨으로써 이전 반대활동이 약화되었다.

4. 제언

노량진수산시장 이전 갈등은 전형적인 이해관계 갈등이며, 사업자와 상인 간의 갈등으로 엄밀히 말해 정책 갈등이라고 하기 어려운 갈등이다. 이는 민간 갈등으로 이해 당사자 간의 협상을 통해 갈등을 해결하는 것이 가장 바람직하다고 할 수 있다. 더욱이 구시장 상인들이 서울시의 중재자로서의 역할을 강력히 요구하고 있지만, 관계법령상 서울시가 개입하기에도 무리가 있는 상황이기 때문에 정부가 중재역할을 주도적으로 하기에도 어려움이 있는 상황이다.

이에 법률적·행정적 절차를 통해 갈등이 해소되는 과정으로 전개되고 있다. 즉, 노량진수산시장 이전 갈등은 소송을 통한 법원의 판단과 사유지인 구시장에 대한 수협 측의 행정집행 과정을 통해 구시장 상인들이 분열하는 상황으로 전개되고 있다. 최근에는 구시장 상인들을 옹호하는 시민단체들이 목소리를 내고 있지만, 구시장 상인들의 요구가 받아들여지기는 힘든 상황이라고 할 수 있다.

종합요약

노량진수산시장 현대화 사업으로 인해 삶의 터전에서 쫓겨난 시장 상인들이 몇 해를 넘긴 지금도 여전히 문제해결을 촉구하고 있다. 국고 1,500억여원을 들인 시장 현대화사업이 수협의 배만 불린 정황이 뚜렷하다. 노량진수산시장 이전 갈등은 법률적·행정적 절차에 따라 해소되어 가는 상황이다. 신시장 완공 이후 이전 과정에서 구시장 상인들에 대해 수협 측은 지속적인 명도소송을 진행하였고, 점유이전금지가처분 신청을 법원이 받아들임으로써 이전 반대 상인들의 입지가 줄어들기 시작하였다.

╬ 핵심정리

□ 이해관계자

→ 수산시장 상인, 서울시, 수협

□ 갈등쟁점

→ 수산시장 선진화 방안

□ 쟁점별 입장 및 속내

→ 수산시장 상인: 물류 이동능력이 떨어져 영업활동에 어려움이 있음

→ 수협: 이전 반대 상인들로 인한 피해를 주장하고 있음

→ 서울시: 노량진수산시장이 수협의 자산이고, 상인과 수산시장 간의 계약이기 때문에 시가 개입할 부분이 제한적이라는 입장

□ 쟁점별 대안

→ 갈등행위자 요인은 갈등 상대방인 이전반대 구시장 상인과 사업추진주체인 수협 측의 갈등이 주된 갈등요인이라고 할 수 있음

□ 최종합의안

→ 신시장 입주신청기한 마감일을 통보함으로써 사실상 일단락되었다고 할 수 있음

□ 합의이행 여부 및 사후관리

→ 신시장 입주신청기한 마감일 통보로 인하여 절반 정도의 구시장 상인들이 신시장으로 이전함으로써 이전반대 구시장 상인들의 세력이 반으로 줄어들게 됨으로써 이전 반대활동이 약화되었음

참고문헌

- e-대한경제 (2016). 노량진수산시장 현대화사업 갈등 장기화
- 데일리한국 (2018). 김임권 수협중앙회 회장, 노량진수산시장 현대화사업 갈등 해결에 직접 나서
- 브레이크뉴스 (2018). 노량진수산시장 현대화사업 갈등 … 국회서 상인-수협 몸싸움
- 아시아투데이 (2019). 노량진수산시장, 신시장 입주 합의에도 여전한 '갈등'
- 오마이뉴스 (2019). 수산물유통선진화 대신 깡통이 된 노량진수산시장
- 시사뉴스 (2020). 극한 갈등 치닫는 수협 노량진수산 현대화사업
- 천지일보 (2019). 노량진수산시장 갈등 재점화 … 동작구청 철거승인 불허 압박

○ 강원도 양양군 설악산 오색케이블카 갈등

1. 사례 선정이유

「공원법」이 자연풍경지를 보호하고 국민의 보건·휴양 및 정서 생활의 향상에 기여함을 목적으로 1967년 제정되면서 이에 근거하여 국립공원제도가 시행되었다. 「공원법」 제2조에 따르면 국립공원은 도립공원, 도시공원 등의 지방자치체에서 관리하는 공원과 달리 「공원법」 제2조에 따라 우리나라 풍경을 대표할 만한 수려한 자연풍경지로 중앙정부의 관리하에 있다. 국립공원은 중앙정부의 관리와 통제를 받고 있으며, 학술적 가치와 동물의 보호를 목적으로 사익의 추구를 지양하고 공공성이 강조된 공적 공간이다.

설악산 오색케이블카 사업은 관광지 개발을 둘러싼 지역발전과 환경보전이라는 가치 대립의 전형적인 사례라고 할 수 있다. 즉, 찬성론자들은 케이블카 설치를 통한 관광자원 개발을 통한 경기 활성화 및 소득 증대와 같은 경제적 목적을 위해 자연을 변화시키고 훼손하는 것이 불가피하다는 경제지향의 개발 프레임 (economic-based development frame)을 중시하는 반면, 환경보존의 가치를 중요시하는 집단은 환경보전의 가치를 인정하면서 새로운 개발가치를 창조하는 보전지향의 개발 프레임(conservation-based development frame)을 내세우고 있다 (심원섭, 2016).

정리하면 오색케이블카 사업은 개발 對 보존의 가치 대립적 성향이 강하게 나타나는 가치갈등이자, 정부 주도의 군정 사업이라는 측면에서 정책갈등의 성격을 지니는 복합적 성격의 갈등이라는 점에서 갈등분석을 위한 사례로 선정하였다.

2. 사례 개요

1) 갈등일지: 주요사건과 이슈를 중심으로 한 일지기법 활용

설악산은 1970년 국립공원으로 지정되었고 이후 희귀한 자연자원이 분포하고 있음을 이유로 보전가치를 인정받아 1982년 유네스코로부터 생물권보전지역으로 지정되었다. 제정된 초창기부터 국립공원은 관광객을 유치하여 외화를 벌어들이는 장소(경향신문, 1970.08.11.)로 기대되면서 1972년 설악산에는 권금성과 속초를 연결하는 케이블카가 설치된다. 그러나 이후 국립공원의 운영에 있어 케이블카는 추가로 설치되지 않았다.

1995년부터 거론되었던 오색케이블카 설치는 2000년 양양군이 군정 핵심전략사업으로 선정하고 한국관광공사에 사업 타당성 검토용역을 의뢰하면서 본격적으로 추진되었다. 오색케이블카 설치 목적은 크게 두 가지로 오색지구의 관광경제 활성화와 등반 편의성을 제공하는 것이다. 2004년 환경부가 국립공원 케이블카의 설치 절차를 엄격히 하면서 사업 추진의 동력이 상실되는 듯하였지만 이후 이명박 정부에서 「동서남해안권발전특별법」을 개정해 궤도와 삭도(케이블 해당) 설치 규정을 완화하는 등 규제완화의 패러다임이 국정 전반에 적용되면서 강원도와 양양군은 환경부에 케이블카 시범사업 운영을 신청하였다. 설악산국립공원 오색 삭도 시범사업 신청에 대해 환경부 산하의 국립공원위원회는 2차례 부결을 결정하였으나 양양군은 부결 이후 사업계획서를 다시금 제출하여 3차 사업계획서가 조건부의 형태로 가결되었다. 이러한 케이블카 시범사업 가결에 대해 환경단체는 즉각 반발하였으며 서울행정법원에 국립공원계획변경 처분 무효확인의 소를 제기하였으나, 패소하였다. 이와 별개로 양양군은 문화재청에 문화재현상변경을 신청하였으나 문화재청은 시범사업안을 부결하였다. 이에 양양군은 국민권익위 중앙행정심판위원회에 문화재청의 부결처분에 관한 취소의 소를 제기하였으며, 중앙행심위가 이를 인용하면서 문화재청은 오색케이블카 사업을 조건부 승인하게 된다. 이에 따라 환경단체는 다시금 설악산 천연보호구역 문화재현상변경허가처분 취소 소송을 제기하였으나 패소한다.

2019년 환경부(원주지방환경청)는 환경영향평가에 협의하지 않고 케이블카 사업 부동의를 양양군에 통보하였다. 양양군은 환경영향평가협의서 협의내용 알림처분 취소심판을 중앙행심위에 청구하였고, 중앙행심위는 해당 청구의 인용을 결정하였다. 이에 대해 환경단체는 중앙행심위를 상대로 설악산 오색케이블카 환경영향평가 부동의 협의재결취소소송을 제기하였다.

이후 2021년 9월 국민권익위는 오색케이블카 사업 갈등의 해소를 위해 집단민원 조정을 착수하였으나, 2021년 12월 현재까지도 본격적인 공사착수에 난항을 겪고 있다. 이 사업은 민간과 정부뿐 아니라 정부 간 이해관계까지 첨예하게 얽혀 대립하고 있어 갈등의 해소가 더뎌졌다고 할 수 있다.

〈표〉 갈등 일지

시 기		전 개 과 정
발단	2000	• 양양군, 한국관광공사에 사업 타당성 검토 용역 의뢰
	2001 08	• 설악산 오색-대청봉 구간 케이블카 설치 논란 점화
	2002 01	• 양양군, 한국관광공사와 협약 체결 → 케이블카 사업의 환경성 검토를 위한 기본계획 수립 진행
	2003 03	• 양양군, 오색케이블카추진위원회 구성(60개 단체, 100여명 소속)
	2003 07	• 양양군민, 케이블카 설치를 위한 활동 시작(오색~대청봉 케이블카 설치추진위원회 발대, 서명운동, 공청회 전개)
	2004 12	• 환경부, 국립공원 케이블카 설치 절차 엄격 제한
확산	2008 05	• 동서남해안권발전특별법 개정, 궤도와 삭도(케이블카 해당)설치 규정 완화(동해안의 설악산국립공원 제외)
	2008 06	• 강원도, 오색케이블카 설치 TF 가동
	2010 10	• 양양군, 설악산 국립공원에 케이블카 설치 신청 • 강원도 양양군 설악산 국립공원에 케이블카 설치를 신청
	2011 03	• 양양군, 설악산 오색 삭도(케이블카) 시범사업 신청
	2012 06	• 국립공원위원회(환경부 산하), 오색케이블카 관련한 설악산공원계획변경안 부결(1차안)
	2012 11	• 양양군, 부결사유 수정·보완하여 환경부에 사업계획서 재제출
	2013 09	• 국립공원위원회, 설악산국립공원 삭도(索道)시범사업 부결(2차안)
	2014 11	• 양양군, 오색케이블카 노선 변경(오색그린야드호텔 인근-끝청, 3.4km)

시 기			전 개 과 정
고조	2015	08	• 환경부 국립공원위원회, 설악산국립공원 삭도(索道) 시범사업안 조건부 가결(3차)
		10	• 설악산국립공원지키기국민행동·강원행동과 케이블카반대설악권주민대책위원회 강원도청 앞에서 케이블카 백지화 요구 농성 시작
		11	• 설안삭국립공원지키기국민행동, 서울행정법원에 "국립공원계획변경처분 무효확인" 소송 제기[1]
	2016	07	• 양양군, 문화재청에 문화재현상변경허가 신청
	2016	11	• 경제성 문서, 환경영향평가서 위조 등의 문제 발생 • 최순실 이권개입 관련 문제 발생 • 원주지방환경청의 환경영향평가 보완 요구
		12	• 문화재청 문화재위원회, 설악산 오색삭도 설치 안건 부결(3차안)
	2017	03	• 양양군, 국민권익위 중앙행정심판위원회(이하 중앙행심위)에 문화재청의 오색케이블카 부결 처분 취소에 대한 행정심판 제기
		06	• 중앙행심위, 오색케이블카 갈등 인용 재결 → 문화재청의 설치 허가 촉구
		09	• 문화재청 문화재위원회, 오색케이블카 재검토 발표
		11	• 문화재청의 조건부 승인 결정
	2018	01	• 설악산국립공원지키기국민행동, 문화재청을 상대로 '설악산 천연보호구역 문화재현상변경허가처분 취소 소송' 제기[2]
		02	• 설악산 산양 28마리, 오색케이블카 문화재 현상변경 취소 소송 제기
		03	• 환경부, 설악산오색케이블카 사업 타당성 전면 재검토 발표
		04	• 양양군, 설악산케이블카설치사업 추진위원회 결성[3]
		06	• 최문순 강원지사 및 김진하 양양군수 재선 성공
	2019	01	• 서울행정법원, 산양 28마리를 원고로 동물권 연구 변호사단체인 PNR(People for Non-human Rights)이 제기한 국가지정 문화재 현상변경 허가 처분 취소소송 각하[4] • 설악산국립공원지키기국민행동, 환경부 국립공원계획변경처분 무효소송 패소 • 원주지방환경청 환경영향평가 재협의 착수
	2019	05	• 설악산국립공원지키기국민행동, 문화재현상변경허가 취소소송 패소(1심 기각)
	2019	09	• 환경부, 원주지방환경청 케이블카 사업 부동의 통보
	2019	11	• 양양군, 중앙행심위에 환경영향평가협의서 협의내용 알림 처분 취소심판 청구

시 기		전 개 과 정
2020	12	• 중앙행심위, '환경영향평가협의서 협의내용 알림 처분 취소심판 청구'에 대해 양양군의 청구를 인용 재결
2021	02	• 설악산국립공원지키기국민행동, 중앙행심위 상대로 설악산 오색케이블카 환경영향평가 부동의 협의재결취소소송 제기
2021	4	• 원주지방환경청, 양양군에 환경영향평가에서 대한 2차 보완을 요구
2021	9	• 16일, 국민권익위원회, 설악산 오색케이블카 집단민원 조정 착수
2021	12	• 서울행정법원, 설악산 오색케이블카 환경영향평가 부동의 협의재결취소소송 각하 선고

2) 갈등전개

(1) 갈등 시작단계

강원도 양양군은 낙후된 지역경제를 살린다는 명분으로 2001년 설악산 대청봉까지 4.5km 구간에 민자 유치를 통한 케이블카 건설을 계획했다. 국립공원인 설악산에 케이블카를 설치하기 위해서는 국립공원관리공단, 환경부, 시민단체, 지역주민 등 이해당사자의 협의가 진행되어야 했다.

2001년 12월 환경부는 양양군의 기대와 달리 케이블카 설치 사업승인을 거부하였다. 그럼에도 불구하고 양양군은 2002년 오색-대청봉 케이블카 설치 기본

---

1 설악산국립공원지키기국민행동과 강원행동, 설악산케이블카반대설악권주민대책위원회 등 3개 단체 위원들을 비롯해 케이블카를 반대하는 양양군민과 강원도민 등 792명은 2015년 환경부 국립공원위원회가 양양군의 설악산 오색케이블카 사업을 조건부 승인하고 국립공원 계획 변경 내용을 고시하자 소송을 제기(연합뉴스, 2019.01.31.)

2 설악산 천연보호구역 문화재현상변경허가 취소 소송을 위한 시민소송인단은 '설악산을 지키는 변호사들' '설악산국립공원지키기국민행동' 등 오색케이블카 사업 반대단체와 함께 10일 서울행정법원에 문화재청의 오색케이블카 사업 허가 취소를 요구하는 소장을 제출했다. 시민소송인단에는 강원도 양양 지역주민과 산악인, 환경운동가, 작가, 교육자 등 350여명이 함께했다(한겨레, 2018.01.15.).

3 설악산 문화재현상변경 행정심판위 인용결정 이후 해산했던 오색케이블카사업추진 민간위원회 재구성을 통해 행정적 절차와 별도로 민간차원의 적극적인 지원활동 전개(강원도민일보, 2018.04.25.)

4 자연물에 불과한 산양은 사건을 수행할 당사자 능력이 없다는 판단으로 산양의 원고 자격 불인정(서울경제, 2019.01.25.)

계획을 제시하였다. 양양군은 2003년 한국관광공사에 요청한 타당성 검토용역에서 긍정적인 결과를 얻으면서 2003년 지역주민들의 지지를 받아 오색케이블카 설치를 추진하였다.

2004년 「백두대간보호법」이 제정되면서 강원도의 상당 면적이 보호구역으로 지정되었다. 이에 강원도에서 시행하고자 했던 72개 사업 중 오색-대청봉 케이블카 설치 등을 포함한 52개 사업의 시행이 불투명해졌다. 이어 환경부가 삭도 설치 및 운영과 관련된 '자연공원 내 삭도설치 검토 및 운영지침'을 확정하였다. 운영지침에는 기존의 오색-대청봉 케이블카 불가, 2km 이상 삭도의 경우 공사 시행 인가 전 환경영향평가 협의 필요 등 이전보다 엄격한 기준과 절차를 포함하였다.

(2) 갈등 확산단계

2005년 지역경제에 대한 위기의식을 느낀 양양군은 지역관광 활성화 도모의 차원에서 케이블카 설치사업 승인을 추진한다. 이 과정에서 환경단체와 오색리 주민들은 케이블카는 지역의 환경을 파괴할 것이라고 이야기하면서 케이블카 설치를 반대하기 시작했다.

2007년 이명박 정부는 기업환경 개선 분야에서 규제 최소화, 법인세 인하, 창업절차 간소화 등을 강조하며 각종의 규제를 완화하고 폐지하였다. 그에 따라 2008년 10월과 12월에 열린 국가경쟁력강화위원회 회의에서 보전산지 내 행위제한이 완화되었다.

2010년 10월 25일 환경부 국립공원관리위원회가 삭도 시범사업 추진방침을 의결함에 따라 양양군은 이듬해 3월 오색 삭도(케이블카) 설치를 신청하였다. 양양군의 바람과는 달리 2012년 6월 26일 국립공원 삭도 시범사업 선정 심의에서 설악산의 사업신청은 부결되었다. 양양군은 노선을 변경한 후 그해 11월 오색 삭도 시범사업을 재신청하였다. 그러나 2013년 9월 국립공원관리위원회는 양양군의 시범사업을 다시금 부결하였다. 이후 2015년 4월 노선을 바꿔 다시 시범사업을 신청하였으며, 같은 해 8월 국립공원관리위원회는 조건부로 해당 사업을 가결하였다.

(3) 갈등고조 단계

사업이 조건부 가결된 해인 2015년 12월에는 환경단체 연합인 설악산국립공원지키기국민행동이 환경부를 상대로 국립공원계획변경처분 무효확인 소송을 제기한다. 소송과 별개로 양양군은 2016년 7월 사업 추진을 위해 문화재청에 문화재현상변경허가를 신청하였다

이후 2017년 3월 양양군은 중앙행정심판위원회에 행정심판을 청구하였으며, 중앙행정심의위원회는 문화재위원회의 현상변경 허가 거부 처분이 부당하다는 결정을 내린다. 하지만, 2017년 9월 문화재청에서 행심위의 인용을 번복하고 오색케이블카의 심의를 보류하여 갈등이 재점화되었다. 결국, 2017년 11월 24일 문화재청이 설악산 오색케이블카 문화재현상변경안에 대해 조건부 허가[5]를 함에 따라 양양군은 본격적으로 사업을 착수하기 시작한다. 반면 케이블카 설치 반대 여론을 주도해 온 환경단체 모임인 설악산국립공원지키기국민행동은 문화재청을 상대로 '설악산 천연보호구역 문화재현상변경허가처분 취소 소송'을 제기하였다. 그러나 2019년 해당 시민단체가 환경부와 문화재청을 상대로 제기한 행정처분 무효소송이 각 1월과 5월에 패소판결이 난다. 그해 9월 환경부는 케이블카 사업에 대한 부동의를 통보한다.

환경부의 부동의 처분이 이루어지고 2달 후, 양양군은 환경부의 부동의 처분이 부당하다고 보고 국민권익위 소속 중앙행정심판위원회에 환경영향평가협의서 협의내용 알림 처분 취소심판을 청구한다. 이듬해 12월 국민권익위는 양양군의 청구를 인용 재결한다. 2021년 2월 설악산국립공원지키기국민행동은 중앙행정심판위를 상대로 설악산 오색케이블카 인용재결취소소송을 제기하고 환경청은 양양군에 환경영향평가에 대한 2차 보완을 요구한다.

---

5 문화재청은 천연기념물 171호인 설악산천연보호구역에서 진행되는 설악산 오색케이블카 설치사업의 문화재현상변경안에 대해 조건부로 허가하였다. 즉 양양군이 신청한 설악산 오색케이블카 문화재현상변경안에 대하여 케이블카 설치와 운행으로 인한 문화재에 미치는 영향을 최소화하는 조건으로 허가서를 내주었다(연합뉴스, 2017.11.24).

환경부의 2차 보완 요구에 대해서 양양군청과 군민들이 국민권익위에 집단민원을 제기하였고, 국민권익위는 오색케이블카 집단민원 조정에 착수한 상태이다.

3. 사례 분석

1) 갈등쟁점 및 쟁점별 이슈

오색케이블카 설치 갈등사례의 쟁점은 경제적 차원과 절차적 차원, 환경적 차원에서 살펴볼 수 있다.

먼저 경제적 차원에서의 쟁점의 핵심은 오색케이블카 사업 추진에 따른 경제적 효과에 대한 기대이다. 양양군은 케이블카 설치 시 강원 지역에 총 984억원의 경제적 파급 효과(생산 유발 676억원·부가가치 유발 308억원)를 가져올 것으로 분석했다. 전국적으로는 1천 520억원(생산 1천 77억원·부가가지 443억원)의 파급효과를 예상했다(연합뉴스, 2015.08.28.). 또한 사업 타당성 검증을 위해 한국환경정책·평가연구원(KEI)에서 실시한 비용-편익(B/C)분석 결과에서도 1.214의 비율이 나타나 경제성이 있는 것으로 나타났다.

그러나 사업 비용 측면에서 있어서는 논란이 존재한다. 2015년 환경부에서 오색케이블카 조건부 승인을 했을 당시 양양군에서 책정한 사업비는 460억임을 확인할 수 있다(국비 50%, 도비 15%, 군비 35%로 구성). 그러나 2017년 감사원의 감사 결과로 사업비가 당초 예상했던 것보다 127억원이 늘어날 것으로 확인되어 파급 효과 및 경제성에 대한 논란이 일고 있다.

절차적 차원에서 쟁점은 크게 부각되지 않았다. 그러나 2016년 말 속초고성양양환경운동연합이 청구한 오색케이블카 사업에 대한 공익감사를 수행하는 과정에서 주목할 만한 절차적 문제가 드러났다. 감사원 감사 결과에 따르면 양양군은 2015년 3월 A업체 등과 '설악산국립공원 오색삭도설치사업 기본 및 실시설계 용역계약'을 체결하고 선금 8억 여원을 지급하고 난 뒤에 행자부에 투자 심사를 의뢰했다(연합뉴스, 2017.06.19.). 양양군은 투자 심사 전 용역체결에 대해 준공 시기(2018년 동계올림픽 개최시기)에 맞추기 위해 부득이 체결이 이루어졌다고 해명하였다. 그러나 2016년 3월 B업체와 99억 108만원에 케이블카 구매 계약을 체결하고 선금 24억 7천여만원을 지급한 뒤 같은 해 7월에 문화재청에 현상변경허가를 신청한 건까지 드러나면서 추후 사업추진이 중단될 경우에 발생하는 매몰비용 등 예산낭비 문제가 부각되게 된다.

환경적 차원의 쟁점에서 가장 큰 논란이 되는 것은 산양 서식지 보호에 관한 문제이다. 현재 상부정류장으로 계획된 부지는 상위 1% 수준의 산양 서식지로 사업의 추진이 해당 지역 개체군에 영향을 미칠 수 있다는 것이 환경부의 주장이다. 그러나 양양군은 설악산의 경우 산 전체가 산양이 살기에 적합하기 때문에 공사가 시작하면 산양이 스스로 이동할 것이며, 공사 후에는 미네랄블록을 활용하여 다시 기존의 서식지로 이동할 수 있도록 할 수 있다고 주장한다. 그러나 산림청은 미네랄블록이 산양의 야생성 유지를 위해서는 활용이 제한되어야 함을 주장하면서 국립공원인 설악산에서의 활용이 적합하지 않다고 반대 의견을 제시하였다. 그 외에도 식물보호, 지형·지질 및 토지 이용, 소음, 경관, 탐방로 회피책, 시설안전대책 등에 있어 양양군과 환경부가 대립하고 있는 상황이다 (동아일보, 2019.09.21).

2) 이해관계자들과 그들의 속내(interest) 및 입장(position)

(1) 찬성집단

오색케이블카를 유치하고자 하는 찬성집단은 양양군과 케이블카추진위원회이다. 이 중 케이블카추진위원회에는 양양군청, 지역정치인(국회의원, 도의원), 양양군번영회, 지역청년회, 지역숙박업체 등 양양군청과 케이블카 설치를 찬성하는 양양군 주민단체로 구성되어 있다. 이들은 오색케이블카 설치가 관광객 유치를 통해 지역이 경제적으로 부흥할 수 있을 것이라 주장한다.

찬성집단이 주목하고 있는 선진사례는 캐나다의 밴프 국립공원과 일본의 로쿠산 국립공원 등이다. 이들은 해당 국립공원이 케이블카를 설치해 많은 탐방객을 유치하고 있다고 주장한다. 양양군 주장에 따르면 매해 설악산을 방문하는 관광객의 수는 점차 축소되고 있는 것이 현실이며, 방문객 중 85%가 외설악을 이용하고 있고 20만~25만의 숫자만이 정상에 오른다. 양양군은 2000년대에 들어서 관광객이 지속적으로 감소하는 현상을 대비하기 위해서는 등산객의 편의를 고려한 오색-대청봉 구간의 케이블카 설치의 추진이 필요하다고 말한다. 또한 케이블카의 설치가 노약자·장애인 등에게 탐방의 기회를 제공하여 산림복지에 기여할 것이라고 생각한다. 관광경기 활성화를 도모할 수 있다는 점에서 지방정부의 세수 증가에도 긍정적인 영향을 미칠 수 있을 것으로 예측하고 있다 (양양군 홍보과, 2015).

양양군은 환경보호를 위해서도 케이블카의 설치가 필요하다고 주장한다. 설악산은 경사가 심한 암반으로 형성되어 있어 토사유출로 인한 생태계 파괴가 심하고, 해마다 수십만 명의 등산객이 오르내리면서 등산로변의 나무가 죽어가는 등의 환경문제가 발생하고 있음을 강조한다. 케이블카의 설치를 통해 기존 등산로를 폐쇄하고, 등산객에 대한 '인원 제한' 조치를 동시에 시행한다면 이러한 문제가 해결될 수 있다고 주장한다. 자신들은 설악산 케이블카 설치에서 비롯되는 요금수익 전액을 설악산 보전과 환경훼손 복구 등에 사용할 것임을 제안하였다. 더불어 환경단체가 환경파괴를 우려하는 국립공원특별보호구역, 아고산식생대, 백두대간 마루금 등의 보호지역은 우회하는 제3노선을 제시하여 기존 탐방로와 연계되지 않도록 정상통제방안을 수립하여 친환경적으로 철저하게 운영·관리할 것임을 강조한다.

(2) 반대집단

오색케이블카를 반대하는 주체는 환경청과 설악산국립공원지키기국민행동과 같은 환경단체 모임이다. 이들이 제시하는 케이블카 설치 반대 주장의 이유를 정리하면 다음과 같다.

첫째, 생물권보전지역 훼손이다. 설악산은 유네스코에 지정된 뛰어난 생물권보전지역으로 자연상태가 원시성을 잘 유지하고 있고, 자연 자원이 풍부하여 학술적으로도 연구가치가 크다. 따라서 설악산은 종 보존을 위해 연구 또는 환경

모니터링 시설만이 허용되며 그 외의 시설은 엄격히 제한되고 있다. 반대집단은 설악산에 케이블카를 설치한다면 공사 과정을 통해 생태계 파괴 등이 야기되어 자연환경에 악영향을 끼칠 것이라 주장한다. 특히 케이블카와 지주, 케이블카 운영과정에서 발생하는 소음은 조류의 공중 이동 통로에 영향을 미치고, 이곳에 서식하는 조류의 종과 개체수의 변화가 눈에 띄게 변화할 것이라고 주장한다. 야생동물들 번식에 있어서도 정상적인 번식활동이 방해되고 증가된 관광객 수로 인한 정상부 생태계 훼손의 가속화가 우려된다고 말한다.

둘째, 설악산 생태계 파괴 및 국립공원의 기능 훼손이다. 설악산은 보호가치를 인정받아 국립공원, 유네스코 생물권보전지역, 산림유전자원보전지역, 천연보전구역, 백두대간보호지역 등 총 5가지 보호구역으로 지정되어 있다(한겨레, 2015.01.24.). 케이블카 설치로 인한 유동인구의 증가는 느슨한 관리와 통제로 이어질 수 있다. 설악산은 국립공원으로 종 보존의 기능을 가지고 있음을 고려할 때 엉성한 관리와 통제는 국립공원의 기능 상실로 이어질 여지가 있는 것이다.

3) 특징

오색케이블카 갈등 사례에서 돌발변수로 볼 수 있는 것은 이명박 정부의 규제완화 패러다임과 그에 따른 시범사업 도입이라 할 수 있다. 양양군은 수년간 케이블카를 설치하고자 노력하였으나, 2008년 삭도설치 엄격 제한이라는 환경부의 방침에 막혀 사업의 추진 동력을 다소 상실한 상태였다. 이때까지는 양양군과 강원도, 양양군민을 중심으로 케이블카 설치의 필요성을 공유하고 있었을 뿐 갈등의 상대방이라고 할 수 있는 케이블카 설치를 반대하는 집단의 결집 정도가 뚜렷하지는 않았다. 일부 환경단체에서 케이블카 설치에 대한 우려 어린 의견을 제시하는 정도였음을 기사를 통해 확인할 수 있다.

분위기가 반전된 것은 이명박 정부의 케이블카 설치 규제완화정책이 발표된 시점이라 할 수 있다. 2007년 이루어진 국립공원 입장료 폐지와 그에 따른 탐방객 증가, 문화향유권에 대한 국민들의 인식 전환을 이유로 이명박 정부는 케이블카 설치 규제를 완화하고자 하였다. 2008년 10월과 12월에 진행된 두 차례의 국가경쟁력강화위원회에서 보전산지 내 행위제안에 대폭 완화하는 결정이 이루어졌으며, 더 나아가 '자연친화적 로프웨이협의체'가 구성되었다. 이러한 국정기조에 발맞춰 환경부도 '자연공원 로프웨이 설치·운영 가이드라인'을 지자체에 배포한다(2008년 12월). 이후 케이블카 설치에 관한 정부의 방침은 환경부가 2010년 10월 자연공원법령의 개정을 통해 케이블카 설치기준을 완화하여 제도적 기반을 마련한다.

규제 완화를 위한 정부의 행보는 케이블카 설치를 저지하기 위한 환경단체 등의 단체행동을 야기했으며, 이 과정에서 반대집단의 결집이 가시화되었다. 시범사업 탈락 이후에도 환경단체는 이후의 케이블카 추가 설치 차단을 합의하는 등 결집의 정도를 유지한다. 찬성집단 또한 이 시점에서 신념체계를 강화한다. 반대집단이 조성한 여론으로 환경부가 설치 시범사업을 추진으로 정책 방향을 우회하면서 기존의 적극적인 규제완화보다는 한 걸음 물러선 모양새를 보였기 때문이다. 더욱이 오색케이블카의 시범사업 탈락은 찬성집단의 응집력을 높이기 위한 계기로 작용한다.

정리하면 정부의 규제완화정책은 발표되고 여론을 통해 완화의 강도가 조정되는 과정에서 반대집단은 결집을 구체화하고 찬성집단은 응집 정도를 강화하여 갈등이 확산·심화되었음을 확인할 수 있다. 갈등이 확산·증폭되어 약 10년 이상의 시간이 흐른 현 시점에서 되집어 보면 중앙정부의 조치가 다소 미흡했던 것이 아닌가 생각되어 진다. 이미 2001년부터 사회적 갈등의 조짐이 보였던 케이블카 사업의 향방을 결정함에 있어 중앙정부의 갈등의 예방 및 관리를 위한 조치가 부재하였음을 확인할 수 있기 때문이다.

4) 갈등관리과정 분석: 갈등관리를 위한 노력, 해소기제 등

오색케이블카 갈등 해소를 위해 사용된 해소기제는 국민권익위원회의 행정심판 제도와 법원의 사법적 절차로 볼 수 있다. 국민권익위원회의 행정심판 또한 준사적 성격을 갖는다는 점에서 두 해소기제는 법에 기반한 강제력 있는 결정을 통해 갈등을 해소하고자 한다는 점에서 공통점이 있다.

국민권익위원회의 행정심판은 국민의 권익 구제와 행정통제의 목적을 가지고 있다. 따라서 행정심판위원회가 행정처분을 취소하거나 변경하는 재결을 내릴 경우 피청구인이 되는 행정청은 "재결의 취지에 따라 처분을 취소·변경하여야 할 의무를 지게 되며 심판결과에 불복할 수 없도록" 규정되어 있다(국민권익위원회 온라인행정심판 홈페이지). 단, 청구인의 경우에는 재결에 대한 불복이 가능하며 이 경우 법원에 행정소송을 제기할 수 있다. 따라서 행정심판위원회의 인용재결은 법원의 확정판결과 같은 효력을 갖는다.

양양군을 비롯한 찬성집단은 환경부와 문화재청의 처분이 부당함을 이유로 이를 취소하고자 국민권익위원회 중앙행정심판위원회에 행정심판을 제기했다. 첫 번째 행정심판의 피청구인은 문화재청이었다. 양양군은 케이블카 설치를 위한 문화재현상변경 신청에 대한 문화재청의 부결에 대해 2017년 3월 중앙행심위에 행정심판을 제기하였다. 중앙행심위는 문화재위의 결정이 문화재 보존·관리에 집중되어 있는 반면 활용은 고려되지 못했음을 지적하며, 케이블카 사업을 허가해야 한다는 재결을 내렸다. 이후 문화재청은 중앙행심위의 결정에 따라 사업을 허가했다. 다면 문화재에 미치는 영향을 최소화하는 데 필요한 조치를 취할 것을 허가의 조건으로 내세웠으며 양양군은 요구 조건을 모두 수용하겠다고 밝혔다.

두 번째 중앙행심위 행정심판의 피청구인은 환경부였다. 양양군은 환경부가 케이블카 설치사업에 부동의 결정을 내린 것이 부당함을 이유로 중앙행심위에 이를 취소하는 행정심판을 청구한다. 중앙행심위는 이번에도 양양군의 손을 들어줬다. 중앙행심위는 자연공원 삭도 설치·운영 가이드라인 등의 절차를 거쳐 국립공원위원회의 국립공원계획변경 승인을 받은 사업으로 자연환경영향평가를 이미 받았다는 점, 국립공원계획변경 시 이미 입지의 타당성이 검토되었음에도 입지 타당성의 부적절함을 이유로 제시한 점, 동물상·식물상 등에 대해 추가로 보완 기회를 줄 수 있었음에도 바로 부동의 통보를 한 점을 참작하여 취소심판에 대해 청구인의 청구를 인용한다고 밝혔다(한국경제, 2020.12.30.). 양양군과 강원도는 중앙행심위의 결정 이후 원주지방환경청에 "조속한 협의 완료와 이행 상황 공개"를 요청하였으나, 원주지방환경청은 환경영향평가가 끝난 것이 아님을 이유로 환경영향평가서 재보완을 요구하였다. 양양군은 재보완 요구를 취소해 달라며 중앙행심위에 다시 행정심판을 청구했다.

찬성집단이 국민권익위원회의 행정심판을 갈등해소기제로 활용하였다면, 반대집단의 주된 축이라 할 수 있는 환경단체는 사법제도를 활용하여 갈등상황을 해소하고자 하였다. 환경단체에서 4회에 걸쳐 주요 소송을 제기하였다. 첫 번째 소는 2018년 1월 제기된 환경부가 오색케이블카 사업을 조건부 승인한 것에 대한 무효소송이었다. 시민단체는 백두대간보호법에 따라 설악산과 같은 핵심 구역은 반드시 필요한 공용시설만을 설치할 수 있으며, 케이블카는 이에 해당하지 않음을 이유로 환경부의 결정이 무효임을 주장했다. 그러나 서울행정법원은 원고의 청구를 기각하였다. 두 번째 소는 환경단체가 문화재청을 상대로 문화재현상변경허가처분 취소 소송을 제기한 것이다. 환경단체는 이번에도 패소하였다. 세 번째 소는 환경단체가 문화재현상변경을 취소하는 소를 제기한 직후 동물권을 연구하는 변호사 단체인 피앤알이 대리하여 설악산 산양 28마리를 원고로 하는 동일한 목적의 취소소송을 제기한 것이다. 서울행정법원은 산양이 소송주체로 인정될 수 없음을 이유로 해당 소송 청구를 각하했다. 네 번째 소송은 중앙행심위를 상대로 설악산 오색케이블카 인용재결취소소송을 제기한 것이다. 이 또한 서울행정법원은 각하 판결했다. 소를 제기한 원고의 적격 여부가 각하의 이유였다. 환경단체는 해당 소송을 제기한 원고들이 케이블카 설치를 반대하는 지역주민으로 과거 서울행정법원으로부터 환경영향평가법의 법률상 이익과 원고적격을 인정받은 당사자임을 주장하면서, 판결문 분석을 거쳐 항소할 것임을 밝혔다(연합뉴스, 2021.12.09.). 정리하면 반대집단에서 갈등해소기제로서 활용한 사법제도는 모두 찬성집단의 편을 든 것이다.

찬성집단과 반대집단이 선택한 모든 갈등해소기제는 결과적으로 찬성집단에

유리한 결과를 도출한다. 원하는 결과를 얻지 못했음에도 불구하고 환경단체는 케이블카 사업을 통한 환경적 피해를 외부에 알리고 정부의 행정적 결정을 저지하고자 공청회, 1인 시위, 선언물 발표 등의 투쟁을 지속해 갔다. 반대입장을 취하고 있는 대표적인 행정청인 환경부 또한 환경영향분석이 종료되지 않았음을 주장하며 권익위의 결정을 실제적으로는 수용할 의사가 없음을 밝히고 있다. 정리하면 권익위의 결정과 사법제도 모두 이번 갈등을 해소하는 데 있어 실패했다고 할 수 있다. 갈등이 해소되기 위해서는 이해당사자가 주어진 결정을 수용할 필요가 있으나, 찬성집단에서 이를 받아들이지 않고 있기 때문이다.

논의한 두 갈등해소기제는 권리기반의 접근방식(Ury et al., 1988) 또는 법적 접근방식(Rosenbloom, 1989)이라는 전통적인 갈등해소기제에 해당한다. 전통적인 갈등해소 방식은 강제적 결정에 의한 방식인데, 당사자 간의 합의가 아닌 제3자에서 비롯된 강제적인 결정을 이용한 갈등해소기제라고 할 수 있다. 대체로 법에 기반해 결정이 이루어진다는 점에서 공정하다고 할 수 있다. 하지만 가치 간 충돌에서 갈등이 비롯되었을 때에는 추가적인 갈등이 발생할 가능성이 높다. 제로섬 게임의 형태를 취한다는 점에서 승자와 패자가 분명히 구분되는데, 이때 결정에 대한 패자의 수용 정도가 높지 않다. 오색케이블카의 경우에도 패자인 찬성집단은 결과를 수용하기보다는 지속적으로 대응하는 전략을 취하고 있다는 점에서 전통적 갈등해소기제가 가진 한계를 분명히 보여주고 있다고 할 수 있다.

5) 결과: 해소/현재상황, 후속상황(잠재, 폭발, 해소, 내부갈등·공동체 파괴 등)

오색케이블카 갈등은 2021년 12월 현재도 지속되고 있다. 환경단체는 권익위의 결정이 부당함을 이유로 인용재결 취소소송이 1심에서 패소하였음에도 불구하고 판결문 분석을 거쳐 항소할 것임을 밝히고 있다. 환경부는 권익위의 결정을 바로 수용하기보다는 환경영향분석 내용을 보완해 재제출할 것을 양양군에 요청함으로써 케이블카 사업을 바로 승인하지 않고 있다.

이에 강원도민 1만 5천명은 행정심판 인용 결정 이행을 환경부에 권고할 것을 요청하는 내용의 집단민원서를 권익위에 제출했다. 권익위는 2021년 9월 오색케이블카 집단민원에 대한 조정에 착수했다. 권익위는 갈등이 장기화되었고, 사안이 중대하기 때문에 화해로 이를 풀겠다고 밝혔다. 착수회의에는 주민대표와 원주지방환경청, 강원도, 양양군, 국립공원공단, 문화재청 등의 관계기관이 참석해 서로의 입장을 확인했다. 권익위의 조정은 민법상의 화해의 효력이 있다는 점에서 사실상의 강제력을 갖는다.

4. 제언(시사점)

오색케이블카 설치 갈등은 2000년대 초부터 시작해 2021년 12월 현재까지 진행되고 있다. 여전히 찬성집단과 반대집단의 입장이 첨예하게 대립하고 있다는 점에서 근시일 내에 갈등이 해소될 것으로 예상하기는 어렵다.

오색케이블카 설치 갈등은 중앙정부 규제완화 기조에 따른 정책수립으로 인해 갈등이 확산된 경우라고 할 수 있다. 당시 중앙정부가 규제완화 기조를 발표하고 사업이 추진되는 시점까지 약 2년여의 기간이 있었다. 케이블카 설치가 관광객유치 도모에 긍정적인 영향을 미칠 것이라는 기대감과 환경에 악영향을 끼칠 수 있다는 우려가 이미 공존하고 있음을 다수의 언론에서 밝히고 있음에도 불구하고 중앙정부는 이로 인한 갈등의 증폭을 대비하지 않았다는 점이 아쉽다. 현재와 달리 공공갈등에 대한 적극적인 관리가 필요하다는 인식이 부재했기에 비롯된 결과라고 생각된다. 결국 중앙정부의 정책 추진 이전에는 응집되어 있지 않았던 반대 진영이 이를 계기로 조직화하면서 갈등은 증폭되고 장기화되었다. 특히 반대 진영의 결집에는 환경단체가 주도적인 역할을 담당하고 있다는 점을 주목할 필요가 있다. 갈등 사례를 분석한 다수의 선행 연구에서 환경단체를 비롯한 시민단체의 개입이 갈등이 오랜 기간 지속하는 원인으로 작용할 수 있음을 밝히고 있다. 실제 오색케이블카 설치 갈등도 해당 시점 이후 10년 이상 해소되지 못한 채 유지되고 있음이 이를 반증한다.

오색케이블카 설치 갈등은 가치의 대립이라는 점, 갈등이 장기화되었다는 점, 환경단체가 주된 이해당사자로서 개입하고 있다는 점 등 갈등해소의 어려움이 산적하고 있는 사안이라 할 수 있다.

더욱 아쉬운 것은 이러한 갈등을 해소하는 데 있어 주로 활용된 기제가 전통적인 방식의 권한에 의한 해소기제라는 것이다. 앞서 언급하였듯 사법적 판단에 기댄 갈등의 해소는 패자와 승자를 분명히 구분한다. 이 경우 패자는 해소기제에서 비롯된 결과를 수용하기 어렵기 때문에 이에 불복하거나 유사한 상황에 직면하였을 때 지지 않으려고 더욱 적극적으로 자신의 의사를 표현할 가능성이 높다. 이번 사례에서도 환경단체는 지속적으로 소송을 제기하여 행정청의 결정을 무력화시키기 위해 노력한 것으로 확인할 수 있다.

현재 오색케이블카는 권익위의 조정을 통해 다시 한번 갈등을 해소하고자 하고 있다. 권익위의 집단민원 조정제도는 다수인이 제기한 고충민원과 관련된 분쟁에 중립적인 제3자인 권익위가 개입하여 당사자의 양보와 합의를 유도하여 해결하는 대안적 분쟁해결방식(ADR)이라 할 수 있다. 법적 권한에 따라 결정되는 행정심판과 달리 조정은 조정 당사자들과 조정인이 조정서에 서명 또는 기명 날인함으로써 조정이 성립된다. 즉, 이해당사자의 합의에 기반하여 조정안이 결정되는 것이다. 권익위의 조정 착수는 이전과는 달리 이해에 기반한 해소기제가 오색케이블카 갈등에 활용될 것임을 의미한다. 아직 시작단계이기 때문에 그 결과를 장담하기는 어렵지만 해소기제의 전환이 긍정적인 신호임은 분명하다.

┇종합요약

　오색케이블카 설치 갈등은 설악산 내 케이블카 설치를 두고 양양군과 환경부가 대립하고 있는 사례이다. 양양군은 케이블카 설치를 찬성하며 낙후된 지역발전과 탐방객 증가로 인한 탐방로 훼손 방지, 국민의 문화향유권 보전을 위해 케이블카의 설치가 필요하다고 주장한다. 반면 환경부와 환경단체는 케이블카 설치를 반대하며 생태계를 파괴하고 국립공원의 기능을 훼손할 수 있다고 주장한다. 양양군은 환경부에 케이블카 설치 사업 승인을, 문화재청에는 문화재현상변경허가를 요청하였으나, 두 행정청에서 이를 승인하지 않자 국민권익위의 행정심판제도를 활용하여 인용 재결을 받았다. 문화재청은 인용재결 결과를 수용하여 문화재현상변경을 조건부 승인하였으나, 환경부는 환경영향평가를 이유로 허가를 미루고 있는 상황이다. 또 다른 갈등 주체인 환경단체는 문화재청의 조건부 승인, 권익위의 인용재결이 부당함을 이유로 행정법원에 소송을 제기하였으나, 패소하거나 원고 부적격으로 각하되었다. 현재 오색케이블카 설치에 대해서는 권익위의 집단민원조정절차가 진행되고 있다. 정선군민 등 1만 5천명이 행정심판 인용 결정 이행을 환경부에 권고할 것을 내용으로 하는 집단민원서를 권익위에 제출했기 때문이다.

❖ 핵심정리

□ 이해관계자

→ 중앙정부(환경부, 국립공원위원회, 문화재청, 문화재위원회), 지방정부(양양
군, 강원도), 양양군 및 주변 지역주민, 환경·시민단체 등

□ 갈등쟁점

→ 오색케이블카 설치를 통한 관광자원 개발로 지역 경기 활성화 및 소득증대
같은 경제적 가치와 설악산 생물권보전지역 훼손 방지 및 생태계 파괴와 국
립공원 기능훼손 방지 등 환경보전 가치의 충돌

□ 쟁점별 입장 및 속내

→ 양양군 및 지역(주변) 주민들은 오색케이블카 설치를 통해 양양 지역 관광자
원을 개발함으로써 지역 내 관광객 증가 및 지역 경기 활성화 기대

→ 환경부를 비롯한 중앙정부는 설악산 국립공원 내 난개발 우려

→ 환경·시민단체는 설악산 생태계 파괴 및 국립공원 기능 훼손, 유네스코 지
정 생물권 보전지역의 보존을 주장

□ 주요특징

→ 중앙정부의 규제완화 이전에는 찬성집단과 반대집단 간의 갈등이 가시적이
지 않았으나, 중앙정부의 케이블카 설치를 위한 제도정비, 시범사업 도입 등
의 과정을 통해 찬성집단과 반대집단 간의 갈등이 구체화됨

□ 합의이행 여부 및 사후관리

→ 아직 갈등이 진행 중인 사안으로 합의이행 여부를 확인하기는 어려움

참고문헌

• 심원섭 (2016). 국립공원 내 케이블카 설치 허용정책을 둘러싼 관광개발과 환경보전의 딜레마-공리주의와 보호된 가치 프레임의 충돌을 중심으로-.「관광학연구」, 40(1), 111-132.

• 장현주 (2019). 개발과 환경보전을 둘러싼 공공갈등의 재해석: 옹호연합모형과 갈등주기모형을 통해 본 국립공원 케이블카 설치 사업 갈등,「정책분석평가학회보」, 29(4), 57-88.

• 경향신문 (1970). "公害·人害로 잃어버린 自然을 되찾자."(1970.08.11.)

• 강원일보 (2005). "양양으로 수학여행 오세요."(2005.04.21.)

• 강원일보 (2008). "[후보 초청 토론회] 속초-고성-양양: 관광·산업 차별화만이 살길 한목소리."(2008.04.05.)

• 강원일보 (2013). "[양양]오색케이블카 유치 반드시 실현."(2013.01.03.)

• 강원도민일보 (2015). "양양 현안 국비확보 힘 모은다."(2015.03.13.)

• 연합뉴스 (2015). "환경단체 '설악산 케이블카 사업 무효확인 소송 제기'"(2015.12.09.)

• 강원도민일보 (2017). "20년간 지켜온 양양군민 숙원사업, 참담한 심정"(2017.09.28.)

• 서울신문 (2017). "설악산 천연보호구역 포함 오색케이블카 사업 재검토"(2017.09.28.)

• 연합뉴스 (2017). "양양주민 '설악산 오색케이블카 설치 길 열려 다행"(2017.06.15.)

• 연합뉴스 (2017). "[너도나도 케이블카] 곳곳에서 갈등·반목·특혜 시비"(2017.10.02.)

• 중앙일보 (2017). "30년 숙원 설악산 오색케이블카 심의 보류 양양주민 강력 반발" (2017.09.28.)

• 연합뉴스 (2018). "설악산 산양 28마리 오색케이블카 취소 소송 낸다"(2018.02.20.)

• 한겨레 (2005). "양양·속초. '여행와 달라' 각처에 요청."(2005.04.18.)

• 한겨레 (2015). "대청봉 편히 오르자고 '멸종 1급 산양' 내쫓나."(2015.01.24.)

• 한겨레 (2017). "설악산 케이블카 사업 문화재현상변경허가 결정 '보류'"(2017.09.27.)

• 한겨레 (2017). "설악산 오색케이블카, 문화재위 딴죽에 발목 잡혀"(2017.09.29.)

• 법률방송뉴스 (2019). "오색케이블카 설치 반대 '설악산 산양' 28마리가 낸 소송 각하⋯ '소송주체 안돼'"(2019.01.25.)

• 연합뉴스 (2019). "시민단체, 설악산 오색케이블카 취소 소송 1심 패소"(2019.01.31.)

• 동아일보 (2019). "산양이냐 개발이냐 ⋯ 오색케이블카 백지화 후폭풍"(2019.09.21.)
• 연합뉴스 (2021). "설악산 오색케이블카 또 법정으로 ⋯ 환경·시민단체 소송 제기"(2021. 02.09.)
• 뉴스웍스 (2021). "강원도민 1.5만명 '원주환경청, 설악산 오색케이블카 사업허가 이행하라'"(2021.06.30.)
• 한국일보 (2021). "환경부가 제동 건 '오색케이블카' 회생할까 ⋯ 권익위, 조정절차 착수"(2021.09.22.)
• 연합뉴스 (2021). "설악산 오색케이블카 반대 행정소송 1심 '각하' ⋯ 반응 엇갈려" (2021.12.09.)
• 강원일보 (2021). "'오색케이블카 취소소송 각하' 양양군 손 든 법원"(2021.12.10.)

• 법제처 홈페이지. http://moleg.go.kr
• 설악산 국립공원 홈페이지. http://seorak.knps.or.kr
• 국민권익위원회 온라인 행정심판 홈페이지 https://www.simpan.go.kr/nsph/index.do

○ 가리왕산 복원 갈등

1. 사례 선정이유

가리왕산은 강원도 정선군과 평창군에 걸쳐 있는 산이다. 조선시대부터 벌목이 금지돼 500년 가까이 천연 원시림의 형태를 유지하고 있다. 국내에서 흔히 볼 수 없는 희귀한 식물이 자생하고 있어 연구적 가치 또한 상당하다. 가리왕산은 2013년 6월까지 산림보호법상 산림유전자원보호구역으로 지정되었다(시사 IN, 2018.03.19.). 그러나 평창올림픽 개최를 준비하는 과정에서 알파인 스키 경기장의 규격에 적합한 유일한 지역으로 주목받으면서 올림픽 유치 특별법인 '평창올림픽법'에 따라 예외적으로 산림유전자원 보호구역 해제, 산지 전용 협의, 국유림 사용허가 등 일련의 행정절차를 거쳐 활강경기장 시설지로 활용되었다. 당초에는 올림픽 개최 이후 산림의 전면 복원을 계획했으나 개최 이후 강원도와 스키협회 등 체육계에서 시설의 존치를 주장하면서 갈등이 시작했다. 산림청과 환경부는 기존 계획에 따른 전면 복원을 주장했다(연합뉴스, 2018.12.17.).

1년여간의 갈등 끝에 국무조정실 주관으로 "가리왕산의 합의적 복원을 위한 협의회(위원장: 이선우 한국갈등학회 고문)"가 구성되었다. 사회적 합의기구인 해당 협의회는 이해당사자를 비롯하여 관련 분야의 전문가들로 이루어졌으며 2021년 4월까지 총 14차례의 협의회를 개최했다. 그 결과로 산림 복원과 한시적 곤돌라 운영을 골자로 하는 합의안이 확정되었다.

가리왕산 복원 갈등은 협의회라는 조정기구를 통해 갈등을 해소한 대표적 사례라고 할 수 있다. 따라서 갈등의 전개과정, 가리왕산 갈등 사례 쟁점, 가리왕산 갈등의 해소기제인 가리왕산의 합리적 복원을 위한 협의회의 협의과정 등을 구체적으로 살펴봄으로써 이후 발생할 공공갈등에서 해당 해소기제가 활용될 수 있는 방안을 제시하고자 한다.

2. 사례 개요

1) 갈등일지: 주요사건과 이슈를 중심으로 한 일지기법 활용

평창올림픽을 준비하는 과정에서 강원도와 산림청, 환경부, 환경단체, 전문가 등이 포함된 '가리왕산생태복원추진단'은 복원을 전제로 가리왕산 내 알파인스키장 설치를 위한 개발계획을 통과시켰고, 정부는 특별법인 '평창올림픽법'에 따라 이를 허가했다(중앙일보, 2019.02.07.).

가리왕산 복원 갈등은 2018년 평창올림픽이 끝난 직후 시작됐다. 강원도와 정선군은 '올림픽 유산 존치' '지역 경제 활성화' 등을 이유로 전면 복원에 반대했다. 강원도는 남북한 동계아시안게임 유치 가능성을 이유로 스키장 유지를 주장했다. 반면 산림청은 약속대로 강원도가 원래 상태로 복원을 진행해야 한다고 말했다(조선일보, 2019.01.03.).

가리왕산 복원을 놓고 정부·강원도·지역주민 등 이해당사자 간의 갈등이 좁혀지지 않자, 최문순 강원도지사, 한금석 강원도의회의장, 허영 더불어민주당 강원도당 위원장은 강원도청 브리핑룸에서 가리왕산 문제 해결을 위한 '사회적 합의기구 구성'을 공식적으로 제안했다. 강원도가 제안한 사회적 합의기구에는 올림픽 시설 관리 주무부처인 문화체육관광부와 가리왕산 관리 주체인 산림청, 환경정책 주무 부처인 환경부 및 환경단체·전문가, 강원도, 정선군 등 다양한 이해당사자가 포함되었다. 강원도는 사회적 합의 결과를 전적으로 수용하겠다고 밝혔다(동아일보, 2019.01.20.). 이에 따라 2019년 4월 가리왕산의 합리적 복원을 위한 협의회가 공식 출범하였고 총 14차의 협의를 거쳐 3년간의 한시적 곤돌라 운영을 골자로 하는 합의안을 확정하였다. 이후 정부가 협의회의 결정수용 및 그에 따른 계획 수립을 공표함으로써 갈등은 마무리되었다.

〈표 1〉 갈등일지

시 기			전 개 과 정
발단	2012	6	• 평창동계올림픽 활강 경기장으로 가리왕산이 선정
	2012	1	• 평창 동계올림픽대회 및 동계패럴림픽대회 지원에 관한 특별법 제정
	2018	1	• 강원도, 산림청 중앙산지관리위원회에 가리왕산 복원계획 제출
	2018	2	• 평창동계올림픽 대회 개최
	2018	2	• 산림청 중앙산지관리위원회, 강원도가 제출한 가리왕산 복원계획 반려, 심의 보류 • 강원도지사 강원도민일보와의 인터뷰를 통해 2021년 남북 공동 동계아시안게임 개최 및 알파인 스키장 존치 의사 밝힘
확산	2018	3	• 정선지역주민들이 알파인 스키장 존치 요구 서명 발표
	2018	4	• 산림청, 가리왕산 산림생태복원 지원단 구성
	2018	5	• 녹색연합, 가리왕산 산사태 위험 가능성이 높다는 것을 지적
	2018	5	• 강원도, 가리왕산 산사태 예방대책 마련 및 산사태 예방사업 실시 설계 용역 착수
	2018	6	• 녹색연합, 감사원에 가리왕산 알파인스키장 감사 청구
고조	2018	7	• 원주지방환경청, 강원도 정선의 가리왕산 알파인스키경기장 복원 여부와 관련하여 이행조치 명령을 받고도 조치를 취하지 않았음을 이유로 강원도에 1,000만원 과태료 부과
		7	• 강원도, 대한스키협회, 아시아스키연맹, 정선군 등의 관계기관들이 모여 '스키장과 생태복원의 조화로운 상생을 위한 관계기관 협의체' 발족
		8	• 산림청 중앙산지관리위원회, 전면복원을 요구하며 강원도에 가리왕산 생태복원 보완계획 수립하고 9월 말까지 제출할 것을 요구
		12	• 2일, 산림청, 경기장과 부대시설을 철거하고 전면 복원하라고 통보
			• 정선 알파인경기장 원상복원반대 투쟁위원회, 정선 알파인경기장 복원 반대 대정부 투쟁을 선언
			• 환경부, 정선 가리왕산 활강경기장을 복원하라는 이행조치명령을 강원도에 통보 • 강원도가 복원계획서를 제출하지 않으면 가리왕산 전면복원을 위한 행정대집행에 나서겠다고 밝힘
			• 10일, 강원도, 곤돌라, 관리용 도로 존치 계획을 담은 '가리왕산 생태복원 기본계획'을 최종 제출함
			• 21일, 산림청 중앙산지관리위원회, 전면복원 계획이 제출되지 않았음을 이유로 가리왕산 복원 안건을 심의치 않기로 결정 • 21일, 산림청, 강원도가 전면복원에 대한 의지가 없다고 판단, 국유림

			사용허가 기간이 만료되는 12월 31일 이후 관련법에 따른 행정절차를 진행한다고 밝힘
완화	2019	1	• 산림청, '정선지역 상생·발전 민간협의회' 구성을 제안했지만 정선지역 주민들이 산림청의 '가리왕산 전면복원 강행 방침'에 거부의사를 밝힘
			• 강원도, '사회적 합의기구 구성'을 공식적으로 제안함
	2019	4	• 가리왕산의 합리적 복원을 위한 협의회 공식 출범함
	2020	7	• 강원도와 정선군 주민, 3년간의 한시적 곤돌라 운행을 제안
	2021	4	• 협의회, 14차의 협의회를 통해 가리왕산 알파인스키경기장 운영 합의안 확정함
	2021	6	• 정부, 가리왕산 합리적 복원을 위한 협의회의 결정수용 및 이에 따른 추진 계획 발표함

2) 갈등전개: 발단 – 확산 – 증폭 – 완화 등

가. 갈등의 발단

강원도는 평창올림픽을 준비하던 2012년 알파인스키 종목 특성상 평균 경사 17도 이상인 산지를 찾다가 가리왕산을 낙점했다. 당시 가리왕산 상부는 산림유전자원보호구역으로 개발이 불가능한 곳이었다(강원일보, 2018.12.24.). 강원도와 산림청, 환경부, 환경단체, 전문가 등이 포함된 '가리왕산생태복원추진단'은 논의 끝에 복원을 전제로 개발계획을 통과시켰고, 정부는 특별법인 '평창올림픽법'에 따라 알파인경기장 설치를 허가했다. 경기장 시공에는 사업비 2,034억원(국비 75%, 도비 25%)이 투입됐다(중앙일보, 2019.02.07.).

2018년 2월 올림픽이 끝난 직후 복원 여부와 정도를 둘러싸고 정부와 강원도 간 갈등이 시작됐다. 산림청 산하 중앙산지관리위원회는 강원도가 제출한 가리왕산 복원계획에 대한 재심결정을 내렸다. 위원회는 복원계획에 포함된 스키장 시설 존치 내용을 지적하면서 중앙산지관리위원회는 전면복원을 골자로 하는 복원계획을 다시 제출할 것을 요구했다. 최문순 강원도지사는 2021년 남북 공동 동계아시안게임 개최의지 및 이를 위한 알파인스키장 시설 존치 필요성을 언급하면서 가리왕산 복원은 공공갈등의 양상을 보이게 된다.

나. 갈등의 확산

가리왕산 복원에 관한 산림청과 강원도 간의 갈등은 2018년 3월 이후 본격적으로 산림청(환경부), 환경단체와 강원도, 정선군, 정선지역주민, 스키인 간의 갈등으로 확대된다. 정선군번영연합회는 알파인스키장의 설상경기장 지정을 촉구하는 성명을 낸다. 연합회는 알파인경기장을 올림픽 유산으로 보존하고 정부에서 설상 종목 국가 선수 경기장으로 관리할 것을 촉구했다. 또한 복원대상지역이 환경단체가 주장하는 유전자보존지역 지정구역이 아님을 강조했다. 대한스키협회 또한 패럴림픽 기간 동안 알파인경기장에 대한 시설 유지 청원 서명운동을 진행하는 등 알파인경기장 시설 존치를 위해 노력했다(조선일보, 2018.03.26.). 반면 산림청은 '가리왕산 산림생태복원 지원단'을 구성했다. 지원단의 표면적인 목적은 가리왕산 산림복원문제 검토 및 전문기술 지원에 있다. 한편 산림청의 내심에서는 가리왕산 산림복원의 주관 부서가 산림청임을 대내외적으로 알리기 위한 목적 또한 있었다(파이낸셜뉴스, 2018.04.26.). 녹색연합 등 환경시민단체는 가리왕산 전면복원을 강조했다. 알파인스키장 건설에서부터 심각한 산림훼손이 있었음을 지적한 환경단체는 이에 대한 철저한 복원이 있어야 함을 강조했다. 더욱이 녹색연합은 6월 28일 가리왕산 복원을 위한 국민 감사 청구인 300명의 서명을 모아 가리왕산 알파인 스키장 사업에 대한 감사를 감사원에 청구했다. 녹색연합은 기자회견을 통해 정부의 알파인스키장 건설 허가로 인해 가리왕산의 원시림이 훼손되었음을 지탄하면서, 철저한 복원을 약속한 강원도는 계획을 제시하지 않고 있으며, 환경부와 산림청 또한 이를 묵인하고 있다고 밝혔다(연합뉴스, 2018.06.26.).

다. 갈등의 증폭

원주지방환경청은 2018년 7월 2일 가리왕산 복원 여부와 관련하여 생태계 복원사업이 진행되고 있지 않음을 이유로 강원도에 과태료 일천만원을 부과했다.

알파인스키장 건설을 결정하면서 사후 가리왕산 생태 복원을 위해 자연식생에서 풀과 나무를 옮겨 심어 양묘하겠다고 약속하였으나 적시에 양묘하지 않았으며, 이행조치 명령조차 따르지 않았다는 것이 이유였다(경향신문, 2018.07.01.). 강원도와 대한스키협회, 아시아스키연맹, 정선군 등 전면복원을 반대하는 이해당사자들은 '스키장과 생태복원의 조화로운 상생을 위한 관계기관 협의체(대표: 류제훈 아시아스키연맹 사무총장)'를 발족했다(연합뉴스, 2018.08.01.). 강원도지사와 정선군수는 인터뷰 및 행정안전부 장관과의 만남을 통해 비용, 기술에 따른 전면복원의 어려움, 지역 주민의 요구 등을 외부에 전달했다.

강원도와 정선군의 노력에도 불구하고 산림청은 전면복원이라는 입장을 고수했다. 산림청 중앙산지관리위원회는 2018년 8월 31일 강원도가 제출한 가리왕산 생태복원 기본계획에 대해 내용 보완 및 추후 심사를 결정했다. 곤돌라와 운영도로 등 일부 시설을 존치하는 내용을 포함하는 강원도의 기본계획이 산림유전자원 보호구역 환원이라는 목표에 부합하지 않았음을 이유로 덧붙였다. 생태복원의 어려움, 경제적 타당성 등 시설존치와 관련된 근거제시가 없었으며, 시설 사후활용 시 전제조건이었던 올림픽대회지원위원회의 결정 등 사전절차요건을 만족하지 못했음 또한 지적했다(연합뉴스, 2018.08.31.)

이후 2018년 11월 30일로 예정되었던 3차 중앙산지관리위원회의 심의는 강원도의 요청으로 12월로 연기되었다. 중앙산지관리위원회의 지적사항에 대한 대응 일환으로 올림픽대회지원위원회에 해당 안건을 상정하고자 했기 때문이다. 그러나 이와 같은 강원도의 노력은 문화체육관광부가 환경부와 입장을 함께 하면서 무산되었다. 정선군은 12월 11일 도청에서 대정부 투쟁 선언 기자회견을 갖는 등 산림청을 압박했다. 이 과정에서 올림픽대회지원위원회에서 산림청을 비롯한 각 부처가 가리왕산 사후활용에 동의한 것이 확인되었음을 제시하면서 중앙산지관리위원회의 지적이 잘못되었음을 주장했다. 지난 2013년 올림픽대회지원위원회는 당시 '올림픽 경기 후 슬로프는 산림으로 복구·복원하되 동계스포츠 활성화를 위해 필요하다고 판단되면 지속 활용한다'고 결정했다는 것이다(강원도민일보, 2018.12.12.).

12월 21일 3차 중앙산지관리위원회의 심의가 진행되었다. 산림청은 12월 21일 중앙산지관리위원회에서 전면복원 계획이 제출되지 않은 가리왕산 복원 안건을 심의치 않기로 결정했음을 공표했다. 더불어 31일 가리왕산 국유림 대부기간 만료 이후 가리왕산 복원을 위한 행정대집행 절차를 밟을 수밖에 없다는 의견을 밝혔다(뉴스1, 2018.12.21.).

라. 갈등의 완화

2019년 1월 2일 산림청은 가리왕산 생태복원 추진 및 산림자원을 기반으로 한 정선지역 발전방안을 논의하기 위한 '(가칭)정선지역 상생발전 민·관협의회'를 제안한다. 이에 대해 정선군과 지역주민들은 전면복원을 전제로 한 협의회는 참여할 수 없다는 거부의사를 밝힌다. 해당 시기에 강원도의회는 정선 알파인경기장의 합리적 존치를 위한 대정부 결의문을 발표했으며, 정선주민들은 '알파인경기장 철거반대 범군민투쟁위원회'를 출범시킨다(프레시안, 2019.01.13.).

강원도는 산림청의 제안과 별개로 '사회적 합의기구 구성'을 제안한다. 강원도는 복원의 책임이 강원도에 있음을 말하면서 극단적 대립이 존재하는 가리왕산 복원을 해결하기 위해서는 이해당사자들과 전문가들이 일정 기간 심도 있는 토론·합의를 거치는 사회적 합의기구 구성이 필요하다는 입장을 표명했다. 강원도에서 제안한 합의기구는 올림픽 시설 주무부처인 문화체육관광부와 산림청, 생태환경정책 주무부처인 환경부, 환경단체 및 환경전문가, 강원도, 정선군 등 관련 주체자들을 포함했다. 강원도는 사회적 합의 결과를 전적으로 수용하겠다고 밝혔다(동아일보, 2019.01.20.).

정선 알파인경기장 철거반대 범군민 투쟁위원회는 강원도의 합의기구 구성 제안과 관련하여 유감을 표명했다. 강원도가 3자의 입장을 견지하는 듯한 소극적 태도를 보이고 있다는 점이 가장 큰 이유였다. 그러나 강원도와 산림청을 비롯한 이해당사자들이 합리적 존치 문제를 포함해 모든 문제를 함께 논의할 경우 정선군도 참여할 의사가 있음을 피력했다(파이낸셜 뉴스, 2019.01.21.). 동시에 1월 22일 범군민 투쟁위원회는 투쟁위 2,000명이 참석한 가운데 알파인경기장 철거

반대 범군민 투쟁결의대회를 가졌다.

동월 22일 산림청은 정선군을 방문하여 알파인경기장의 합리적 존치를 결정하는 사회적 합의기구 구성에 대한 국무조정실의 답변을 얻었음을 밝혔다. 이 자리에는 최승준 정선군수, 정만호 강원경제부지사, 유재철 정선 알파인경기장 철거반대 범군민 투쟁위원장 등이 참석했다. 그러나 산림청은 23일 대변인실을 통해 가리왕산 생태복원 관련 사회적 합의기구를 통해 백지상태에서 논의하겠다는 것은 사실이 아니며, 향후 이해관계자들이 참여하는 대화기구 틀에서 다양한 의제를 논의할 계획임을 밝힌다. 이에 정선군과 정선군민은 우려의 목소리를 내기도 했다(이뉴스투데이, 2019.01.24.).

사회적 합의기구 구성을 위한 회의는 총 4회 개최되었다. 범군민 투쟁위는 산림청이 대화기구 운영 동안 알파인경기장 원상회복 조치를 잠정 유예한다는 내용의 공문을 강원도에 전달한 이후인 3차 기구 구성회의부터 참석하였다(뉴스1, 2019.02.08.). 4차 기구구성회의에서는 갈등관리전문가를 포함해 법률, 환경 등 각 부문과 주민대표 등 위원 9명, 도와 정선군, 산림청, 환경부, 국무조정실 등 5개 기관 대표 5명 등 총 14명으로 위원회를 구성할 것임을 합의했다(강원도민일보, 2019.03.27.). 이후 4월 23일 1차 협의회를 시작으로 2021년 4월 12일까지 총 14차의 협의회가 개최되었다. 기존에는 6개월에 거쳐 약 10차의 협의회를 진행할 것으로 계획하였으나, 양측 의견의 대립 지속, 코로나19 유행 시작 등의 문제가 등장하면서 협의회 진행은 난항을 겪었다. 특히 13차 협의회는 코로나19 등을 이유로 직전 협의회보다 1년이 지난 시점에서 개최되었다. 마지막 14차 회의에서는 2시간이 넘는 격론이 이어졌다. 협의회 결과, 각 기관이 기존의 주장을 양보하고, 향후 8~9개월간 준비기간을 갖고 2022년부터 곤돌라의 3년간 한시적 운영을 실시하는 것으로 합의안이 도출됐다. 최종 합의안에 따라 도와 정선군은 2021년까지 가리왕산 알파인스키경기장 곤돌라 한시적 운영을 위한 기반시설 및 편의시설 공사를 완료한 이후, 2022년부터 3년간 운영에 돌입한다. 주요 쟁점사항 중 하나인 한시적 운영 뒤 존치 여부를 결정할 논의기구에 대해서는 논의 기준과 방법 등을 모두 정부에 일임하기로 결정했다.

3. 사례 분석

1) 갈등쟁점 및 쟁점별 이슈

가. 경제적 차원

경제적 이슈는 크게 두 가지로 구분될 수 있다. 첫째, 복원비용 부담에 관한 이슈이다. 가리왕산의 복원비용 총액에 관해서는 이해당사자별로 의견이 다르다. 강원도는 약 690억으로 산정하는 반면, 산림청은 1,000억원 내외를 예상한다. 산정 비용의 차이도 이견이 있지만 문제가 되는 것은 해당 비용의 부담 주체에 관한 내용이다. 강원도는 산정비용의 70%인 480억원 정도를 국비로 지원할 것을 요구하고 있다. 반면, 산림청은 원인자 부담의 원칙에 따라 강원도에서 복원비용 전체를 부담해야 한다는 입장이다. 가리왕산 복원비용의 경우 알파인 스키장 입지결정 시점부터 환경단체 측에서 문제가 제기되었다. 건설비용 부담 원칙은 평창올림픽법에 포함되어 있을 뿐 복원비용에 대한 논의는 명확히 이루어지지 않았기 때문이다. 둘째, 스키장 시설 존치를 통한 지역발전 이슈이다. 강원도는 전면복원에 따른 부담을 경감하고자 전면복원이 아닌 일부복원을 골자로 한 계획을 산림청에 제출한다. 알파인경기장 시설을 유지하여 지역경제 활성화를 도모하고자 한 것이다. 이 경우 복원비용을 절약할 수 있을 뿐 아니라, 시설 활용을 통한 관광객 유치를 도모할 수 있게 된다. 특히 정선군과 정선지역주민은 시설존치를 강력하게 주장한다. 정선군의 경우 2010년부터 재정자립도가 지속적으로 저하되었으며, 강원랜드를 제외하고는 지역발전 요인이 전무한 상황이었기 때문에 스키장과 같은 관광지 개발이 절실했다. 그러나 시설존치는 훼손된 산림의 전면복원이 어려움을 의미한다. 따라서 산림청과 환경단체는 시설존치가 포함된 가리왕산 복원을 반대한다.

나. 절차적 차원

가리왕산 복원 갈등과 관련하여 가시적인 절차적 이슈는 확인하기 어렵다. 다만, 산림청 산하의 중앙산지관리위원회가 가리왕산 복원 계획(강원도 제출)을 심의하는 과정에서 시설 사후 활용 전제조건인 올림픽대회지원위원회의 결정이라는 사전절차요건을 만족하지 못하였음을 지적하였다는 점이 이해당사자 간에 언급된 절차적 이슈의 성격을 갖는다. 강원도는 중앙산지관리위원회의 지적에 대해 지난 2013년 올림픽대회지원위원회는 당시 '올림픽 경기 후 슬로프는 산림으로 복구·복원하되 동계스포츠 활성화를 위해 필요하다고 판단되면 지속 활용한다'고 결정했음을 밝혔다. 즉, 가리왕산이 시설 존치가 지원위원회에서 결정한 예외사항에 포함된다는 것이다. 산림유전자원보호구역 해제 당시 기사들을 살펴보면 유사한 내용을 언급하고 있음을 확인할 수 있다(ex. 연합뉴스, 2013.06.28.) 그러나 이와 같은 지원위원회 결정논란은 12월 산림청의 행정대집행 예고 이후 부각되지 않았음을 언론보도를 통해 확인할 수 있다

다. 환경적 차원

가리왕산의 경우 복원·복구를 조건으로 알파인스키장이 건설되었다. 앞서 언급한 바와 같이 가리왕산은 산림 내 분포하는 종자의 희귀성을 인정받아 일부지역이 산림유전자원보호구역으로 지정되어 관리되어 왔다. 그러나 평창올림픽을 준비하는 과정에서 활강슬로프 건설을 위한 국내 유일한 대안지로 주목을 받는다. 환경단체에서는 활강슬로프를 건설할 경우 보호구역이 포함될 수 있음을 염려하며 건설을 반대하는 입장을 지속적으로 표명하였으나, 산림청은 전면복원·복구를 조건으로 올림픽특별법에 따라 2013년 6월 보호구역 총면적 중 일부(78.3ha, 총면적의 3%에 해당)를 해제했다. 2015년 환경단체 '녹색연합'과 '산과자연의친구우이령사람들'은 산림청장을 직무유기 혐의로 고소하였다. 산림청은 "평창동계올림픽 대회 지원위원회 결정에 따라 2018년 올림픽 개최 전까지 강원도에서 세부적인 복원 또는 사후활용 계획을 수립해 승인절차를 거치도록 하였으며, 강원도와 정기적 협의회를 통해 가리왕상 산림유전자원보호구역 보전·복원 계획을 이행해 나갈 예정"임을 밝혔다.

따라서 복원 찬성측은 가리왕산은 전면복원을 전제하여 활용방향을 논의해야 한다는 입장이다. 전면복원(1등급 지역 복원)이 개발의 조건이었기 때문이다. 특

히 곤돌라가 운영될 경우 관광객들이 핵심 보호구역을 훼손할 것임을 지적했다 (내일신문, 2021.04.29.).

2) 이해관계자들과 그들의 속내(interest) 및 입장(position)

가. 산림청과 환경단체

산림청과 환경단체는 가리왕산의 전면 복원에 찬성했다. '평창올림픽법'에 따라 예외적으로 산림유전자원 보호구역 해제, 산지 전용 협의, 국유림 사용허가 등 일련의 행정절차를 거쳐 알파인경기장 시설로 가리왕산을 활용하고자 했던 강원도가 올림픽 이후의 원형 복원을 약속했기 때문에 이를 지켜야 한다고 말한다(연합뉴스, 2018.12.12.). 복원 비용 또한 원인자 부담 원칙에 따라 강원도가 비용을 부담할 것을 주장했다. 산림청/환경부, 문화체육관광부는 2017년 중앙정부의 예산심의과정에서부터 가리왕산 복원을 위한 국비지원 내용을 배제했다. 강원도의 지속적인 요청이 있었음에도 우회적으로 국비지원 거부 의사를 밝힌 것이다. 이후 산림청은 강원도에서 해당 비용을 지불할 것을 직접적으로 주장한다. 전면주장을 강력하게 주장하는 산림청의 내심에는 정치적 부담이라는 요인이 작용한 것으로 보인다. 2015년 환경단체는 산림유전자원보호구역 해제를 이유로 산림청장을 직무유기로 고소한다. 이때 산림청은 해제는 복원의 전제하에 이루어진 것임을 성명을 통해 밝히기도 했다. 따라서 산림청은 이와 같은 정치적 부담을 상쇄할 만한 새로운 요소가 등장하지 않는다면, 전면복원이라는 입장에게 선회하기는 어려워 보였다.

환경단체는 갈등이 발생하고 완화되는 전 기간 동안 훼손된 산림의 전면복원을 주장한다. 스키장 시설이 존치될 경우 가리왕산이 갖고 있던 원래의 생태적 가치를 회복할 수 없음을 강조한다. 환경단체는 복원비용에 있어 주체를 구분하지 않는다. 복원의 주된 주체인 산림청과 강원도 모두 전면복원을 위한 적극적인 태도를 취해야 한다는 것이 입장이다. 일례로 환경단체는 가리왕산 건설 단계에서부터 복원비용 부담에 대한 내용이 평창올림픽법에 명시되어 있지 않음을 우려하였다. 산림청과 강원도·정선군의 갈등이 한창 고조되고 있던 2018년 6월에는 감사원에 스키장 사업에 대한 감사를 청구하면서, 전면복원을 약속한 강원도가 관련 계획을 제시하고 있지 않음을 지적할 뿐 아니라 환경부와 산림청에서 이를 묵인하고 있다고 밝혔다(연합뉴스, 2018.06.26.).

나. 강원도와 정선(군과 지역주민)(반대집단)

강원도는 가리왕산의 전면복원을 반대하고 알파인스키장 시설 존치 및 활용을 주장한다. 2021년 동계아시안게임 뿐만 아니라 한국스키의 발전을 위해서도 해당 시설이 필요하다는 것이다(시사인, 2018.03.19.). 강원도가 1월과 12월 산림청에 제출한 복원계획서에 따르면, 곤돌라와 운영도로 존치 등의 내용이 포함되어 있다. 복원비용 또한 산림청이 예상한 금액과 차이를 보인다. 산림청은 전면복원에 대략 1,000억원 정도를 예상한 반면, 강원도는 477억원을 산정했을 뿐이다. 재원마련 또한 국비 70%, 도비 30%를 염두에 두고 있어 산림청의 의견과 차이를 보였다(서울신문, 2020.12.17.). 강원도가 시설존치를 주장하는 이면에는 복원비용에 대한 부담이 작용한 것으로 보인다. 강원도는 산림청에 첫 번째 복원계획을 제출하기 직전까지 전면복원을 염두에 두고 있었다. 그러나 2018년 중앙정부의 예산심의 과정에서 복원에 필요한 국비지원을 산림청과 환경부, 문체부에 신청했으나 모두 불발된다. 강원도는 올림픽이 국가행사라는 점을 들어 환경복원을 위해서는 정부와 국회 등이 모두 나서야 함을 강조하였으나, 문체부는 관리와 복원은 강원도의 책임이라는 논지를 유지하였으며, 산림청과 환경부는 원인자 부담 원칙을 강조하면서 국비지원에 대해 선을 그었다. 이후 강원도는 전면복원에서 일부 시설존치로 입장을 선회한다. 따라서 강원도의 전면복원 반대의 원인은 복원비용에 대한 부담에서 비롯되었다고 볼 수 있다(그린포스트코리아, 2018.01.08.).

정선군과 정선지역 주민들은 올림픽 유산의 보전과 생태관광자원으로 활용을 목적으로 시설의 존치를 주장한다. 정선군번영연합회의 성명에 따르면 올림픽 유산인 알파인경기장을 보존하여 설상 종목 국가 선수 경기장으로 관리할 것을 축구했다(강원일보, 2018.03.26.). 이와 같은 정선의 주장은 지역경제 활성화에 대한 기대에서 비롯된 것으로 보인다. 정선군은 산림보호구역 해제 단계에서부터 전면복원에 대한 불만을 표했다. 전면복원 대신 지역을 위한 관광자원으로 활용할 수 있도록 유도하는 경제적 선택이 이루어질 필요가 있음을 언급했다(정선신문 2014.12.23.). 정선군번영연합회장은 문체위 국정감사 등에 참석하여 관광자원으로의 활용을 강조했다(정선일보, 2018.10.18.).

〈표 2〉 갈등 관련 찬/반 입장

찬/반	갈등주체	주요 입장
찬성	산림청 환경부 환경단체	• 환경부는 가리왕산 복원을 약속으로 진행된 사항이기 때문에 약속대로 복원해야 한다고 주장 • 곤돌라를 그대로 유지한 상태에서 나무를 심어 복원하는 것은 불가능 • 환경부는 일부 시설 존치는 전면복원 취지에 걸맞지 않다고 거부
반대	강원도 정선군 정선군민	• 전면복원보다는 올림픽 시설 활용 주장 • 200억원을 들여 설치한 곤돌라를 제대로 운행해 보지 못하고 수십억원의 예산을 들여 철거하는 것은 사회적 비용 낭비 • 올림픽 시설을 합리적으로 활용할 필요가 있음

3) 특징(돌발변수, 특이사항, 차별화된 내용)

가리왕산 복원 갈등의 특징은 주된 이슈 변화에 따른 이해당사자 확대라고 할 수 있다. 강원도가 1차 복원계획을 산림청에 제출하기 전까지 두 이해당사자는 전면복원에 의견을 같이한다. 이때의 주된 이슈는 비용 분담에 관한 문제였다. 즉, 산림청은 강원도의 100% 부담을 주장하는 반면, 강원도는 국비 70% 지원을 요구했다. 사실 강원도는 15개 광역자치단체(세종시 제외) 중 가장 낮은 재정자립도를 보이는 지방정부로 1,000억원에 가까운 복원비용을 단독으로 부담하기에는 무리가 있었음에도 산림청과 환경부에서 원인자 부담 원칙에 따라 비용 분담을 거절한 것이다. 결국 강원도는 재정문제를 타개하고자 기존의 전면복원이 아닌 일부시설 존치를 내용으로 하는 복원계획서를 제출한다. 이 과정에서 해제 과정부터 전면복원을 주장해온 환경단체와 시설존치를 염원해 온 정선이 갈등의 이해당사자로 등장한다. 더욱이 복원비용이라는 경제적 이슈는 지역개발 대 환경보호라는 환경적 이슈 문제로 전환된다. 갈등연구에서 환경과 같은 가치문 제는 경제적 이슈와 같은 이해(interest) 문제보다 해소가 어렵다고 말한다. 결국 가리왕산 갈등은 이슈의 전환으로 인해 갈등 해소의 난도가 올라간 사례라 할 수 있다.

4) 갈등관리과정 분석

갈등해소기제는 크게 힘에 의한 접근, 권리에 의한 접근, 이해에 의한 접근으 로 구분된다. 힘에 의한 접근은 물리적 힘을 갖고 있는 일방이 또 다른 당사자 에게 그 힘을 행사함으로써 갈등을 해소한다. 그러나 이것은 진정한 해소라고 보기는 어려우며, 갈등의 잠복, 또는 종결로 이어진다. 권리에 의한 접근은 당사 자 일방이 법, 규정 등을 원천으로 갖게 되는 권리를 행사하면서 동시에 또 다 른 당사자가 갖는 권리는 최소화하거나, 정당하지 못한 것으로 만든다. 법원의 판결 등을 통해 권리관계의 존부를 확인함으로써 갈등을 해소한다. 마지막으로 이해에 기반한 접근은 갈등당사자들의 이해를 충족시키고자 대화를 통해 해결 책을 찾는 방법이다. 이해에 기반한 접근은 모두의 만족을 이끌어 낼 수 있는 대안을 모색하는 데 집중한다(김광구 외, 2018). 가리왕산 복원 갈등은 이 세 가 지 접근 중 두 가지의 접근이 시도된다. 권리에 의한 접근과 이해에 의한 접근 이다. 전자는 산림청의 중앙산지관리위원회의 심의이며, 후자는 사회적 합의기 구라는 협의체의 도입이다.

중앙산지관리위원회는 산림청 산하의 자문위원회로 보전산지 지정절차, 변 경·해제에 관한 사안 등에 관한 심의 권한을 갖는다. 가리왕산의 경우 보호구 역 해제 시 요건으로 포함되는 복원계획 또한 자문위원회의 심의대상이 된다. 중앙산지관리위원회는 평창올림픽 개최 후 강원도가 제출한 복원계획을 대상으 로 총 세 차례의 심의를 진행하였다. 위원회는 1차 심의에서 전면복원을 골자로 하는 복원계획을 다시 제출할 것을 요구했다. 이후 2차 심의에서 곤돌라와 운영도로 등 일부시설 존치 내용을 포함하는 기본계획이 산림유전자원보호구역 환원이라는 목표에 부합하지 않음을 이유로 보완 및 추후 심사를 결정했다. 강원도는 이에 불복하여 추가적으로 계획서를 제출하지 않았다. 결국 위원회는 3차 심의에서 복원 안건을 심의치 않기로 결정하였고, 산림청은 가리왕산 복원을 위한 행정대집행을 예고했다. 정선 지역 주민들은 범군민 투쟁을 선언함으로써 갈등은 장기화될 것처럼 보였다. 결국 권리에 의한 접근은 갈등을 해소하는 데 실패한 것으로 보인다. 김동영(2009:24)에 따르면 권리에 의한 갈등해소는 결과에 대한 이해당사자의 만족도가 낮다. 낮은 만족도는 결국 갈등의 악화 또는 2차 갈등의 발생을 야기할 가능성이 높다. 가리왕산 복원갈등에서도 중앙산지관리위원회의 심의는 갈등을 해소하기보다는 갈등 상황을 악화시키는 원인으로 작용하고 있음을 확인할 수 있다.

갈등해소를 위한 두 번째 접근은 대화를 위한 협의체의 구성이었다. 이는 위에서 언급한 갈등해소를 위한 세 가지 접근 중 이해에 의한 접근에 해당한다고 할 수 있다. 이해당사자들이 수용가능한 대안을 도출하였다는 점에서 가리왕산 갈등의 협의체의 구성은 실효적 갈등해소를 이루었다고 할 수 있다. 가리왕산의 협의체 구성에서 이루어진 협의의 과정과 내용을 살펴보면 다음과 같다.

첫째, 협의체 구성을 제안하는 과정에서 진행될 대안의 범주를 합의하였다. 산림청의 행정대집행 예고 이후 산림청과 강원도는 각각 한 차례씩 갈등해소를 위한 협의체 구성을 제안한다. 먼저 구성을 제안한 것은 산림청이었다. 산림청은 2019년 1월 2일 가리왕산 생태복원 추진 및 산림자원 기반의 정선지역 발전방안 논의를 위한 민·관협의체를 제안한다. 그러나 산림청의 제안은 정선군과 지역주민들의 참여거부로 무산된다. 이후 협의체는 다시 한 번 제안된다. 강원도는 가리왕산 복원 문제를 해결하기 위해서는 이해당사자와 전문가들이 일정 기간 동안의 토론과 협의를 보장하는 합의기구가 필요하다는 입장을 표명한다. 스키장 존치에 찬성하는 정선군민으로 이루어진 알파인경기장 철거반대 범군민 투쟁위원회는 강원도의 태도가 다소 소극적임을 지적하면서도 산림청을 비롯한 이해당사자들이 합리적 존치 문제를 포함해 모든 가능성을 열어두고 협상을 진행한다면 합의기구에 참여할 의사가 있음을 밝힌다. 산림청 또한 합의기구 구성에 참여할 의사가 있음을 피력했다. 정리하면 가리왕산 갈등에서 협의체를 제안하고 이에 동의한 일련의 과정은 협의체가 결론에 도달하는 데 있어 모든 가능성을 열어두고 협의가 진행될 수 있음을 이해당사자들끼리 협의하고 공유한 것이라 할 수 있다.

둘째, 협의체 설계에 대한 협의과정을 마련하였다. 이해당사자들은 총 4회에 걸쳐 사회적 합의기구 구성을 위한 회의를 개최하였고, 여기서 합의기구의 명칭과 참여기관, 인권과 규모 등을 논의하였다. 알파인경기장 철거반대 범군민 투쟁위원회는 3차 회의부터 참석하였다. 투쟁위원회는 알파인경기장의 원상회복조치를 잠정 유예한다는 공문을 산림청 강원도에 전달한 이후 참석을 결정하였기 때문이다. 이때 투쟁위는 성명서를 통해 진행 중이던 상여투쟁을 잠시 보류할 것임을 밝혔다(뉴스1, 2019.02.08.). 산림청의 원상회복 조치 잠정유예 결정에 대한 답변으로 보여진다. 범군민 투쟁위가 함께한 4차 구성회의에서는 구체적인 위원회 구성 방안을 합의했다(강원도민일보, 2019.03.27.).

셋째, 협의체 운영을 통해 제 3의 대안을 도출했다. 강원도와 산림청, 그 외 이해당사자들과 전문가 14인으로 구성된 협의회는 2019년 4월 시작하여 2021년 4월까지 약 2년에 걸쳐서 14회 진행되었다. 협의회는 당초 10회 진행을 계획하였으나, 의견대립, 코로나19의 확산 등으로 인해 협의회 진행이 난항을 겪었기 때문이다. 특히 마지막 10차 협의회를 진행함에 앞서 정선군민들이 협의회에서 도출된 일부 곤돌라 시설 존치 의견에 즉각 반발, 성명서를 발표하고 투쟁에 나설 것임을 밝히기도 했다. 코로나19의 유행으로 인해 13차 협의회는 직전 협의회보다 1년이 지난 시점에서 개최되기도 하였다. 이 과정에서 강원도는 곤돌라 시설의 3년간의 한시적 시범운영을 제안했다. 그러나 3년 운영 후 시설물을 어떻게 처리할 것인가에 대한 협의에는 도달하지 못했다. 정선군은 인프라 구축 후 3년 운영을 주장하는 반면, 산림청은 인프라 구축을 포함한 3년 운영을 주장했기 때문이다. 결국 14차 회의에서도 2시간이 넘는 격론이 이어졌으나 각 기관이 양보, 향후 8~9개월간 준비기간을 갖고 내년부터 3년간 한시적 운영을 실시하는 것으로 합의안이 도출됐다. 사실상 도와 정선군이 요구한 '3+1년' 운영안이 관철된 것으로 평가받는다.

정리하면 가리왕산 갈등에서의 협의체 운영은 협의 내용의 범주에 대한 합의를 우선 진행한 후, 협의체 운영 방안을 합의하였다. 본격적인 협의를 위한 제반 사항이 결정된 이후 본 협의회가 진행되었으며, 정해진 일정에 구애받지 않고 이해당사자 모두가 공감할 수 있는 결과를 도출하기 위해 노력하였다. 그 결과 3년의 곤돌라 한시 운영이라는 대안에 도달할 수 있던 것이다.

5) 결과

강원도는 곤돌라 관리도로를 제외한 나머지 전 지역을 복원대상으로 하며 특히 산림유전자원 보호구역 및 생태자연도 1등급 지역의 기능회복과 물길 복원에 중점을 두어 기존의 생태계와 유의성을 갖도록 복원할 계획임을 밝혔다. 또 식생, 수리수문, 산림토목·토양, 지형, 동(식)물상 분야 전문가들의 의견을 반영하여 정선 알파인경기장의 산림생태복원기본계획(안) 수립을 예고하였다. 도는 환경부·산림청과의 심의·협의 등의 절차를 거쳐 생태복원기본계획(안)을 확정하겠다고 밝혔다(뉴스핌, 2021.07.08.).

4. 제언

가리왕산 복원 갈등은 매우 첨예하게 대립한 공공갈등 사례 중 하나이다. 특히 지역발전과 환경가치 간의 충돌이라는 점에서 이익 등에서 비롯된 갈등보다 해소가 어렵다는 점 또한 특징 중 하나라고 할 수 있다.

이번 갈등 사례의 또 다른 특징은 상이한 두 갈등해소기제가 갖고 있는 장단점이 무엇인지 목도할 수 있다는 점이다. 산림청은 중앙산지관리위원회가 갖고 있는 심의 권한을 활용하여 자신의 의견을 관철시키고자 하였다. 3차 심의 이후 산림청이 활용하고자 한 행정대집행이라는 강제력 동원 또한 산림청이 지닌 대표적인 권한 중 하나라고 할 수 있다. 권한에 의한 해소기제의 사용에서 장점은 무엇보다 신속성이라고 할 수 있다. 이번 사례에서도 중산위의 심의기간 등이 법에서 정해져 있기 때문에 기간 내에 신속하게 결정을 마무리할 수 있는 것이다. 이 해소 기제가 갖는 단점은 결과에 대한 패자의 불수용 가능성이 높다는 것이다. 권한에 의한 갈등의 해소는 판결을 통해 승자와 패자를 구분하는 경우가 대다수이다. 판결은 승자의 권한을 보장하고, 패자가 주장하는 권한의 무효를 선언하기 때문이다. 이 경우 패자는 이러한 판결에 불복하거나, 따른다 하더라도 내심에서는 결과를 수용하지 않을 가능성이 크다. 이러한 경우 갈등이 더욱 증폭되거나 새로운 갈등이 등장할 여지가 크다. 가리왕산 사례에서도 중산위의 결정에 강원도는 불복하였다. 행정대집행을 예고한 산림청 또한 실제 집행을 통한 주민들의 반감이 부담으로 작용했던 것으로 보인다. 행정대집행 예고 이후 이해관계자 간의 협의체 구성을 제안했다는 점에서 그 내심을 엿볼 수 있다.

반면 사회적 합의기구의 구성은 이해에 의한 해소기제의 한 형태라고 할 수 있다. 합의기구는 상호의 이해 충족을 위한 대화의 장 마련이 핵심이기 때문이다. 합의기구는 상호 만족하는 결과물을 대화를 통해 도출해야 한다는 점에서 상당한 기간이 소요된다. 가리왕산 사례도 당초 계획했던 10회 안에 합의안 도출에 실패하고 14회차에 이를 달성한다. 협의체가 구성되고 합의를 도출하는 데까지는 총 2년여의 시간이 필요했다는 점에서 신속한 갈등의 해소가 어려울 수 있음을 보여준다. 장점은 높은 수용성이다. 적절한 과정을 통해 협의체가 도출한 합의안은 대다수의 이해당사자가 높은 수용성을 보여준다. 가리왕산 사례에서도 합의안의 도출 이후 충실히 합의안 내용을 이행할 것임을 강원도가 발표했으며, 산림청 또한 관련한 인·허가 절차에 협조했다.

합의기구와 같은 이해에 의한 해소기제는 시간이 소요된다는 단점에도 불구하고 갈등을 해소하는 데 있어 효과가 상당하다고 할 수 있다. 다른 해소기제를 활용함으로써 야기되는 이해당사자의 결과 불수용 및 갈등 증폭 가능성을 고려한다면 오히려 소요되는 시간이 길다고 말하기도 어렵다. 권한에 의한 갈등해소기제가 활용된 오색케이블카 설치 갈등의 경우만 해도 약 20년간 갈등상황이 지속되고 있기 때문이다. 다만, 이해에 의한 해소기제의 장점을 누리기 위해서는 반드시 정해진 절차에 대한 준수가 필요하다. 특히 협의체가 진행되기 전에 협의체 운영방식에 관한 상호합의가 이루어져야 한다. 가리왕산 사례의 경우 약 3개월의 기간 동안 4회의 구성회의를 개최하여 협의회 구성 및 운영 방안을 논의하였다는 점을 주목할 필요가 있다.

░ 종합요약

가리왕산 복원 갈등은 평창올림픽 이후 가리왕산에 설치된 알파인스키장의 철거 및 생태 환경 복원 여부와 정도를 두고 산림청을 비롯한 유관기관, 환경단체와 강원도, 정선군, 정선군민이 대립한 사례이다. 산림청 등은 가리왕산의 전면복원에 찬성하는 집단으로 알파인스키장의 설치가 평창올림픽 이후의 가리왕산 전면 복원을 약속하고 이루어졌다는 점에 강원도가 이를 준행해야 한다고 주장한다. 강원도 등은 전면복원을 반대하는 집단으로 지역경제와 동계스포츠의 발전을 위해 시설이 존치해야 하며, 복원은 시설이 설치된 부분을 제외하고 진행할 필요가 있음을 주장한다. 강원도는 산림청에 주장하는 내용을 포함하여 복원계획을 수립하고 이를 산림청에 제출하였으나, 산림청은 1차와 2차 심의에서는 계획 보완을 요청하였으며, 3차에서는 강원도가 보완된 계획을 제출하지 않았음을 이유로 복원의지가 없다고 판단, 가리왕산 복원에 대한 행정대집행을 예고했다. 그러나 그 이듬해인 2019년, 강원도가 제시한 사회적 합의기구 운영을 통해 갈등 해소에 산림청에 동의하면서 2019년 4월 "가리왕산의 합리적 복원을 위한 협의회"가 출범하였다. 이후 14차의 회의를 거쳐 협의회는 3년간의 한시적인 곤돌라 운영을 골자로 하는 합의안을 도출하였고, 강원도는 이에 따른 추진계획을 수립하였다.

◦ː 핵심정리

□ 이해관계자

→ (복원 찬성집단) 산림청, 환경부, 환경단체 등, (복원 반대집단) 강원도, 정선군, 정선군민, 스포츠단체 등

□ 갈등쟁점

→ 산림청 등은 환경의 보전을 위해 가리왕산의 전면복원을 주장하고 있으나, 강원도 등은 지역경제발전을 위해 전면복원보다는 올림픽 시설(곤돌라) 활용을 주장함

□ 쟁점별 입장 및 속내

→ 산림청의 경우 시설을 설치할 때 전면복원을 약속하고 설치를 승인했음을 이유로 전면복원을 주장하고 있으며, 시설을 유지한 상태로 일부 복원하는 것은 환경적 관점에서 의미가 없다고 생각하고 있음. 복원비용에 있어서도 복원의 의무가 강원도에 있기 때문에 복원비용 전체를 강원도에서 부담하는 것이 옳다고 판단함

→ 강원도의 경우 평창올림픽 직후에는 전면복원을 고려하였으나, 높은 비용에 대한 부담과 시설 존치를 원하는 지역의 압박을 고려하여 입장을 선회하고 일부 복원 및 시설존치를 주장함

□ 주요특징

→ 가리왕산 복원갈등은 당초 권한에 의한 갈등해소기제를 활용하였으나, 갈등을 봉합하는 데 실패하고 이해에 의한 갈등해소기제인 협의회의 운영을 통해 합의안을 도출하고 갈등을 해소함

□ 합의이행 여부 및 사후관리

→ 강원도는 가리왕산 곤돌라의 한시운영을 위한 계획을 수립하고 환경부와의 협의와 산림청 인·허가 절차를 마무리함

참고문헌

- 김광구·이선우·심준섭 (2018). "갈등해소를 위한 대화협의체 형성 동인에 관한 연구: 합의형성적 대화협의체를 통한 갈등해소 사례를 중심으로", 「한국공공관리학보」 32(2), 237-265
- 정선신문 (2014). "'가리왕산 500년 원시림' 주장에 … 주민들 "소가 웃는다""(2014. 12.23.)
- 그린포스트코리아 (2018). "정선알파인 스키장 생태복원 제대로 이뤄질까"(2018.01. 08.)
- 파이낸셜뉴스 (2018). "산림청 '가리왕산 산림생태복원 지원단' 구성"(2018.04.26.)
- 연합뉴스 (2018). "녹색연합, 정선군 가리왕산 알파인스키장 감사 청구"(2018.06.26.)
- 경향신문 (2018). "태풍에 산사태 걱정되는데 … 가리왕산 스키장, 복원노력 안 해도 '과태료 1,000만원'?"(2018.07.01.)
- 연합뉴스 (2018). "가리왕산 활강경기장 곤돌라 시설 철거 등 전면 복원해야"(2018. 08.31)
- 연합뉴스 (2018). "정선 스키장과 생태복원을 위한 관계기관 협의체 발족"(2018.08. 01.)
- 정선일보 (2018). "정선알파인경기장 '무차별 복원이 더큰 환경파괴'"(2018.10.18.)
- 강원도민일보 (2018). "가리왕산 사후활용 결국 법정 가나"(2018.12.12.)
- 뉴스1 (2018). "산림청, 가리왕산 활강경기장 전면복원 절차 밟는다"(2018.12.21.)
- 조선일보 (2018). "[정선] '설상종목 국가 경기장으로 관리'"(2019.01.03.)
- 프레시안 (2018). "정선알파인경기장 철거반대범군민투쟁위 출범"(2019.01.13.)
- 파이낸셜 뉴스 (2019). "정선군민들, '사회적 합의기구, 산림청 민관협의회 구성과 크게 다르지 않아'"(2019.01.21)
- 이뉴스투데이 (2019). "'백지상태서 재논의 사실 아니다' … 산림청, 하루 만에 번복"(2019.01.24.)
- 뉴스1 (2019). "정선알파인경기장 원상회복 잠정 유예 … 상여투쟁도 잠정보류"(2019. 02.08.)
- 강원도민일보 (2019). "가리왕산 사회적합의기구 위원장 전문가 초빙"(2019.03.27.)

• 내일신문 (2019). "가리왕산 전면복원은 국민적 합의사항"(2021.04.29.)

• 뉴스핌 (2019). "강원도 정선가리왕산 알파인경기장 건강한 숲 생태복원 추진"(2021. 07.08.)

2장

갈등협상

- 최저임금갈등
- 광주 군공항 이전 갈등사례
- 9호선 연장 갈등
- 경상북도 성주군 사드 배치 갈등의 국제적 상황

○ 최저임금 갈등

1. 사례 선정이유

최저임금은 1953년 제정된 「근로기준법」 제32조와 제35조가 마련되었으나 80년대 중반까지는 사실상 법제도의 실질적 적용이 이루어지지 않았다. 최저임금의 실질적 적용은 1986년 12월 31일 제정 및 공포된 「최저임금법」을 통해 1988년 1월 1일부터 실시되기 시작하였다.[1] 최저임금이 최초 실시된 1989년 당시 최저임금은 600원이었으며, 현재 최저임금은 시간당 9,160원(2022년)[2]이다. 최저임금은 매년 '최저임금위원회'에서 협상을 통해 결정되며, 근로자측과 사용자측이 각각 인상액(인상률)을 제시하여 표결로 의결된다. 하지만 이 과정에서 협상이 결렬되고 갈등이 증폭되어 최저임금 결정에 난항을 겪기도 하며, 매년 근로자측과 사용자측 간 인상률의 이견이 발생한다. 이에 그간 최저임금 협상과정 중에서도 갈등이 극심했던 2018년도 최저임금 결정 과정에서 발생한 갈등 사례를 살펴보고자 한다. 실제로 2018년은 최저임금 인상률이 가장 높았던 시기이며, 이후 인상률은 매년 감소하다가 2022년 소폭 상승하였다. 본 사례는 2018년도 최저임금 결정을 위한 협상과정에서 발생한 갈등 전개과정, 해소과정, 시사점 등을 살펴보고자 한다.

2. 사례 개요

우리나라는 1953년 「근로기준법」을 제정하면서 제32조와 제35조에 최저임금제의 실시 근거가 마련되었다. 하지만 법 제정 이후부터 80년대 중반까지는 법제도의 실질적인 적용이 이루어지지 않았으며, 1986년 12월 31일에 제정 및 공

---

1 최저임금위원회 홈페이지 참조(http://www.minimumwage.go.kr)
2 2023년도 예정된 최저임금은 9,620원이며 전년도 대비 460원이 상승하였다(2022년도 8월 기준).

포된 「최저임금법」이 실질적으로 1988년 1월 1일부터 적용되어 최저임금제를 실시하기 시작하였다.[3] 「최저임금법」 제1조에는 법률의 도입 목적에 대해 이야기하고 있는데, "근로자에 대하여 임금의 최저수준을 보장하여 근로자의 생활안정과 노동력의 질적 향상을 꾀함으로써 국민경제의 건전한 발전에 이바지하는 것"으로 정의하고 있다.[4]

최저임금은 법률이 처음 실시되었던 1989년에 600원으로 시작하였다. 최저임금은 매년 변동되며, 최저임금위원회에서 심의절차를 거쳐 최저임금안을 제시하고 고용노동부 장관의 고시를 통해 최종 결정된다. 하지만 최저임금이 결정되기까지 매년 노·사 간 및 정부와의 대립이 반복되고 있다. 본 사례에서 선정된 2018년 최저임금 협상은 그간 이루어져왔던 최저임금 인상률 중에서 1992년 이후 가장 높은 인상률인 16.4%(시간당 7,350원)이었고, 이후에도 이와 같이 최저임금 인상률이 높았던 시기는 없었다. 이에 이러한 인상률이 결정되기까지 협상 과정에서 발생한 갈등에 대해 살펴보고자 한다.

1) 갈등일지

2017년 4월 5일 최저임금 1만원·비정규직 철폐 '만원행동'이 출범함과 동시에 최저임금 1만원을 촉구하는 집회가 개최되었다. 동시에 2017년 4월 6일 2018년도 최저임금을 결정하는 '최저임금위원회'가 1차 전원회의가 개최되었지만 총 27명으로 구성된 위원 중 11명만 참석하면서 시작부터 불안한 출발을 보여왔다. 특히, 2017년도는 조기대선이 실시되던 해로 대선후보 대부분은 임기 내 '최저임금 1만원'을 약속하는 공약을 내세우면서 대선의 주요 화두 중 하나가 되기도 하였다.[5]

특히, 많은 노동계에서는 대권후보들에게 2018년도 최저임금 1만원 약속을

---

3 최저임금위원회 홈페이지 참조(http://www.minimumwage.go.kr)
4 국가법령정보센터 홈페이지 참조(http://www.law.go.kr)
5 2017년 대선후보 5인의 정책입장을 분석한 자료에 따르면 5인의 후보 모두 최저임금 1만 원 인상에 대해 찬성하는 것으로 확인되었다(문화일보, 2017년 4월 13일 기사).

강력하게 요구해 왔다. 4월 10일 민주노총이 주최하는 집회에서는 대선후보의 최우선과제로 최저임금 1만원을 촉구하였다. 또한, 12일에는 마트노동자(롯데마트·이마트·홈플러스)들로 구성된 민주노총 서비스연맹 마트산업노동준비위원회에서는 유력한 대선후보들을 대상으로 '2018년 최저임금 1만원 즉각 인상'에 대한 약속을 촉구하는 기자회견을 열기도 하였다. 이외에도 다양한 방식으로 최저임금 1만원을 요구하는 집회, 시위, 행진 등이 있었으며, 특히 근로자의 날에는 전국적으로 "최저임금 1만원 보장"을 촉구하는 행사가 개최되었다.

5월 대선을 통해 문재인 후보가 대통령으로 당선되었으나 5월 9일 더불어민주당에서는 '2020년까지 최저임금 1만원' 공약을 '임기 중(2022년) 실현'으로 수정을 건의해 노동계의 반발을 야기하였다. 2020년까지 최저임금 1만원 인상을 위해서는 연평균 15%의 인상이 필요하기 때문에 2020년이 아닌 임기 중(2022년) 실현으로 목표 수정이 불가피하다는 입장이었다. 5년간(2013년~2017년) 평균 인상률은 6.1%~8.1%였기 때문에 현실적으로 연 10%의 인상이 어렵다는 것이 이유로 제시되었다.[6]

이에 5월 18일 노동당 회원을 중심으로 여의도 국회 앞에서는 최저임금 1만원 입법쟁취 및 6.10 국회 총력투쟁 선포 기자회견을 통해 최저임금 1만원에 대한 강한 의지를 드러내었다. 노동계의 강력한 요구상황에도 불구하고 4월에 개최된 최저임금위원회 전원회의 이후 다음 전원회의 일정이 확정되지 못하였고, 최저임금위원장 역시 선출되지 않은 상황이었다. 최저임금위원회의 혼란한 상황과 유사하게 노동계에서도 최저임금과 관련되어 총파업 강행 또는 정부 정책 협조 선언으로 의견이 나뉘면서 노·노갈등이 예상되기도 하였다.

6월 1일 최저임금위원회 2차 전원회의가 개최되었지만 노동계의 불참으로 반쪽짜리 회의가 진행되었다. 당시 노동계는 연평균 15%가 인상되어야 3년 내에 최저임금 1만원이 가능하다고 예측하였다. 반대로 경영계는 최초 제시 금액을 고심하면서 노동계(노), 경영계(사), 정부(정) 간 갈등이 증폭되었다. 특히, 최저

---

6 한국경제. 2017년 5월 22일 기사 참조

임금 결정시한이 6월 29일인 점을 감안하면 시일이 매우 촉박하였고, 당시 위원장·부위원장도 공석으로 최저임금위원 진행이 더딘 상황에 있었다. 다행히도 6월 15일 노동계의 복귀로 정상화된 최저임금위원회[7] 3차 전원회의가 개최되었다. 처음으로 전원의 위원이 모인 자리에서는 여전히 입장차이만 확인한 채 회의가 종료되었다고도 할 수 있었다. 노동계에서는 최저임금 인상과 1만원에 대해 강하게 이야기한 반면 경영계에서는 이에 대해 반대의 입장을 고수하고 있었기 때문이다.

6월 27일 최저임금위원회의 4차 전원회의가 개최되었으며, 이때 노동계에서는 2018년 최저임금을 시간당 1만원으로 공식 제안하였다. 1인가구 남성노동자 평균 생계비가 월 219만원이며 이를 기준으로 계산하였을 때 주 40시간 근로에서 최저임금 1만원을 적용하여 월 소득 209만원 가량이 되어야 기본적인 생계를 유지할 수 있다는 것이다. 하지만 경영계에서는 급격한 인상은 경영난을 초래해 고용감소로 이어질 수 있기 때문에 기업의 부담을 줄이면서 인상 폭을 최소화해야 한다는 입장을 고수하였다.

다음 날인 28일에도 최저임금 결정을 위해 5차 전원회의가 개최되었으며, 내년도 최저임금 결정단위, 수준 등이 논의되었다. 노동계에서는 여전히 1만원 인상을 요구하고, 정부에서도 10% 이상 증가율을 요구하는 상황으로 경영계에서는 내부 의견 조율을 이유로 최저임금 최초요구안을 제시하지 못하였다. 29일 개최된 6차 전원회의 역시 노동계와 경영계의 이견만 확인한 채 최저임금이 결정되지 못하였다. 노동계는 여전히 최저임금 1만원을 고수하였으며, 경영계는 전년도 대비 2.4% 인상된 시간당 6,625원을 제시하였다. 최저임금 심의기한은 6월 29일이었으며 결과적으로 심의기한을 지키지 못한 채 회의가 종료되었다.

8차 전원회의는 7월 5일 개최되었으며, 8차 회의에서는 최저임금은 업종별로 차등 적용하지 않고 모든 업종에 동일 적용하는 것만을 합의하였다. 이때까지도 최저임금 인상폭을 둘러싸고 노동계와 경영계 간의 합의가 이루어지지 않은 상

---

7 근로자위원(노) 9명, 사용자위원(사) 9명, 공익위원(정) 9명으로 구성되었다.

태였다. 12일 열린 10차 전원회의에서부터는 노동계와 경영계는 최초 제시안에 서 조금씩 양보한 수정안을 제시하였다. 노동계는 최초 제시한 1만원에서 430원 을 내렸으며, 경영계는 6,625원에서 45원을 올린 수정안을 제시하였다. 하지만 여전히 이견이 좁혀지지 않았으며 경영계측의 2차 수정안 제안으로 10차 전원 회의에서도 최종합의에는 이르지 못했다.

7월 15일 개최된 11차 전원회의에서 최종 수정안으로 노동계는 7,530원, 경영 계는 7,300원으로 최초 제시안보다 노사간 격차가 감소하였다. 이에 최종 수정 안을 가지고 표결 절차를 밟았으며, 표결 결과 15 대 12로 노동계에서 제시한 안이 채택되었다.

종합하면 2018년 최저임금은 2017년 7월 15일 심의가 의결되었고, 8월 4일 시간급 7,530원(인상률 16.4%)이 최종 결정되었다. 이후 2022년까지 노동계는 최 저임금 1만원을 지속적으로 제시[8]하고 있으나 아직까지 최저임금은 1만원 수준 에 이르지 못하고 있다.

〈표 1〉 갈등 일지(2017년)

구분		내용
4월		• 조기대선을 앞두고 5인의 대선후보자들 모두 '최저임금 1만원' 공약
	5일	• '만원행동' 출범을 통해 '최저임금 1만원과 비정규직 철폐' 촉구
	6일	• 최저임금위원회 1차 전원회의 개최. 노동자위원 전원 ·공익위원 2명 불참 및 위원장 공석
	10일	• 민주노총 주최로 '최저임금 1만원' 촉구를 위한 시위 개최
	13일	• 공공운수노조 서울경인지부 및 고려대학교 학생회, 청소노동자들의 최저임 금 1만원 및 비정규직 처우개선을 위한 행진
	19일	• 최저임금연대에서 대선 후보들의 최저임금 1만원 공약의 구체적 실천방안 요구 기자회견
	22일	• 공공운수노동조합 및 금속노동조합 등 '비정규직 철폐·최저임금 1만원' 대규모 집회 개최

---

8 최저임금 1만원에 대해 노동계는 2016년도부터 주장하였고, 2019년도에는 10,790원, 2022년도에는 10,800원을 제시하는 등 최저임금 1만원을 지속적으로 제시하고 있으나 아 직까지 노동계의 요구는 수용되지 못하고 있다.

구분		내용
	22일	• 청소노동자 최저임금 1만원 및 비정규직 철폐 시위
	29일	• 최저임금 1만원 인상 촉구 집회 개최
	30일	• 알바노조 최저임금 1만원 인상 촉구를 위한 가면 시위
5월	1일	• 근로자의 날 전국 15곳에서 '최저임금 1만원 보장'을 위한 집회
	11일	• 노동당 최저임금 1만원 즉각 이행 촉구 기자회견
	12일	• 민주노총 최저임금 1만원 등을 안건으로 문재인 대통령에게 노·정교섭 제안
	16일	• 민주당 최저임금 1만원 2020년→ 2022년으로 수정 보고서 작성 논란
	17일	• 경영계 최저임금 동결 주장 • 만원행동 최저임금 1만원 공약 시행 촉구
	19일	• 민주노총 총파업 강행 vs 공공부문노조 정부정책 동참으로 노·노갈등
	27일	• 만원행동 최저임금 1만원 인상, 비정규직 철폐 등 촉구를 위한 대규모 집회 개최
	29일	• 민주노총 비정규직 철폐 및 최저임금 1만원 촉구를 위한 3보1배
6월	1일	• 최저임금위원회 2차 전원회의 노동계 불참 • 위원장 선정 연기
	5일	• 소상공인단체 중소기업청과의 간담회를 통해 최저임금 1만원 인상에 대한 어려움 호소
	8일	• 중소기업업계 국정기획자문에 2020년까지 최저임금 1만원 상향에 어려움 토로 • 노동당 최저임금 1만원 입법을 위한 기자회견
	15일	• 최저임금위원회 3차 전원회의 정상 개최 • 위원장 어수봉 교수 선출 • 노동계 최저임금 1만원 강조 vs 경영계 최저임금 인상 우려
	17일	• 만원행동 최저임금 만원 촉구를 위한 6.17 걷기대회 개최
	19일	• 민주노총 전국서비스산업노동조합연맹 등 최저임금 1만원 촉구 기자회견
	21일	• 민주노총 30일 총파업 예고 • 만원행동·공공비정규직 노조 등 각계 노동자 조합 30일 총파업 동참 예고
	23일	• 민주노총 최저임금 1만원 당장 실행 촉구 기자회견 • 대학 청소노동자들 30일 총파업 동참 예고
	27일	• 최저임금위원회 4차 전원회의 개최 • 별도의 임금수준 최초요구안 없음 • 만원행동·청년·대학생 연대 최저임금 1만원 인상 촉구 시위 개최
	28일	• 최저임금위원회 5차 전원회의 개최 • 임금수준에 대한 최초요구안 없음

구분	내용
	• 한국경영자총협회 민주노총 총파업 철회 촉구
29일	• 최저임금위원회 6차 전원회의 개최 • 최저임금 최초안 제시: 노동계 1만원 vs 경영계 6,625원 • 민주노총 최저임금 1만원 쟁취 퍼포먼스
30일	• 사회적 총파업 결의대회 • 최저임금 1만원·비정규직 철폐 촉구
3일	• 최저임금위원회 7차 전원회의 개최 • 협상 결렬
5일	• 최저임금위원회 8차 전원회의 개최 • 경영계 8개 업종별 차등적용 제시 • 투표결과 부결 • 민주노총 최저임금 인상 촉구 시위
8일	• 경영계위원 최저임금위원회 참여 잠정 중단 발표 • 7.8민중대회 개최(최저임금 1만원 등 적폐청산 요구)
10일	• 최저임금위원회 9차 전원회의 개최 • 일부 경영계위원 불참 및 합의결렬
11일	• 양대노총 최저임금 1만원 촉구 집회
12일	• 최저임금위원회 10차 전원회의 개최 • 최저임금 1차 수정안 제시: 노동계 9,570원 vs 경영계 6,670원 • 민주노총·만원행동 최저임금 1만원 인상 촉구 시위 • 최저임금 1만원 인상을 위한 '2090인의 선언'[9] 발표
13일	• 이화여대 청소·경비·시설·주차 비정규직 노동자들의 최저임금 인상 점거농성
14일	• 공공운수노조 서경지부 조합원들 최저임금 인상 촉구 집회
15일	• 최저임금위원회 11차 전원회의 개최 • 최저임금 2차 수정안 제시: 노동계 8,330원 vs 경영계 6,740원
	• 2018년도 최종 최저임금 결정: 7,530원(16.4% 증가)

---

9 최저임금 1만원 인상을 미룰 수 없는 시급한 문제임을 공감하는 각계 2,090인을 지칭하는 것이며, 최저임금 1만원을 월급으로 환산할 경우 209만원이 된다. 여기에 10배수인 2,090 인 선언자 명단을 최저임금위원회 전원회의에 제출하였다.

2) 갈등전개

(1) 갈등 시작단계

최저임금을 둘러싼 갈등은 사실상 매년 반복되었다. 하지만 특히 2018년도 최저임금인상은 거의 동결수준이었지만 약 10년간과는 달리 인상률의 대폭 상승 요구가 있었기 때문에 갈등이 첨예하였다. 2018년 최저임금 결정은 2008년 최저임금 인상률 12.3% 이후 가장 높은 인상률이었다. 2018년 최저임금 결정을 위해 최저임금위원회가 4월 초 제1차 전원회의를 개최하였지만 노동계의 전원 불참으로 정상개최가 불가능하였다. 이때부터 최저임금 결정을 위한 갈등이 표면화되기 시작한 것으로 판단할 수 있다.

더욱이 2017년 4월에는 조기대선을 앞두고 당시 대선후보자들 모두 '최저임금 1만원'을 대선공약으로 내세웠던 만큼 최저임금 인상을 둘러싸고 노동계와 경영계 간의 갈등이 첨예할 수밖에 없는 상황이었다. 노동계 측에서는 지난 10

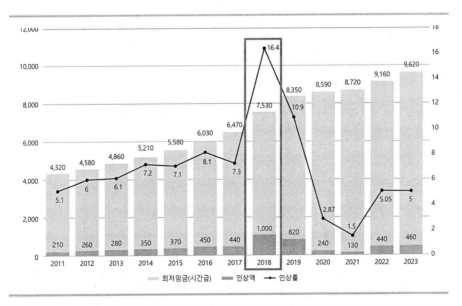

자료: 최저임금위원회 홈페이지(http://www.minimumwage.go.kr)

[그림 1] 연도별 최저임금 결정현황

년간 거의 동결 수준이었던 최저임금을 인상할 수 있는 기회의 창이 열렸고, 최저임금 인상을 촉구하는 집회·시위 등이 지속적으로 개최되었다. 집회와 시위는 특히 민주노총을 중심으로 개최되었지만 다양한 노조의 자발적인 참여도 있었다. 최저임금 1만원 촉구를 위해 결성된 '만원행동'과 열악한 고용환경과 저임금을 받는 청소노동자·버스노조·알바연대(대학생 등)가 참여하기 시작하였다.

(2) 갈등 확산단계

최저임금 결정에 대한 갈등이 확산되기 시작한 것은 최저임금위원회의 3차 전원회의가 개최되기 시작하면서이다. 1차와 2차 전원회의에서는 노동계의 불참으로 정상적인 회의가 진행되기 어려웠다. 하지만 3차 전원회의에서는 11개월 동안 최저임금위원회에 참여하지 않았던 노동계의 '보이콧'이 중단되었고, 전원회의에 참석함으로써 정상적인 회의진행이 가능해졌다. 하지만 모순되게도 전원회의 정상출범이 가능해지면서 오히려 최저임금을 둘러싼 갈등이 확산되었다고 볼 수 있다. 그동안 논의조차 되지 못하였던 상황에서 갈등이 표류하고 있다가 본격적인 논의가 시작되면서 표류되었던 갈등이 점화되었고 이로 인해 갈등이 확산된 것으로 판단된다. 결과적으로 노·사·정의 모든 위원이 모인 첫 회의에서는 각 집단의 입장차이만을 확인한 것이다.

특히, 3차 전원회의 개최 이후 민주노총 등 각계 노동조합 노조원들은 조직적으로 최저임금 1만원 인상을 위한 각종 활동을 시작하였다. 이전까지 지속적으로 최저임금 1만원을 위한 기자회견 및 집회가 개최되었지만 3차 전원회의 이후에는 그 빈도가 증가하였으며 참여하는 노동계 역시 다양해졌다. 노동계의 움직임과 더불어 경영계 역시 급격한 최저임금 인상에 대한 부정적 측면과 경영상의 어려움 호소를 더욱 적극적으로 시작하였다. 정부 역시 촉발된 갈등상황에서 노동계·경영계 등 각계각층 집단과 간담회 등의 만남을 통해 해결책을 찾기 위해 노력하였다.

지속적인 전원회의 개최에도 5차 전원회의 때까지 노동계와 경영계 모두 최초 임금수준을 제시하지 못하였고, 최저임금 1만원을 요구하는 각 노동계의 요구는 더욱 거세어졌다. 29일 6차 전원회의에서 최초 임금안이 제시되었는데 노동계에서는 1만원이었으며, 경영계에서는 6,625원이었다. 노동계와 경영계 간의 최초요구안에 대한 격차가 상당한 수준이였고 협상은 결렬되었다. 이에 30일 각 노조는 광화문 광장에서 약 6만명이 운집하는 대규모 총파업을 감행하였다. 특히, 경영계가 2017년도와 동일한 수준으로 결정한 것에 대해 사실상 '최저임금이 인상될 이유가 없다'는 입장을 표면화한 것으로 판단할 수 있다. 즉, 현재 임금수준으로 최저임금 정책목표가 이미 달성했다고 보고 있기 때문이다. 노동생산성 측면에서 현재 최저임금은 과도한 수준이라는 점을 언급하였다.[10]

이와 관련하여 경영계는 최저임금 1만원 인상으로 발생할 수 있는 부정적 영향에 대해 지속적으로 강조하여 왔다. 특히, 소상공인을 중심으로 최저임금 1만원 인상에 대한 강한 불만이 제기되었다. 최저임금 인상으로 인해 발생할 수 있는 부정적 영향을 최소화할 수 있는 구체적인 정책안을 요구하였으며, 단계적 적용이나 업종별 차등 적용과 같은 실질적인 대안이 요구되었다.

특히, 5월은 조기대선이 있던 시기에서 모든 대통령 후보들이 '최저임금 1만원' 공약을 제시하였고, 대선결과 문재인 후보가 대통령으로 당선되면서 친노동 정책이 기대되었다. 당선 이후에도 적극적으로 노동정책(일자리 창출, 비정규직 문제 해결, 최저임금 인상 등) 추진을 위한 노력이 이어졌다. 하지만 대통령 당선 직후 민주당에서 제출한 보고서에서는 2020년까지 최저임금을 1만원으로 인상시키고자 하였던 당시 대선공약을 2022년까지로 수정하는 보고서가 제출되어 논란이 발생하였다.

결국 최저임금 결정과정에서 노동계, 경영계, 정부 간 갈등이 발생 및 확대되었고, 합의점을 찾지 못한 상태가 지속되었다. 이에 법정 심의기간인 6월 29일까지 최종 확정이 되지 못한 채 최저임금위원회의 6차 전원회의가 종료되었다. 이후에도 최저임금 확정을 위한 전원회의가 지속되었지만 10차 전원회의까지

---

10 헤럴드경제. 2017년 7월 1일 기사 참조.

이견을 좁히지 못한 채 갈등상황이 지속되었다. 이 과정에서도 노동계는 최저임금 1만원 촉구를 위한 시위·집회 등을 지속하는 한편, 경영계에서는 부정적 영향에 대해서 지속적으로 강조하였다.

(3) 갈등 축소단계

최저임금 결정을 위해 10차 전원회의까지 개최되었고, 노동계와 경영계가 최초 제시한 최저임금 수준에서 다소 수정된 1차 수정안이 제시되었다. 하지만 여전히 두 집단 간 이견이 상당한 수준이었고, 10차 전원회의에서도 협상은 결렬되었다. 그럼에도 법적 효력을 갖는 기간까지 협의를 위한 노력이 지속되었으며, 11차 전원회의에서 2차 수정안이 제시되었고, 노동계와 경영계가 제시한 최저임금 격차는 1,590원으로 최초 제시안과 비교하였을 때 의미있는 수준으로 격차가 감소되었다. 최저임금위원회는 각 집단의 입장을 고수하면서도 일정 부분 조금씩 양보하면서 최종 합의를 위한 움직임을 보이기 시작하였다.

(4) 갈등 해소단계

11차 전원회의 결과 2018년 최저임금이 7,530원으로 결정되었다. 결과적으로 최저임금 결정을 위해 발생한 갈등이 해소되었다고 판단할 수 있다. 최종 합의가 이루어진 요인으로는 법적 효력을 위한 것으로 판단되는데, 심의의결일 내에 최종안이 결정되어야 법적 효력을 가질 수 있기 때문인 것으로 볼 수 있다. 또한, 최저임금위원회는 노동계와 경영계 외에도 공익위원들이 구성되어 있다. 노동계와 경영계가 갖는 격차의 합의점이 두 집단만으로는 쉽게 찾기 어렵다. 이에 공익위원들이 중재안을 제시하고 최종 표결로 최저임금을 결정하는게 일반적이라는 것이다. 이때도 공익위원들의 중재가 있었을 것으로 예상할 수 있다.

〈표 2〉 갈등 전개

구분	전개
시작	• 2018년 최저임금 결정을 위해 최저임금위원회 출범 • 조기대선을 위해 각 후보들은 핵심 공약 중 하나로 '최저임금 1만원 인상'을 포함 • 다양한 노조·시민연대·알바연대 등 최저임금 인상을 촉구하는 집회·시위·기자회견 등 다양한 방식으로 주장
확산	• 최저임금위원회 3차 전원회의에 모든 위원 참석으로 인하여 갈등 확산 • 근로자의 날 전국에서 '최저임금 1만원 보장' 집회 개최 • 노동당, 민주노총, 만원행동 등 분야별 노조의 최저임금 1만원을 위한 각종 시위 • 경영계 최저임금 동결 주장 및 최저임금 인상 시 부작용 지속 강조 • 민주당 최저임금 1만원 2020년→ 2022년으로 수정보고서 제출 논란 • 최저임금위원회 3차 전원회의 정상 개최하였지만 상호간 이견만 확인 • 최저임금위원회 6차 전원회의에서 최저임금 최초요구안 제시하였지만 제시안 격차 3,375원으로 매우 큼 • 6월 말 각종 노조 사회적 총파업(광화문 광장에 6만명 운집) • 10차 전원회의까지 2018년 최저임금 협상 지속결렬 및 최저임금 1만원 인상을 위한 '2090인의 선언' 발표
축소	• 최저임금위원회 10차 전원회의에서 1차 수정안 제시 • 11차 전원회의에서 2차 수정안 제시(격차 1,590원으로 감소)
해소	• 2018년도 최저임금 7,530원으로 결정 및 결정고시

3. 사례 분석

1) 갈등쟁점 및 쟁점별 이슈

최저임금을 둘러싸고 발생한 갈등의 핵심은 '상승률'로 볼 수 있다. 노동계는 당시 활발히 논의되었던 최저임금 1만원에 대한 즉각 인상을 요구하였고, 경영계는 최소한의 인상을 제시하였다. 최저임금 인상과 관련되어 노동계와 경영계는 각 집단의 요구사항들을 대변하는 역할을 수행하면서 최저임금 인상을 둘러싸고 협상이 마무리될 때까지 갈등이 지속되었다.

핵심쟁점은 최저임금 인상률이었으나 부가적으로는 최저임금 인상 시 적용업

종이나 단계적 적용 등이 논의되기도 하였다. 특히, 경영계에서는 최저임금을 모든 업종에 일괄적으로 적용하는 것에 대해 거부감을 보였으며 소상공인 집단에서 더욱 강하였다.

종합하면, 최저임금과 관련되어 발생한 갈등의 핵심 쟁점은 첫째, 최저임금 인상범위, 둘째, 최저임금 적용방안으로 정리할 수 있다.

2) 이해관계자별 입장

(1) 노동계

노동계의 입장은 최저임금 1만원에 대한 즉각적 도입이었다. 앞서 언급하였지만 2017년까지 약 10여년 동안 최저임금 인상은 매우 미미하게 이루어졌다. 특히, 당시의 사회적 분위기와 상황이 최저임금 인상을 강하게 요구하고 있었고, 대통령의 핵심 공약사항 중 하나이기도 하였다. 이러한 배경에서 노동계와 각 노조들은 열악한 고용환경에 대한 불만과 최저임금 상승을 통한 삶의 질 향상을 희망하였다.

노동계는 최저임금과 관련되어 점진적 인상이 아닌 즉각적인 인상만을 지속적으로 촉구하였다.

(2) 경영계

경영계에서 최저임금 인상에 반대하는 가장 큰 이유는 임금 상승으로 인한 기업 산업활동에 부정적인 영향을 미친다는 것이다. 우리나라의 경우 대외의존도가 높은 경제 특성을 보유하고 있다. 최저임금 상승은 생산비용의 상승으로 이어지고, 결과적으로 수출에서 경쟁력을 약화시킨다는 것이다. 이로 인해 기업의 산업활동을 축소시킬 수 있으며 이는 다시 기업의 고용에 부정적인 영향을 미치게 된다. 만약 최저임금이 기업이 감당하기 어려운 수준으로 상승하게 된다면 최저임금 적용 대상인 취약계층의 고용이 감소될 수 있다. 기업 입장에서 인건비 상승으로 부담이 가중되면 결과적으로 인력에 의존하는 산업시스템을 설비

중심으로 교체하여 고용을 감소시키고, 인건비 부담을 완화시켜 기업 경쟁력을 강화시키는 경영전략을 선택할 가능성이 높다.

실제로 중소기업중앙회는 최저임금이 1만원으로 인상될 경우 중소기업이 추가적으로 부담해야 하는 인건비가 3년 동안 140조원에 이를 것으로 예측하였다. 이러한 예측은 2017년 최저임금이 6,470원을 기준으로 만약 2018년부터 매년 약 15%씩 최저임금이 증가할 경우를 가정한 것이다. 2017년에 중소기업에서 부담해야 하는 인건비 총액이 82조 6,400억원, 2018년 7,485원으로 최저임금이 인상될 경우 16조 2,151억원, 2019년에는 42조 2,557억원, 2020년에는 81조 5,259억원으로 부담이 가중될 것으로 예측하였다.[11] 인건비 부담이 가중되는 중소기업의 경우 최저임금 인상으로 오히려 고용이 축소될 가능성을 제기하기도 하였다. 결과적으로 최저임금의 상승은 고용되어 있는 근로자들에게는 소득증가를 실현시킬 수 있지만 구직자들에게는 고용 가능성이 감소하는 부작용이 발생할 수 있다는 것이다. 중소기업중앙회는 '임금동결'을 고수하는 것은 아니지만 단계적 시행을 통해 기업의 부담을 완화시켜 줄 것을 주장하였다. 중소기업중앙회에서는 '최저임금제도의 합리적 개선' 방안을 제시하면서 최저임금 차등적용 및 근거규정 마련을 요구하였다. 여기에는 지역별·직능별·연령대별 차등화 등 업종별 노무비 단가 산정기준을 마련해야 하고, 상여금·식대 등과 같은 수당·현물급여를 산정에 포함해 줄 것을 요구하기도 하였다.

경영계의 이러한 움직임은 기업의 부담을 최소한으로 할 수 있는 방안을 제시함으로써 정부의 정책 기조에 순응할 수밖에 없는 상황을 보여주는 것이라 할 수 있다.

(3) 소상공인

최저임금 1만원이 현실화될 경우 인건비 부담이 가중되는 곳은 바로 소상공인이다. 소상공인을 대표하는 업종으로는 편의점·상점·식당 등 영세자영업자들이다. 이들 업종의 경우 소규모로 운영되는데 흔히 '골목상권'으로 지칭되는

---

11 에너지경제. 2017년 6월 3일 기사 참조.

소상공인들은 일반적으로 최저임금 근로자들의 고용 비율이 높다. 소상공인은 최저임금 상승에 따른 인건비 부담뿐만 아니라 대기업의 골목상권 침해로 경영에 많은 어려움을 겪고 있다. 이러한 상황에서 업종에 상관없이 이루어지는 최저임금 인상의 경우 소상공인들에게는 경영상의 어려움을 더욱 가중시킬 수 있다고 주장하였다.

실제로 당시 전국 제과업종의 하루 매출은 약 30만~50만원 수준으로 시간당 4만원의 수익을 내고 있다. 이러한 상황에서 최저임금 1만원이 될 경우 운영을 포기해야 할 수준이라며 소상공인들이 겪는 어려움을 적극적으로 주장하였다.[12] 이들은 대부분 생활밀착형 업종들이며 최저임금이 1만원 수준으로 인상될 경우 소상공인들이 겪는 경영상의 어려움 가중 및 취약한 수익구조를 더욱 악화시킨다는 것이다. 소상공인들의 고용창출은 정부의 지원이 없는 상태에서 최저임금 인상으로 오히려 고용축소라는 부작용으로 이어질 수 있다는 우려가 제기되었다. 실제로 한 조사에 따르면 정부가 추진하는 일자리 정책 중 소상공인에게는 '최저임금 1만원 인상'이 가장 부담되는 정책으로 조사되었다(문화일보, 2017.02.12.).

앞서 살펴본 경영계(중소기업)의 입장으로 소상공인협회는 최저임금 인상에 대한 무조건적인 반대는 아니며, 정부 차원에서 구체적인 정책을 제시해 줄 것을 요구하였다. 특히, 업종별로 임금 등 현황을 파악하여 최저임금을 단계별로 소폭 인상해야 할 필요성이 제기되었다.

(4) 정부

문재인 정부는 2017년 5월 대선을 통해 대통령으로 당선되면서 일자리를 주요 공약 중 하나로 내세웠다. 여기에는 비정규직문제, 일자리 확충, 그리고 최저임금 인상이 포함되어 있었다. 그렇기 때문에 대통령 당선 직후 일자리위원회를 신설하였고, 문재인 대통령이 위원장으로 구성되면서 일자리 정책을 적극적으로 추진하고자 하는 의지를 보였다. 이러한 맥락에서 취임 초기부터 가장 중점을 둔 정책 중 하나 역시 일자리와 관련된 정책이다. 핵심 공약 중 2020년까지 최

---

12 아주경제. 2017년 6월 6일 기사 참조.

저임금 1만원으로 인상을 제시하였으나 당선초기 임기 중(2022년)으로 변경하면서 논란을 겪었다.

3) 특징

갈등이 발생하는 데 영향을 미친 요인들을 갈등행위자, 갈등행위, 갈등쟁점, 상황 및 조직·기관으로 구분하여 살펴보면 다음과 같다.

첫째, 갈등행위자이다. 갈등행위자는 노동계와 경영계로 명확하게 구분되어 있다. 특히, 두 집단 모두 각 집단의 주장에 반대하는 갈등 상대방 집단을 잘 알고 있으며, 이들 모두는 세력화되어서 의견을 표출하고 있다는 것이다. 더욱이 갈등 전개과정에서 노동계의 경우 각종 노조가 연합하면서 집단이 확장되는 것을 확인할 수 있었다.

이러한 갈등상황에서도 내년도 최저임금이 결정되어야 하기 때문에 정책추진자(최저임금위원장)는 기한 내에 사업을 추진하고 완료하기 위해 지속적으로 전원회의를 소집 및 개최하였고, 각 집단을 만나서 그들이 요구하는 바를 청취하고자 하였다.

둘째, 갈등행위이다. 최저임금 갈등은 갈등을 관리할 수 있는 방안에 대한 체계적인 갈등행위방식은 존재하지 않았다. 각 집단이 자신들의 의견을 주장하기 위해 다양한 활동을 수행하였는데, 특히 노동계에서는 집회와 시위를 통해 세력을 확장하고 목소리를 내었다. 집회는 서울을 중심으로 개최되었으나 전국단위에서 해당 사안을 중심으로 집회가 개최되기도 하였다.

경영계는 노동계와는 달리 집회나 시위보다는 언론을 중심으로 집단의 주장을 관철시키고자 하였다.

셋째, 갈등쟁점과 상황이다. 갈등쟁점이 지닌 특성은 갈등쟁점이 매년 반복된다는 것이다. 최저임금은 매년 변동되기 때문에 사실상 최저임금과 관련된 크게 두 집단(노동계와 경영계)이 매년 동일한 쟁점을 둘러싸고 갈등을 반복한다. 2017년 노동계가 최저임금 인상을 파격적으로 요구하였던 것은 당시 대통령 후보자들의 공약이기도 하였으며, 대선 이후 대통령으로 당선된 문재인 대통령의 주요 관심 사항이었기 때문이다.

이에 노동계는 최저임금 1만원을 위해 집회, 시위, 파업 등을 강행하였다. 하지만 경영계에서도 대폭적인 최저임금 인상이 현실화될 경우 사업장에 미치는 부정적인 영향을 무시할 수 없기 때문에 양 집단의 갈등이 첨예하였다. 이러한 상황은 각종 언론을 통해서도 대중에게 지속적으로 노출되었다.

넷째, 조직·기관이다. 최저임금과 관련된 갈등은 최저임금위원회에서 명확하게 확인할 수 있다. 매년 최저임금위원회가 전원회의와 투표를 통해 최저임금을 결정한다. 노동계, 경영계, 공익계 3개의 집단으로 구성이 되는데 사실상 공익계가 노동계와 경영계 간 이견을 조율하는 중간역할을 담당하는 것으로 볼 수 있다. 2017년 다시 최저임금위원회의 전원회의가 11차까지 개최되었고 10차 전원회의에서도 노동계와 경영계가 제시한 최저임금 수정안의 격차가 상당한 수준이었다. 합의를 위해 보이지 않는 물밑작업이 있었겠지만 공익계의 조정으로 11차 전원회의에서 2018년도 최저임금을 확정할 수 있었다.

4) 갈등 관리과정 분석

2018년도 최저임금 결정을 둘러싸고 발생한 갈등은 표면적으로는 노동계와 경영계 간 협상을 통해 노·사·공익위원의 표결로 결정된 것으로 볼 수 있다. 노동계와 경영계 간 제시하는 최저임금안은 협상의 처음부터 막바지까지 격차가 매우 컸다. 두 위원회에서 제시한 임금수준의 격차를 좁히기 위해 공익위원들은 노동계와 경영계를 왕래하면서 수정안 제시 및 협상진행을 위해 노력하였다.

최저임금 갈등 해소는 정해진 시일 내에 결정이 이루어져야만 내년도 최저임금이 법적으로 적용받을 수 있기 때문에 협상을 통해 합의를 이끌어낸 것으로 판단할 수 있다. 특히, 공익위원들이 노동계와 경영계 간 조율을 위해 적극적이었을 것으로 추정된다. 이는 시일 막바지에 보도된 여러 기사들을 통해서도 확인할 수 있는데 협상을 위한 물밑작업을 활발히 진행하고 있는 것으로 보도되었다. 하지만 내부적으로 어떤 물밑작업이 이루어졌는지 확인은 어렵기 때문에 추정으로만 판단할 수 있다. 공식적으로 공개된 당시 전원회의결과에 대한 자료를 보면 11차 전원회의에서 합의를 위해 별도의 심의촉진구간을 제시하지 못하였고, 노동계와 경영계의 최종안을 동시에 표결하여 결정한 것으로 확인되었다.

이는 과거 심의촉진구간을 제시하였을 때, 노동계나 경영계 중 일방이 퇴장했던 사례가 있었기 때문에 두 위원이 퇴장하지 않을 정도의 상·하한선을 공익위원들이 각각 알려주는 것을 전제로 심의촉진구간이 생략된 것이다(2017년 제11차 전원회의록, 2017년 7월 28일). 이에 11차 전원회의에서 노동계와 경영계가 제시한 최종안에 대해 표결을 하였고, 노동계가 제시한 시급 7,530원이 2018년도 최저임금으로 의결되면서 갈등이 종료되었다.

5) 결과

2018년도 최저임금 결정은 근로자측에서 최종적으로 제시한 7,530원(인상률: 16.4%) 수준으로 결정되었다. 최종 결정이 이루어지기까지 11차 전원회의까지 개최되었고, 당시 최저임금 1만원에 대한 논의가 활발했던 만큼 근로자측의 요구수준에 대한 고려가 더 높았던 것으로 판단된다.

4. 제언

본 갈등사례에서 확인할 수 있는 시사점은 다음과 같다. 최저임금은 매년 새롭게 정해지는 것이기 때문에 향후에도 최저임금협상을 둘러싼 갈등이 지속적으로 발생할 가능성이 높다. 이는 두 집단 간의 관점이 상이하고 이익을 추구해야 하기 때문이다. 그럼에도 매년 동일한 갈등의 반복은 결과적으로 두 집단 모두에게 시간적·물질적 소모를 만들어낼 수밖에 없다. 최저임금위원회가 구성되어 합리적으로 최저임금을 결정하기 위해 노력하고 있지만 논쟁 끝에 합의가 이루어져야만 하는 시기까지 갈등을 지속시키다가 합의점을 찾는 것은 장기적 관점에서 부정적일 수밖에 없을 것으로 판단된다. 공익계가 노동계와 경영계 간의 이견을 조율하고 합의점을 찾고자 하였지만 강력한 영향력을 미치는 것은 아니다. 사실상 갈등해소 과정에서도 별다른 갈등해결 기제가 작동하지는 않았으며, 결정시기 막바지에 이르러 시기에 맞춰 합의가 이루어진 것으로 판단된다. 각 집단에서 최저임금을 계산하고 제시하기 위한 다양한 근거가 있겠으나 두 집단이 과연 어떠한 방식으로 최저임금을 도출하였는지 명확하지 않다.

향후 이러한 갈등상황을 완화하기 위해서는 각 집단이 어떠한 논리로 최저임금을 도출하였는지 명확하게 제시할 수 있는 공개적인 가이드라인이 마련되어야 할 것이다. 또한, 최저임금위원회가 파행되지 않고 정상적인 전원회의가 지속되기 위해서 각 위원들에게 참여를 위한 명확한 역할설정과 불참이나 파행 시 처벌에 대한 규정을 마련해야 할 것이다.

❖ 종합요약

최저임금 갈등에서 가장 주요한 쟁점은 최저임금 인상률이었다. 노동계는 당시 이슈였던 최저임금 1만원 인상을 강력히 주장하면서, 기본적인 생계를 유지할 수 있는 수준임을 강조하였다. 하지만 경영계는 급격한 임금인상은 경영악화와 기업 및 소상공인의 경제활동 축소 우려 등을 제시하며 오히려 전체 경제상황의 악순환이 초래될 위험성에 대해 주장하였다.

내년도 최저임금 결정을 위해 최저임금위원회는 노동계와 경영계 간 발생하는 이견을 좁히기 위해 지속적으로 전원회의를 개최하였다. 11차 전원회의 끝에 2017년도 최저임금은 7,530원(16.4% 증가)으로 결정되었다. 전원회의의 지속적인 파행, 여러 노동조합의 파업 및 집회 등으로 난항을 겪던 2017년도 최저임금은 법적 효력을 위해서는 법정기한 내에 결정이 되어야 한다. 이에 최저임금 위원의 공익계는 노동계와 경영계의 최종안을 토대로 별도의 심의촉진구간을 생략하고 최종안에 대한 표결을 실시하였다. 결과적으로 최저임금안에 대한 갈등은 법정기한이라는 정해진 시기, 협의체(최저임금위원회), 자체협상 등이 해소의 요인으로 작용한 것으로 볼 수 있다. 이외에도 당시 정부 차원에서 최저임금 1만원이 주요 이슈가 되었던 점도 높은 인상률에 영향을 미친 것으로 볼 수 있다.

약 2~3달간 지속되던 2017년도 최저임금 갈등은 노동계가 제시한 7,530원으로 최종 의결되었고 확정되어 2017년도 최저임금으로 적용되었다. 하지만 최저임금은 매년 합의가 이루어지는 것이기 때문에 유사한 갈등이 반복될 가능성이 존재한다.

▪️핵심정리

☐ 이해관계자

　→ 노동계, 경영계, 정부

☐ 갈등쟁점

　→ 최저임금 인상률

☐ 쟁점별 입장 및 속내

　→ 노동계: 최저임금 인상을 통한 삶의 질 향상과 고용환경 개선이 주요 입장이며, 최저임금 1만원의 즉각적 인상이 속내로 볼 수 있음

　→ 경영계: 생산비용 상승으로 인한 산업활동의 부정적 영향, 기업의 고용감소 및 대외경쟁력 악화가 주요 입장이며, 최소한의 최저임금 인상이 속내로 볼 수 있음

　→ 정부: 최저임금 상승이 주요 입장이며, 대통령의 공약이행을 통한 정권의 안정성 확보가 속내로 볼 수 있음

☐ 쟁점별 대안

　→ 쟁점별 대안은 별도로 없었으며, 최저임금위원회를 통한 합의도출이 갈등을 해소하는 데 중요한 역할로 작용함(물밑작업이 있던 것으로 확인되었으나 구체적인 내용에 대해서는 밝혀진 바가 없음)

☐ 최종합의안

　→ 2018년도 최저임금은 7,530원으로 최종합의

☐ 합의이행 여부 및 사후관리

　→ 법적 구속력이 있기 때문에 합의안에 따라 이행되었으며, 매년 최저임금 합의가 지속적으로 이루어짐

참고문헌

- 경향신문 (2017). 대형마트 노동자들, 문재인·안철수에 "2018 최저임금 1만원 약속하라"(2017.04.12.)
- 내일신문 (2014). 민주당 '최저임금 1만원' 공약 후퇴 논란(2014.05.13.)
- 매일경제 (2017). 소상공인단체 "최저임금 1만원 인상땐 경영 불가능"(2017.06.05.)
- 매일경제 (2017). 최저임금위에 보이콧 하던 노동계 돌아올 듯(2017.06.07.)
- 머니투데이 (2017). 최저임금 법정시한 하루 앞두고도 평행선 … 경영계 최초안도 못 내(2017.06.28.)
- 문화일보 (2014). 〈대선후보 5人 정책입장 분석〉 최저임금 1만원·징벌적 손배제 도입 … 전원 "시행하겠다"(2014.04.13.)
- 문화일보 (2017). 정부추진 최저임금 1만원 인상 … 소상공인 "가장 부담되는 정책"(2017.07.12.)
- 서울경제 (2017). 최저임금 1만원 가능할까 … '노동계 vs 사용자' 릴레이회의(2017.06.27.)
- 세계일보 (2017). '최저임금 1만원' 무산 … 노동계 9570원·사용자 6670원(2017.07.12.)
- 아주경제 (2017). [최저임금 1만원] 중소기업계 '속앓이', 몸 낮추고 업종별 차등적용 고수(2017.06.24.)
- 아주경제 (2017). '최저임금 1만원' 시간당 4만원 파는 소상공인 어찌나 … 곡소리 연발, 해결책은?(2017.06.06.)
- 에너지경제. 최저임금 1만원 인상시, 인건비 3년간 140조원(2017.06.03.)
- 조선비즈 (2019). 최저임금 '16.4% 인상쇼크' 재연 없앤다(2019.01.07.)
- 한겨레 (2017). 내년 최저임금 심의 법정시한 넘겨 … 6,625원 vs 1만원(2017.06.30.)
- 한국경제 (2017). '최저임금 3년내 1만원' 여당도 문제 제기 … "매년 15% 인상 쉽지 않아"(2017.05.22.)
- 한국경제 (2017). 파행으로 치닫는 최저임금위원회 … 소상공인·중소기업 "참여중단" 초강수(2017.07.08.)
- 헤럴드경제 (2017). 경영계 '동결 수준' 최저임금 … 4가지 산정 근거(2017.07.01.)
- 최저임금위원회 홈페이지. http://www.minimumwage.go.kr/main.do

○ 광주 군공항 이전 갈등사례

1. 사례 선정이유

2014년 10월, 광주시는 현재 광주에 위치한 군사시설(광주광역시 광산구 신촌동에 위치한 군공항, 삼도동에 위치한 포 사격장 등)을 타 지역으로 이전해달라는 내용을 국방부에 건의한다. 전라남도 광산군에 공항이 들어설 당시에는 공항 인근이 도심지역이 아니었지만, 이후 광주가 전남 최대도시로 성장하면서 광주 광산구는 주거지가 밀집해 있는 지역으로 변모하였고, 이와 함께 이착륙 소음에 대한 주민들의 불만도 커지게 되었다. 따라서 광주시는 군공항이 대도시 안에 있어야 할 필요성도 없거니와, 본래 전남지역 중 적은 인구를 기준으로 군 비행장을 건설하였기에 대도시에서 인구가 적은 전남 지역으로 이전해야 한다고 주장하였다. 이전 후보지로 거론되는 전남 지역에서는 광주 군공항의 이전에 대해 강력하게 반대하였다.

한편 전라남도와 광주광역시 사이에는 무안공항(전라남도 무안군 망운면 피서리)으로 인한 갈등이 존재하는 상황이었다. 광주에 거주하는 주민들은 광주공항이 있음에도 불구하고 전라남도가 무안에 공항을 유치하는 바람에 광주공항의 이용객이 급감하였다고 불만을 내비쳤다. 반면에 전라남도는 무안공항의 유치는 본래 광주공항의 이전을 전제로 진행된 것인데, 광주에서 공항 이전에 협조하지 않아 공항 운영에 적자가 발생하게 되었다고 주장한다. 이에 대하여 광주광역시는 군공항의 이전이 전제되지 않는다면 민간공항의 이전 또한 논의될 수 없음을 주장하면서 갈등은 고조되었다.

해당 사례는 기피시설 입지와 관련된 대표적인 지역 간 갈등사례이며, 다양한 요인이 작용하면서 갈등이 장기화되는 복합적 성격을 가진 갈등이라는 점에서 분석의 대상으로 선정하였다.

2. 사례 개요

1) 갈등일지: 주요사건과 이슈를 중심으로 한 일지기법 활용

2014년 10월, 광주시는 국방부에 군공항 이전을 건의하였다. 이후 국방부와 공군, 광주시의 협의체가 구성되어 이전 적합성에 대한 심사가 실시되었고, 2016년 8월에 국방부는 이전 건의서가 적정하다고 판정하였다.

2017년 2월, 광주 군공항의 이전 후보지로 전남도 지역이 거론되기 시작하자 전남도의회는 군공항 이전 반대 특위를 결성하였다. 그러나 광주시와 전남도 간의 이전 간담회가 개최되는 등 갈등을 해소하고자 하는 노력이 존재했다. 2017년 11월, 군공항 이전 후보지를 결정하는 문제에서 입장차를 좁히지 못하고 있던 광주시와 전남도는, 군공항 이전과 함께 무안공항으로 광주공항을 통합하는 방안으로 합의에 이르게 된다. 2018년 6월에는 광주혁신위원회 도시재생분과위원장이 광주공항의 조건없는 무안국제공항으로의 이전의사를 표명하면서 갈등이 완화되는 것으로 보였다.

그러나 국방부가 전남 9개 시군을 대상으로 군 작전 수행 가능성 여부를 진행한 결과 '고흥'이 이에 부합된다는 결정이 나면서 군공항 이전 후보지가 무안, 해남, 고흥으로 구체화되었고, 고흥군은 군공항 이전검토를 반대하는 성명서를 발표한다.

이러한 상황에서 전남도와 광주시, 국방부, 국토부는 광주 군공항 이전과 관련한 4차 실무협의체 구성에 합의하였는데, 동시에 광주시가 민간공항과 군공항 이전을 별개로 추진하겠다는 이전의 입장과는 상반된 입장(민간공항과 군공항 이전을 연계해 추진)을 표명하면서 갈등은 다시금 고조된다.

2021년 3월 정세균 국무총리는 국무조정실을 중심으로 광주시, 전남도, 국방부, 국토부 등의 공직자를 포함하는 논의기구를 출범하겠다고 발표하였으며, 광주시와 전남도도 중앙정부의 개입을 환영하였다. 이후 4월과 5월 광주 군공항 관계부처 협의회가 두 차례 개최되었고, 국토교통부는 광주 민간공항 이전과 군공항 이전의 연계추진 내용을 담은 공항개발 계획안을 확정고시하였다. 여전히 무안군의 반대가 상당한 상황이다.

〈표 1〉 갈등일지

시 기			전 개 과 정
발단	2013	4	• 군공항 이전 및 지원에 관한 특별법 제정
	2013	9	• 광주시장, 군공항 이전과 민간공항 이전을 연계 검토 입장 밝힘
	2014	3	• 광주시, 군공항 이전사업 본격 착수
	2014	3	• 군공항 이전부지 활용방안 타운홀미팅 개최
	2014	7	• 광주 광산구 주민 1만 여명, 서울지방법원에 광주 군공항 소음피해에 따른 보상금 지급청구 소송 제기
	2014	10	• 광주시, 국방부에 군공항 등 이전건의서 제출
	2014	12	• 국방부, 공군, 광주시 협의체 운영 시작
확산	2015	1	• 전남도지사, 군공항과 국내선의 무안국제공항 이전 동의
	2016	08	• 국방부 군공항 이전 평가단, 현지평가를 통해 광주 군공항 이전 타당성 평가결과 '적정' 통보 • 전남 9개 서남권 단체장, 군공항 이전 '반대 및 보류' 입장 표명
	2016	10	• 전남도지사, 광주 군공항을 무안공항으로 통합하는 데 반대의사 표명
	2016	12	• 전남도의회, 광주 군공항 이전 반대 결의안 통과
	2016	10	• 광주시, 군공항 이전 검토 용역 발주 • 국방부, 광주 군공항 이전에 따라 4조 8천 299억원의 생산 유발 효과와 1조 7천 65억원의 부가가치 유발 효과, 3만 6천 297명의 취업유발 효과가 발생할 것으로 전망
	2017	2	• 광주시의회, 군공항 이전 특별위원회 구성
	2017	3	• 광주시, 전남도 내 시군 주민설명회 개최 • 광주시-전남도의회, 군공항 이전 간담회 개최
	2018	6	• 광주혁신위원회 도시재생분과위원장, 광주공항의 '조건없는' 무안국제공항 이전의사 표명(민간공항과 군공항 이전을 별개로 추진)
증폭	2020	9	• 국방부, 전남 9개 시군을 대상으로 군 작전 수행 가능성 여부를 진행한 결과 '고흥'만이 통과, 군공항 이전 후보지로 추가(무안, 해남, 고흥) • 고흥군, 고흥군의회, 군공항 이전검토 강력 반대 성명서 발표
완화	2020	12	• 광주시와 전남도지사, 시도 상생발전위원회에서 광주 군공항 이전과 관련한 4자 실무협의체 구성에 합의(광주시, 전남도, 국방부, 국토부)
			• 광주시장, 광주 민간공항과 군공항 이전을 연계해 추진하겠다는 입장을 표명

시 기		전 개 과 정
		• 전남도, '광주 민간공항 이전 관련 광주광역시 발표에 따른 도의 입장문'을 통해 광주시가 조건 없이 민간공항을 이전하겠다던 약속을 사실상 파기한 것으로 본다며 강한 유감을 표시
2021	3	• 정세균 국무총리, 국무조정실장을 중심으로 광주시, 전남도, 국방부, 국토부 등 부처의 책임 있는 공직자들을 포함해 논의 기구를 출범 • 광주시, 전남도 '광주전남 공동환영문'을 통해 중앙정부 개입 환영
2021	4	• 광주 군공항 관계부처 협의회 개최
2021	5	• 광주 군공항 관계부처 협의회 개최
2021	9	• 국토교통부, 광주 민간공항 이전과 군공항 이전의 연계추진 내용이 담긴 공항개발 계획안 확정고시
2021	10	• 무안군 해제면 이장협의회, 군공항 무안이전 결사반대

2) 갈등전개: 시작 – 확산 – 증폭 – 완화 등

(1) 갈등 시작단계

광주 군공항은 광산구 송정·신촌·도초·도산동 일대 606만㎡ 부지를 차지하고 있으며, 활주로(2,835m) 2개를 갖추고 매일 밤낮없이 고강도 비행훈련이 이뤄지고 있다. 1964년 4월 비행을 시작했을 때만 해도 이곳은 광주시 변두리에 불과했으나, 1968년부터는 광주공항도 이 비행장 한쪽을 빌려 국내외 민항기를 운항하였다. 그러나 바로 옆 송정읍 일대가 급히 도시화되고, 인근 상무대(초급장교 교육기관)가 1995년 장성으로 옮겨가고 '상무 신도심'이 들어서 주변에 50만명이 넘는 주민이 살면서 본격 전투기 소음문제가 불거졌다. 현재 주민들은 10여년간의 법적 투쟁을 벌여 국방부와 맞서고 있었다(경향신문, 2011.04.17.). 그러던 중 국방부가 소음방지시설 지원 등을 통한 군비행장 존치를 내용으로 하는 특별법 제정에 나서고, 광주시와 전남도가 오히려 이전 지연 태도를 보이면서, 주민들을 중심으로 광주 군공항 이전을 요구하게 되었던 것이다. 광주시는 2014년 7월 군공항 이전과 관련한 타운미팅을 개최하여 시민 의견을 청취하는 시간을 가졌다(뉴스1, 2014.07.16.). 그 결과 광주시가 주민요구를 받아들여 군공항 이전을 건의하게 되었다. 시민단체들도 장기간 소음공해 발생에 따른 시민행복권 침해, 광주 서북 축 발전 저해 등을 들어 비행장 이전을 강력히 촉구하였다. 그 결과 광주시는 국방부에 군공항 등 이전건의서를 제출하였고 국방부와 공군, 광주시는 2014년 12월 이와 관련하여 협의체 운영을 시작하였다.

(2) 갈등 확산단계

이후 국방부 장관이 광주 군공항 이전 예비 후보지를 선정하기 위해 이전 후보지 선정위원회를 구성하고, 이전 주변지역 지원계획을 심의하는 등 군공항 이전을 추진하면서, 전남지역이 광주 군공항 이전 예비후보지로 거론되면서 전남도의회가 광주 군공항 이전 반대 특위를 구성하는 등 전남도를 중심으로 한 군공항 이전 반대가 본격적으로 나타나기 시작하였다. 이 과정에서 전남 서남권 9개군이 군공항 이전 대상지로 거론되면서 해당 시군의 단체장들은 광주 군공항 이전에 "반대 및 유보" 의견을 표명하였다. 군공항 이전을 위해서는 주민투표가 필요하기 때문에 단체장들의 의견 표명은 상당한 주목을 받는다.

이러한 가운데 이낙연 전남도지사는 광주 군공항을 무안의 민간공항과 통합하는 데 반대한다는 의사를 거듭 밝혔으며(매일건설신문, 2016.10.06.), 전남도의회는 광주 군공항 이전을 반대하는 결의안을 통과시킨다(이대한경제, 2017.02.22.)

광주시는 전남도 내 시군 주민설명회를 개최하였고 전남도의회와도 군공항 이전 간담회를 개최하는 등 전남지역의 민심을 달래는 데 총력을 다하고자 하였으나 주민설명회가 무산되는 등의 어려움을 겪는다(무등일보, 2017.03.08.). 이러한 과정에서 광주혁신위 도시재생분과위원회 위원회장이 광주공항의 조건없는 무안국제공항 이전 의사를 표명하여 조건(군공항 이전) 없는 민간공항 이전 의사가 있음을 표명하였다(아시아경제, 2018.06.22.).

(3) 갈등 증폭단계

그러나 2020년 12월 광주시장이 광주 민간공항과 군공항 이전을 연계해 추진하겠다는 입장을 표명하면서 분위기가 전환된다. 전라남도는 광주시의 입장 표명에 대해 광주 민간공항 이전 관련 광주광역시 발표에 따른 도의 입장문을 통해 광주시가 조건없이 민간공항을 이전하겠다는 약속을 사실상 파기한 것으로 본다며 강한 유감을 표시한다(국제뉴스, 2020.12.10.)

(4) 갈등 완화단계

광주 군공항 이전 갈등은 아직 해소단계에 접어들었다고 할 수는 없는 상황이지만, 갈등 고조기에 비해서는 다소 진정된 상황이라고 할 수 있다. 정세균 국무총리가 국무조정실장을 중심으로 광주시, 전남도, 국방부, 국토부 등 부처의 책임 있는 공직자들을 포함해 논의 기구를 출범시키겠다고 밝혔다. 이는 광주시와 전남도가 공항 이전과 관련한 갈등의 해소에 중앙정부에서 역할을 감당해 줄 것을 요청한 것에 대한 화답이라고 할 수 있다. 광주시와 전남도는 총리실에서 해당 내용을 밝힌 직후 이러한 결정에 대한 공동환영문을 발표함으로써 이러한 결정을 환영하였다(광주드림, 2021.03.31.). 국토교통부는 광주시, 전남도, 국토교통부, 국방부가 참여한 협의체 개최 이후 광주 민간공항과 군공항 이전을 연계하여 추진(대상지: 무안)하는 계획안을 확정고시하였고 이에 대해 해당 지역인 무안은 반대의사를 표명한 상황이다.

3. 사례 분석

1) 갈등쟁점 및 쟁점별 이슈

가. 경제적 차원

경제적 차원에서의 쟁점은 군공항 이전과 함께 제시되고 있는 공항 통폐합 관련과도 연관되어 있다. 무안국제공항이 설립된 이후 광주시와 무안군은 공항 통폐합과 관련하여 지속적으로 갈등을 빚어왔다. 그동안 광주시는 국내선은 광주공항에 남겨둔 채 군공항만 무안공항으로 이전해가라고 주장한 반면, 무안군은 반대로 군공항은 제외하고 국내선만 이전해 올 것을 요구하였다. 그러던 중 광주시가 군공항 이전건의서를 신청하면서 국내선 포기를 명확히 함으로써 2018년 8월 20일 광주시와 전남도는 광주 민간공항을 무안국제공항으로 2021년까지 이전하기로 합의하였다. 군공항 이전을 둘러싼 전남도와 광주시의 갈등은 군공항이라는 기피시설과 민간 국제공항이라는 선호시설을 둘러싸고 발생한 이익갈등이다. 광주 군공항의 무안공항 이전을 위해서는 군공항 유치가 무안 국제공항의 발전을 저해하지 않고 공항 발전을 촉진할 수 있는 구체적인 계획과 지원방안 마련과 군공항 이전으로 인해 피해가 예상되는 무안지역 축산업에 대한 피해방지 대책과 지원방안이 마련되어야만 해결될 수 있다.

경제적 차원의 또 다른 측면은 군공항으로 인해 발생하는 피해와 관련된다고 할 수 있다. 군공항은 대표적인 대규모 비선호 군사시설로 소음 및 재산권 행사의 피해가 인근 지역 주민들에게 직접적으로 발생하게 된다. 즉, 군공항은 시설 자체의 잠재적 위험은 작은 편이지만, 일상생활에 실질적인 피해를 초래하며, 피해 범위 역시 광범위하다는 측면에서 다른 비선호시설보다 더 큰 반대를 야기했다. 사업 기간이 장기간이며 토지보상 대상 및 금액도 크기 때문에 천문학적 비용이 소요된다. 광주 군공항 이전사업은 2028년까지 기부 대 양여 방식에 따라 15.3㎢ 규모의 신공항 건설과 8.2㎢ 규모의 기존 공항부지 개발 등을 추진할 계획이며, 총사업비만 5조 7,480억원에 달한다. 이 중 군공항 이전 주변 지역 지원사업비가 4,508억원 규모로 책정되어 있는 상황이다(매일경제, 2019.05.02.).

나. 절차적 차원

절차적 차원에서의 쟁점은 광주시의 일방적인 예비 후보지 선정과정에서 나타나고 있다. 광주 군공항 이전은 광주시가 「군공항이전및지원에관한특별법」에 따라 2014년과 2016년 두 차례 국방부에 이전을 의뢰하였다. 2017년 광주시가 자체적으로 전남지역을 상대로 후보지 용역을 거쳐 무안, 해남, 신안, 영암 등 4개 지자체 6곳을 해당 지자체의 의사와 상관없이 일방적으로 예비후보지로 선정한 후, 국방부에 예비후보지를 선정해 줄 것을 요구하여 국방부가 후보지 지자체 주민들을 상대로 설득하고 있는 상황이다(무안신문, 2018.10.24.). 이처럼 군공항 이전 예비후보지 선정과정에서 해당 후보 지자체 및 지역 주민들의 의견수렴과정을 거치지 않고 광주시가 독단적으로 후보지를 선정하였으며, 후보지 선정 최종 결정은 국방부에 떠넘긴 상황이라고 할 수 있다. 즉, 선정된 예비이전 후보지역의 관점에서 볼 때, 이전후보지 선정과정에서 사실상 소외되었다고 인식할 가능성이 크다. 이로 인해 극심한 반발을 초래하여 주민투표 결과에 방해 요인으로 작용할 수 있다는 점이다.

2) 이해관계자들과 그들의 속내(interest) 및 입장(position)

광주 군공항 이전 사업의 주요 이해당사자는 국방부(공군), 광주시와 광주광역시 주민들, 예비후보지 지자체와 예비후보지 주민들, 전라남도 등을 들 수 있다. 광주 군공항 이전 찬성집단은 광주시와 광주시 주민이라고 할 수 있는 반면, 이전 반대집단은 전라남도와 예비후보지 지자체 및 예비후보지 주민들이라고 할 수 있다.

(1) 광주광역시와 주민 입장

군공항 이전을 희망하고 있는 광주시의 경우 군공항이 광주 도심 한가운데 위치하고 있어, 광산구 주민들은 전투기로 인한 소음 피해를 오랫동안 겪어야 했다고 주장하고 있다. 이로 인해 군 비행장 같은 시설은 인구가 적은 지역에 있어야 마땅하다는 것이다. 또한, 당시 전라남도 광산군에 군사 비행장을 지은 것은 지금과 같은 도심지가 아니었기 때문이라는 것이다. 무안공항과의 갈등과 관련하여 민간공항의 이용객은 인구가 많은 도시에 집중되어 있으므로, 이용자들의 편의를 위해서 무안공항보다 광주공항이 민간공항으로서 더 적절하며, 전라남도가 군 비행장 이전에는 반대하면서 광주 민간공항만을 가져가려는 것은 옳지 않다고 주장하였다. 그러나 군공항 이전이 지지부진해지자 그동안 논란이 되어왔던 민간공항의 광주 잔류 입장을 포기하고 군공항과 민간공항 일괄 이전을 제시하였다.

광주시 주민들 역시 군공항 이전을 강하게 원하고 있으며, 이전 관련 예산이 부족한 경우 국고지원을 받아서라도 공항이전을 조속히 추진해줄 것을 요구하였다.

(2) 전라남도의 입장

광주시의 군공항 이전에 대해 전라남도는 인구가 적은 지역이라고 해서 소음 피해가 없는 것도 아닌데, 광주시는 인구가 많으니 군공항은 인구가 적은 전남 지역으로 이전시켜야 한다는 주장은 지역이기주의에 지나지 않는다고 반박하고 있다. 인구밀집지역 가까이에 군공항이 있는 것은 잘못되었다고 말하면서, 민간 공항은 이용객의 편의를 위해 인구밀집지역 가까이에 있어야 한다고 주장하는 것은 서로 모순된다는 것이다. 본래 무안공항은 광주공항의 이전을 전제로 유치 된 것인데 광주에서 광주공항을 양도하지 않고 있는 것은 옳지 않다고 주장하고 있다.

(3) 무안군 및 주민 입장

무안군은 광주 군공항 이전 후보부지로 언론에 자주 언급되자 반대입장을 나 타내고 있다. 또한, 무안국제공항은 서남권 거점공항으로 군공항과 상관없이 발 전시키기로 과거 중앙정부와 합의된 사항이며, 군공항 이전과 더불어 국내선 유 치는 KTX가 개통된 상황에서 무안공항 발전에 큰 의미가 없다는 입장이다.

무안 주민들 역시 군공항이 무안으로 이전되면 공항 활성화 저해는 물론 소음 으로 인하여 주변 축산업과 주민 생존권이 침해받게 될 것이라며 강하게 반대하 고 있다. 무안 주민들은 국내선도 필요없고 군공항도 필요없다는 입장이며, 광 주 군공항 무안이전 대책위 건설준비위원회를 발족하는 등 조직적 차원에서의 반대활동을 하고 있다.

3) 특징

군공항 이전을 추진하고 있는 광주시는 국방부에 군공항 이전 건의서를 제출 하는 등 공식적인 절차를 통해 사업을 추진하고 있으며, 공군 및 국방부 등과 협의체를 운영하는 등 조직적인 협력체계를 구축하고 있다. 또한, 광주 군공항 이전을 위해 2017년 광주시가 자체적으로 전남지역을 상대로 후보지 용역을 거쳐 무안, 해남, 신안, 영암 등 4개 지자체 6곳을 해당 지자체의 의사와 상관없이 일방적으로 예비후보지로 선정한 후, 국방부에 예비후보지를 선정해 줄 것을 요구하기도 하였다. 이에 반하여 광주 군공항 이전을 반대하고 있는 전라남도는 전남도의회에 군공항 이전 반대 특위를 구성하는 등 정치적 대응을 중심으로 하고 있으며, 후보지역 지자체들은 군수와 의회, 주민들을 중심으로 강한 반대활동을 하고 있는 상황이다.

마지막으로 갈등쟁점은 군공항이라는 비선호시설이 야기하는 외부효과와 관련된다고 할 수 있다. 군공항은 민간공항과 달리 입지해도 해당 지역에 큰 경제적 파급효과나 경제활성화 등의 효과를 기대하기 어렵다는 한계를 갖고 있다. 그에 비해 군공항 입지로 인해 발생하는 피해는 광범위하게 나타나기 때문에 인근 지역 주민뿐만 아니라 해당 지자체까지도 반대할 명분을 제공하고 있다.

4) 갈등관리과정 분석: 갈등관리를 위한 노력, 해소기제 등

군공항을 둘러싼 갈등은 '무안공항 활성화'라는 대안에 양쪽이 합의하면서 양측의 갈등은 점차 화해와 상생을 향해 가고 있는 중이나 아직까지 구체적인 방안이 마련되지 않아 지지부진한 상태라고 할 수 있다.

광주시, 전남도, 무안군은 2018년 8월 광주 민간공항을 무안국제공항과 통합하는 내용을 담은 무안국제공항 활성화 협약서에 서명하였다. 해당 지자체들은 무안공항을 국토 서남권 거점공항으로 육성하기 위해 광주공항을 2021년까지 무안공항으로 통합하기로 했다. 두 공항 통합 시 무안공항 이용에 따른 시·도민 불편을 최소화하기 위해 대중교통 체제개편 등 접근성 향상에도 노력하기로 했으며, 무안공항 활성화에 필요한 기반시설 확충, 호남고속철도 무안공항 경유 노선 조기 완공과 주변 역세권 개발, 항공산업단지 조성 등 현안 관련 국고 확보에도 공동 대응하기로 하였다. 광주시는 광주 민간공항의 무안공항 이전이 애초 국토교통부의 계획인 만큼 이전사업에 속도가 붙을 것으로 전망했으나, 군공항 이전 문제가 한 발짝도 앞으로 나아가지 못하면서 민간공항 이전도 기한을 장담할 수 없게 되었다.

이러한 두 공항 이전 연계가 복잡하게 얽히면서 갈등의 해소가 요원해진 것으로 보였으나, 지난 2021년 해당 갈등에 부담을 느낀 전남도와 광주시가 중앙정부에 도움을 요청하면서 반전의 기회를 모색하고 있는 것으로 보인다. 두 지방정부의 요청에 따라 정세균 국무총리가 국무조정실장을 중심으로 광주시, 전남도, 국방부, 국토부 등 부처의 책임 있는 공직자들을 포함해 논의 기구를 출범을 약속했고 이후 4, 5월에 관계부처 협의회가 개최된 것이다. 그러나 국토교통부가 민간공항 이전과 군공항 이전의 연계추진 내용이 담긴 공항개발 계획안을 확정고시하면서 해당 지역인 무안군이 군공항 이전 반대의사를 지속적으로 표명하고 있기 때문에 앞으로의 갈등 양상을 지켜 볼 필요가 있다.

5) 결과

광주 군공항 이전 갈등 사례는 아직 해소가 되었다고 하기 어렵다. 국무조정실을 중심으로 관련 부처들의 협의가 지속되고 있으며, 국토교통부에서는 민간공항과 군공항 이전을 연계해 추진하는 안을 확정고시하였으나 이전 대상 지역인 무안군이 군공항 이전을 결사 반대하고 있기 때문이다.

4. 제언

사회가 민주화되고 경제적으로 발전하게 되면서 시민사회가 성숙하게 되었고, 이로 인해 정부의 정책이나 사업 추진방식에도 변화가 나타나고 있다. 즉, 과거의 정부 주도적 정책추진방식이 아닌 사회적 합의 형성 및 투명한 집행과정에 대한 시민의 의견 및 참여가 중요하게 부각되고 있다. 과거의 군사정권 하에서 군시설 관련 문제는 국가안보라는 절대적 가치 앞에 일방적인 국민의 희생을 강요당했지만, 최근에는 국민 개개인의 이익 중시, 가치관 변화 등으로 인한 충돌로 갈등이 증가하고 있다(이경록 외, 2014). 광주 군공항 이전 갈등 사례 역시 여기에 해당한다고 할 수 있다. 군공항과 같은 군사시설은 입지과정에서 환경오염이나 사고위험, 사유재산권 제약, 지가하락 등 해당 지역 주민들에게 직접적인 피해를 야기하는 비선호시설로 인식되고 있다. 특히, 군공항의 경우 군용항공기로 인한 소음문제가 가장 중요한 피해를 야기하는 요인으로 나타나고 있다. 이러한 군공항 이전 갈등은 주로 지방정부와 중앙정부 혹은 지방정부간 갈등양상으로 나타나고 있다. 지방정부간 갈등은 당사자간의 협상을 통해 직접적인 해결이 어려운 것이 일반적이다. 따라서, 중앙정부 및 광역차원에서의 중재나 조정이 필요하다. 다행히 광주 군공항의 경우 2021년부터 중앙정부 주관의 협의회 개최가 이루어지고 있으나, 아직 주민의 의견을 반영한 원만한 해결이 이루어졌다고 보기 어렵기 때문에 사안을 지속적으로 관찰할 필요가 있다.

❖ 종합요약

광주 군공항 이전 갈등 사례는 소음 피해를 중심으로 한 비선호시설인 군공항의 이전과 관련한 지방정부간 갈등이라고 할 수 있다. 현재 군공항이 입지하고 있는 광주시는 지역주 민들의 요구로 인하여 제도적·절차적 방식을 통해 국방부에 이전을 건의하고 있는 반면, 군공항 이전 후보지로 선정된 전라남도와 해당 지자체의 경우에는 지자체와 지방의회 및 지역주민들을 중심으로 한 정치적 방식으로 반대활동을 하고 있는 상황이다. 하지만, 군공 항 이전을 최종적으로 결정하는 국방부는 후보지역 주민들의 동의 없이 예비 이전후보지 선정이 불가능하다는 기존입장을 고수하고 있어 아직까지도 군공항 이전 갈등은 해결되지 못하고 있는 상황이다. 군공항 이전을 위해 광주시는 무안군과 '무안공항 활성화 협약서' 에 서명하는 등 적극적인 노력을 하고 있으나, 중앙정부 차원의 적극적인 중재 노력이 없 어 한계에 부딪혔다. 다행히 중앙정부의 중재하에 이해당사자들이 해당 내용을 해결하기 위한 대화를 지속하고 있으나 아직 지역주민들의 의사가 반영된 갈등 해소가 이루어졌다 고 보기는 어렵다.

✴ 핵심정리

□ 이해관계자

　→ 중앙정부(국방부), 지방정부(광주광역시, 전라남도, 무안군 등 이전 후보 지
　　자체), 광주시, 무안군 등 관련 주변 지역주민, 환경·시민단체 등

□ 갈등쟁점

　→ 광주 군공항의 전남 지역 이전

□ 쟁점별 입장 및 속내

　→ 광주시 및 광주 주민: 도심 지역에 위치한 군공항의 이전을 통한 피해 감소
　　및 도심지 개발

　→ 전라남도와 이전 후보 지자체 및 지역주민: 경제적 이득이 없고 소음 등 피
　　해만 야기하는 광주 군공항의 해당 지역 입지 반대

□ 쟁점별 대안

　→ 군공항 입지로 인한 소음 및 축산업 등 산업 피해 방지대책 마련과 군공항
　　입지로 무안국제공항의 발전을 저해하지 않고 공항발전을 촉진할 수 있는 구
　　체적인 계획 및 지원방안 촉구

□ 최종합의안

　→ 국무조정실의 중재하에 협의회가 개최된 후 국토교통부가 민간·군공항 이전
　　의 연계추진이 확정고시되었으나 이전 대상지역인 무안군 주민의 반대가 완
　　강한 상황이어서 추후 결과를 지켜볼 필요가 있음

참고문헌

• 이경록·류한현·강대근 (2014). 군공항 이전 갈등관리의 과제와 대책방향. 국방정책 연구, 103, 249-278.

• 단국대학교분쟁해결연구센터 (2015). 군공항 이전 관련 갈등해소 시나리오 분석과 정책제언 연구.

• 뉴스 1 (2014). "광주시, '광주 군공항 이전' 시민 의견 청취"(2014.07.16.)

• 연합뉴스 (2016). "전남 서남권 단체장들 광주 군공항 이전에 '반대·유보'"(2016.08.16.)

• 이대한경제 (2017). "광주 군공항 이전 작업 본격화"(2007.02.22.)

• 무등일보 (2017). "광주 군공항 이전 주민설명회 무산 '난항'"(2017.03.08.)

• 중앙일보 (2017). "'軍공항 갈등' 광주공항, 무안공항으로 통합·이전되나"(2017.12.17.)

• 아시아 경제 (2018). "광주혁신위 '군·민간공항 이전, 전남도와 적극 협의'"(2018.06.22.)

• 매일경제 (2019). "[이슈! 지방공항] ③되레 발전 걸림돌 된 도심공항 … 이전사업 난항"(2019.01.17.)

• 무안신문 (2018). "광주 군공항, 무안이전 '0순위' 정해두고 여론몰이"(2018.10.24.)

• 전남일보 (2019). "예비 이전 후보지에 '발목 잡힌' 광주 군공항 이전"(2019.01.23.)

• 연합뉴스 (2019). "광주시·국방부, 군공항 이전 후보지 설득나서 … 논의 재개 주목"(2019.01.22.)

• 조선일보 (2019). "광주軍공항 이전, 광주 지역서 속도낸다"(2019.02.20.)

• 뉴스핌 (2019). "광주 군공항 이전 해법은 … "딱 2가지다" 주장 나와"(2019.03.15.)

• 매일경제 (2019). "광주시, 군공항 이전 후보지 주민 설득 … 돌파구 찾을까"(2019. 05.02.)

• 매일경제 (2019). "광주시, 군공항 이전 후보지서 설명회 … 반대 주민 설득"(2019.05.14.)

• 국제뉴스 (2020). "전라남도의회 광주민간공항 이전 파기 규탄 성명서 발표"(2020.12.10.)

• 광주드림 (2021). "광주 군공항 이전 '총리실 주관 범정부협의체' 출범키로"(2021.03.31.)

• 무등일보 (2021). "광주 민간·군공항, 무안 통합 공식 발표"(2021.09.24.)

○ 9호선 연장 갈등

1. 사례 선정이유

지하철 연장, 고속도로 건설 등 대규모 사업건설 SOC 사업은 인근지역에 여러 이점으로 작용하게 된다. 이에 후보지로 언급되는 지역은 관련 사업을 지역에 유치하기 위해 많은 노력을 한다. 반대로 후보지로 언급되었다가 무산되는 경우 해당 사업과 관련되어 갈등이 발생하기도 한다. 수도권 지하철 건설, KTX, GTX 등 건설과 관련되어서 지속적으로 이슈가 발생할 가능성이 높기 때문에 9호선 4단계 연장과정에서 발생한 갈등전개 및 해결과정을 살펴봄으로써 향후 유사한 갈등상황 발생시 갈등관리 방법의 시사점으로 적용할 수 있을 것으로 판단되어 본 사례를 선정하였다.

2. 사례 개요

강동구 9호선 4단계 연장사업과 서울-세종 고속도로 건설을 둘러싸고 국토교통부와 강동구(지자체 및 지역주민) 간의 갈등이다. 강동구 9호선 4단계 연장사업은 총사업비 약 6,546억원(국비 2,260억원, 시비 4,286억원, 보조율 34.5%)에 이르는 대규모 사업으로 「국가재정법」에 따라 사업 예비타당성 분석(기획재정부 주관, 한국개발연구원(KDI) 수행)을 의무적으로 시행해야 한다. 이에 2016년 예비타당성 조사 대상 사업으로 선정되었고, 2016년 한국개발연구원(KDI)에서 예비타당성 조사에 착수하였다. 2016년 12월 조사 결과를 발표할 예정이었지만 뚜렷한 이유가 제시되지 않은 채 결과발표 시기가 2018년 2월로 지연되었다. 이러한 과정에서 예비타당성 조사 결과발표 지연에 대한 확인되지 않은 사실들이 확산됨으로써 정부와 강동구(지자체 및 지역주민) 간 갈등이 증폭되었다.

강동구 및 지역주민들은 9호선 4단계 연장이 성사되지 않을 경우 서울-세종 고속도로 사업에 협조하지 않을 것을 주장하였으며, 국토교통부는 두 사업의 동시 진행 가능성을 언급하면서 뚜렷한 합의점을 찾지 못하며 갈등이 지속되었다. 지역에 지하철이 입지하게 되면 해당 지역과 지역주민들에게 여러 이점으로 작용할 수 있기 때문에 다양한 이해관계자들은 지하철 연장을 유치하기 위해 노력한다. 이에 지하철 9호선 4단계 연장과 관련되어 발생한 갈등전개 양상에 대해 살펴보고자 한다.

1) 갈등일지

강동구 9호선 4단계 연장갈등은 9호선 4단계 연장사업과 서울-세종 고속도로 건설사업을 둘러싸고 국토교통부와 강동구(지자체 및 지역주민) 간 갈등이다. 2007년 9호선 연장을 위한 운동본부가 설치되었고, 위원회를 중심으로 주민서명운동이 전개되기 시작하였다. 이에 2008년 11월 지하철 9호선을 고덕역까지 추가연장을 검토하였으며, 2010년 8월 발표된 타당성 조사결과 B/C 타당성 부족으로 연장이 무산되었다. 이러한 상황에서 다음해인 2011년 5월 국토부는 강동구 강일 3차·4차 고덕동에 보금자리 1만 2천 300세대 건설을 발표하면서 국토부와 강동구 간 갈등이 본격적으로 촉발되기 시작하였다. 특히, 5차 보금자리 주택 지정과정에서 지정대상이 되는 고덕, 강일 3차·4차 지구인 강동구와의 사전협의가 이루어지지 않은 채 정부의 일방적 추진으로 진행되는 방식이 심각한 수준으로 지역주민의 반발을 야기시키는 요인으로 작용하였다. 이외에도 강동구는 보금자리 주택지구지정으로 인한 아파트값 하락, 개발유보지 잠식, 교통문제 등을 지적하기도 하였다.

이에 지역주민들은 6월 서울시·국토교통부(당시 국토해양부)·SH공사에 강동구 보금자리 반대 이의신청서를 전달하였고, 8월 국토교통부장관과 비상대책위원들과의 면담, 10월 국토부 관계자와 1차 협상을 하기에 이르렀다. 1차 협상이후 최초 주택공급 물량에서 2,000여 가구가 줄어든 1만여 가구 건설로 계획이 수정되었고, 지하철 9호선 연장을 추진하게 되었다. 당시 보금자리 주택지구 건설을 조건으로 강동구는 폐기물 처리시설 지하화, 열공급 설비 증설, 고덕천 생태하천 조성, 지하철 9호선 추가 연장 등을 국토부와 합의하였다. 하지만 이러한 합의사항은 다음해인 2012년 11월 지구계획수립을 앞두고 중앙도시계획위원회 심의 안건에 일부 합의사항이 제외되면서 갈등이 재점화되었고, 지하철 9호선 추가 연장과 관련한 광역교통개선대책 역시 수립되지 않은 상황으로 갈등이 확산되었다. 무산위기까지 논의되던 보금자리 주택지구 건설은 12월 지구계획안을 확정함으로써 개발이 확정되었으며, 더불어 지하철 9호선 연장 방안도 다시 논의되기 시작하였다.

이후 2013년 7월 서울시 강동구 지하철 9호선 연장이 최종 발표되었으며, 2014년 7월 「서울특별시 10개년 도시철도 기본계획에 대한 종합발전방안」 내에 9호선 4단계 연장의 타당성 결과가 포함되었다. 다음 해 2015년 6월에는 국토부에서 「서울특별시 10개년 도시철도망 구축 계획」 변경에 9호선 4단계 연장 승인을 고시하였다. 2016년 5월 기획재정부는 상반기 예비타당성 조사 대상사업으로 9호선 4단계 연장사업이 선정되었으며, 한국개발연구원(KDI)에서 예비타당성 조사가 실시되었다. 이때까지 9호선 연장과 관련된 갈등은 본격적으로 나타나지는 않은 상태이다.

본격적인 갈등은 2017년 이후부터 발생했다고 볼 수 있는데, 서울-세종 고속도로 사업과 9호선 4단계 연장사업을 병행하여 실시할 수도 있다는 가능성을 발표한 이후부터이다. 초기 병행시공에 대한 발표 직후에는 지하철 9호선 4단계 연장 조속추진에 대한 기대가 반영되기도 하였다. 하지만 서울-세종 고속도로 건설과 지하철 9호선 4단계 구간이 일정부분 겹칠 수 있어 사업타당성에 의문이 제기되면서 지하철 9호선 4단계 연장 필요성에 의문이 제기되었다. 특히, 한국개발연구원(KDI)에서 실시한 예비타당성 조사결과에서는 지하철 이용객들이 서울-세종 고속도로 차량 이용자들로 분산될 것이라는 분석결과로 인해 정부와 강동구 간 갈등이 증폭되기 시작하였다.

이러한 상황에서 강동구, 지역주민 등은 조속추진 촉구활동을 지속하기도 하였으며, 2018년 2월 서울시의회의장은 서울시장에 9호선 4단계 연장의 조속 추진을 요청하고, 3월 9호선 4단계 연장을 촉구하는 간담회도 개최되었다. 그럼에도 지하철 9호선 4단계 연장사업의 예비타당성 검토결과 경제성 분석에서 기준치가 미달하는 결과로 오랫동안 지역주민들의 숙원사업이 무산될 위기에 처하게 되었고, 고덕지구 주민들은 9호선 4단계 연장 촉구를 위한 민원제기 활동을 추진하기 시작하였다.

2018년 5월 '강동구 지하철 9호선 고덕상업업무복합단지 연장유치위원회' 및 강동구 주민 1,500여명 등은 지하철 9호선 4단계 연장 예비타당성 조사 및 강일동 확정고시 발표를 촉구하였으며, 기획재정부의 예비타당성 조사에서 통과되면서 본격적으로 지하철 9호선 4단계 연장이 확정되었다. 이에 서울시는 8월 지하철 9호선 4단계 연장사업 기본계획 수립을 위한 연구용역에 착수하였고, 2019년 2월 9호선 4단계 샘터공원-고덕강일 1지구(강일역) 구간이 포함되었다. 갈등은 일부 완화되었지만 9호선 연장과 관련된 이슈는 지속적으로 제기되었다. 2020년 6월 남양주 왕숙구간까지의 연장을 위해 남양주시, 하남시, 서울 강동구, 한국토지주택공사(LH)간 업무협력 양해각서를 체결하기도 하였다. 이후 2020년 10월 하남시는 9호선 연장과 관련하여 LH의 공공기관 예비타당성조사와 기획재정부신청을 국토교통부로부터 통보받으면서 9호선 연장가능성이 높아졌다.

2020년 12월 3기 신도시 중 남양주 왕숙과 고양 창릉 지구 광역교통개선대책이 확정되었고, 9호선이 남양주 왕숙까지 연장되는 것이 확정되었다. 이로서 9호선은 서울 강동구 강일동-하남-남양주 왕숙 지구까지 연장되며 9호선 연장과 관련된 갈등은 마무리되었다.

〈표 1〉 갈등 일지

구분		내용
2007	10	• 9호선 연장 운동본부 설치 위원회 주민서명운동 전개
2008	11	• 지하철 9호선 고덕역까지 추가연장 검토
2010	8	• 9호선 연장 타당성 조사 결과 B/C 타당성 부족으로 연장 결정 무산 ※ 노선대안1(고덕역 연계): 0.81/노선대안 1-1(강일동 연계): 0.75/노선대안2(상일동역 연계): 0.79

구분		내용
2011	5	• 강동구 강일 3차·4차 고덕동에 보금자리 1만 2천 300세대 발표(국토부)
	6	• 강동구 보금자리 반대 이의신청서 1만 8천 400(명)부를 서울시, 국토해양부, SH공사 3군데에 각각 전달
	8	• 국토해양부장관과 비상대책위원들과 면담
	10	• 국토부 관계자와 1차 협상
2012	11	• 보금자리 주택지구 합의 이행을 둘러싸고 강동구-국토부 갈등
	12	• 국토부와 최종 협상 • 국토부 9호선 연장, 고덕동 업무상업지역 발표
2013	7	• 서울시 강동구 지하철 9호선 연장 발표
2014	7	• 「서울특별시 10개년 도시철도 기본계획에 대한 종합발전방안」 내 9호선 4단계 타당성 결과 B/C 1.04 명기
2015	6	• 국토교통부 「서울특별시 10개년 도시철도망 구축 계획」 변경(9호선 4단계 연장) 승인 고시
2016	5	• 기획재정부 2016년 상반기 예비타당성 조사 대상사업으로 9호선 4단계 연장사업 선정 • 한국개발연구원(KDI)에서 예비타당성 조사 실시
2017	2	• 서울-세종고속도로 사업 및 9호선 4단계 연장사업 병행시공 관련 주민간담회 실시(병행시공 가능 결과발표)
	7	• 기획재정부 서울-세종고속도로 사업 재정사업으로 전환(조기완공계획 발표)
	8	• 정부 9호선 4단계 연장 구간 서울-세종 고속도로 구간과의 중복으로 인한 연장선 사업에 대한 의문 제기 • 강동구 서울-세종 고속도로 사업에 협조 거부 발표 • 한국경제 「정부-강동구 '9호선 4단계 연장' 갈등 증폭」 기사 발표 ※ 주요 내용: 한국개발연구원 예타 분석 결과 지하철 승객이 서울-세종 고속도로 차량 이용자들로 상당부분 뺏길 것이라는 결과 도출 • 한국개발연구원 해당 기사에 대한 해명자료 배포 ※ 주요 내용: 「공공기관의 정보공개에 관한 법률」 제9조에 의거, 수행 중인 예비타당성조사의 잠정 분석결과를 대외적으로 공개하지 않으며, 이러한 분석을 수행한 적이 없음
	11	• 하남시의원, 서울시의장, 강동구 9호선유치추진위원장 등 9호선 4단계 예비타당성 조사의 조기 완료 및 9호선 하남 연장을 위한 공조 약속 • 서울시의회 의원 서울 지하철 5·8·9호선 연장 조기 착공 주장
2018	2	• 서울시의회의장 서울시장에 9호선 4단계 연장 조속 추진 요청

구분		내용
	3	• 9호선 4단계 연장 촉구 간담회 개최 • 서울 지하철 9호선 4단계 연장사업의 예비타당성 검토 결과 경제성 분석 기준치 미달 • 고덕지구 일대 주민들 9호선 4단계 연장 촉구 민원 제기 운동
	5	• '강동구 지하철 9호선 고덕상업업무복합단지 연장유치위원회' 및 강동구 주민 1500여명 지하철 9호선 4단계 연장 예비타당성 조사 및 강일동 확정 고시 발표 촉구 • 지하철 9호선 4단계 연장사업 기획재정부 예비타당성조사 통과
	8	• 서울시 지하철 9호선 4단계 연장사업 기본계획 수립을 위한 연구용역 착수
2019	2	• 9호선 4단계 '샘터공원-고덕강일 1지구(강일역)' 구간 조건부 포함
2020	6	• 도시철도 9호선 연장사업 추진 4개 단체장 업무협약 체결
	10	• 제3기 신도시 남양주 왕숙지구 광역교통개선대책(안) 지하철 9호선 미사강변도시 연장안 포함
	12	• 남양주 왕숙 9호선 연장 확정(서울 강동구-하남-남양주 왕숙 구간)

2) 갈등전개

(1) 갈등 시작단계

강동구는 2000년대 후반부터 9호선 연장을 위한 노력을 지속적으로 기울여 왔다. 처음 9호선 연장이 갈등의 주요사안이 되지는 않았지만 2011년 당시 국토해양부(현 국토교통부)의 제5차 보금자리 주택지구 구축사업에 강동구가 포함되면서 9호선 연장과 관련되어 갈등이 시작되었다. 강동구와 지역주민들은 국토해양부의 제5차 보금자리 주택지구 후보지 발표에 대해 초기 약 1만 8천명에 달하는 이의신청서를 서울시, 국토해양부, SH공사에 각각 전달하면서 반대의사를 표시하였다. 이에 2011년 8월 국토해양부장관과 비상대책위원들과의 면담을 통해 제5차 보금자리 주택지구 사업추진을 조건으로 9호선 연장을 제시하면서 향후 갈등의 원인으로 작용하게 되었다.[1]

---

1 보금자리 주택지구 사업추진을 위해 비상대책위원들은 국토해양부에 ① 9호선 연장을 통한 주변지역 접근성 향상, ② 고덕강일 1지구는 신성장동력산업 유치를 통한 상업·업무 중심 개발, ③ 폐기물처리시설의 지하화와 지상은 녹지공간 조성 등의 조건을 제시하였다.

이러한 합의에 따라 2012년 12월 국토교통부와 사업시행사 서울주택공사(SH)는 고덕·강일지구 보금자리주택 조성과 9호선 연장안을 공동발표[2]하였다. 세부사업으로는 첫째, 동남로 연장 개설 및 올림픽대로 연결, 9호선 연장(보훈병원-고덕강일 1지구)을 통한 주변지역으로의 접근성 향상, 둘째, 한강변·하남미사지구와 연계한 녹지축을 조성하여 편리하고 쾌적한 환경 제공을 공표하였다.

2014년 7월 9호선 4단계 연장사업과 관련하여 국토교통부는 서울시로부터 변경된 「서울시 도시철도망 구축 계획」의 적정성 여부(B/C분석 결과: 1.04)를 검토하였고, 관계부처 협의 및 국가교통위원회 심의 등의 과정을 거쳐 2015년 6월 29일 해당 사업의 승인을 최종 확정하였다. 이에 강동구 9호선 4단계 연장사업은 2016년 상반기 기획재정부의 예비타당성 조사대상 사업으로 선정되었으며, 한국개발연구원에서 예비타당성 조사에 착수하게 되었다.

(2) 갈등 확산단계

강동구 9호선 4단계 연장사업 갈등의 확산은 한국개발연구원의 예비타당성 조사결과의 발표가 지연되면서 본격화되었다고 판단할 수 있다. 예비타당성 조사결과의 지연은 강동구와 지역주민들이 9호선 연장사업 지역의 불안감으로 연결되었기 때문이다. 더욱이 이 시기에는 서울-세종고속도로 사업이 추진되기 시작하면서 9호선 4단계 연장에 대한 의문이 제기되면서 9호선 연장 불확실성이 증가하였다.

구체적으로 당시 제기되었던 사업지연의 원인은 크게 두 가지로 살펴볼 수 있는데 첫째, 서울-세종 고속도로 사업 추진[3]과 둘째, 문재인 정부의 부동산 가격

---

2 2012년 12월 20일 국토교통부와 사업시행사 SH(서울주택공사)는 고덕강일 보금자리 조성계획과 관련하여 고덕강일 보금자리주택지구 1,660천㎡(보금자리주택 8,410호, 총 주택 공급 10,513호)에 대해 지구계획을 확정, 발표하였다.
3 서울-세종 고속도로 사업은, 2017년 7월 27일 국토교통부는 당초 민자사업으로 추진해온 서울-세종 고속도로 사업의 빠른 추진을 위해 국책재정사업(한국도로공사 시행)으로 전환함으로써 당초 계획보다 1년 6개월이 감축된 2024년 6월 조기 완공하겠다는 보도자료를 발표하였다. 이러한 결정은 민자도로 통행료 인하 등 고속도로 공공성 강화를 위한 새 정부의 대선공약(행정중심복합도시 완성, 서울-세종 조기 완공)과 서울-세종 특수성(서울: 경제, 세종: 행정 국가적 상징 노선을 구축하고, 스마트 하이웨이 구축 등) 등을 고려

〈표 2〉 강동구 9호선 4단계 연장사업 및 서울-세종 고속도로 사업 개요

도시철도 9호선 4단계 사업	서울-세종 고속도로 사업
• 사업구간: 보훈병원-강일 1지구 • 사업규모: 3.8km, 정거장 4개소 • 총사업비: 6,546억원	• 사업구간: 구리-서울-안성-세종 • 사업규모: 129km, 폭 6차선 • 총사업비: 6조 7천억원 • 추진시기: 2단계 구분 시행 　－1단계: 서울-안성(16년말 착공, 22년 개통) 　－2단계: 안성-세종(20년 착공, 2024년 개통)

정책의 일환이다. 서울-세종 고속도로 사업은 서울도시철도 9호선 4단계와 일부 구간(약 1.7km, 강동구 방아다리길) 병행통과 계획이었다. 하지만 막대한 예산이 드는 정책사업을 동시에 추진하는 것이 어려울 것이라는 우려와 함께, 서울-세종 고속도로 사업은 문재인 정부의 공약으로 만약 두 사업이 충돌할 경우 서울-세종 고속도로 사업추진에 무게를 둘 것이라는 전망이 있었다. 또한 부동산가격을 잡겠다는 정부의 기조에 따라 강동구 지역의 집값 안정화를 위하여 사업 자체를 연기시키는 것이 아닌가 하는 의견도 제기되었다. 이에 강동구 및 지역주민들은 서울-세종고속도로 건설사업 추진을 위하여 9호선 4단계 연장사업이 지연되는 것이 아닌가 하는 우려를 나타내면서 만약 9호선 4단계 연장사업이 추진되지 않을 경우 서울-세종 고속도로 사업의 추진을 저지하겠다는 입장을 표명하였다.

　강동구와 지역주민들이 9호선 연장사업을 위해 중앙정부 정책추진을 저지할 수 있었던 것은 서울-세종 고속도로 사업 범위에 포함되는 강동구 개발제한구역 해제권이 있었기 때문에 가능하였다. 사업을 추진하기 위해서 국토교통부는 지방자치단체의 개발제한구역 해제 승인허가를 받아야 하기 때문에 강동구의 협조가 필수적이 상황이었다.[4] 이러한 갈등상황에서 국토교통부는 강동구와 지

한 것이다. 사업 계획에 따르면 사업구간은 성남-구리(2016년 12월 착공, 2022년 완공), 안성-성남(2017년 7월 설계 완료, 2017년 12월 착공, 2022년 완공), 세종-안성 구간(2020년 착공, 2024년 6월 완공)이다.

4 「도로법」(법률 제15115호)상 국가도로망종합계획, 도로건설·관리계획 도로에 관한 계획의 수립, 고속도로 지정 및 고시 등은 국토교통부가 하지만, 「개발제한구역의 지정 및 관

역주민들의 우려를 완화시키기 위해 '9호선 4단계 및 서울-세종 고속도로 양 노선간 병행시공 가능 여부에 대한 기술검토 용역'을 서울시(도시기반본부)와 한국도로공사에서 수행할 수 있도록 하였다.

2017년 2월 24일 병행시공 용역관련 주민간담회 발표에 따르면 정거장 규모 최적화 및 서울-세종고속도로 계획 변경에 따른 양시설 적정 이격거리를 확보함으로써 병행시공이 가능하다고 공표하였다. 또한 9호선 4단계 연장사업의 일정은 2018년 상반기 9호선 4단계 예비타당성 조사 결과에 따라 2018년 하반기 9호선 4단계 기본계획 용역에 착수하는 등 서울-세종고속도로 건설사업에 따른 9호선 4단계 연장사업의 지연 또는 철회 가능성을 일축함으로써 갈등이 일단락 되는 듯하였다.[5]

그러나, 2017년 8월 12일 한국경제의 "정부-강동구 '9호선 4단계 연장' 갈등 증폭" 기사에서 "한국개발연구원(KDI)의 예비타당성조사에서 지하철 승객을 서울-세종 고속도로 차량 이용자들로 상당 부분 뺏길 것이라는 분석"이라는 내용이 보도됨에 따라 해당 사업이 무산될 것이라는 우려가 증폭되었다. 한국개발연구원은 2017년 8월 21일 이에 대해 「공공기관의 정보공개에 관한 법률」 제9조에 의거, 수행 중인 예비타당성조사의 잠정 분석결과를 대외적으로 공개하지 않으며, 이러한 분석을 수행한 적이 없다는 사실을 보도·해명하였지만, 강동구 및 지역주민들의 불안은 심화되었다.[6] 이러한 상황에서 강동구와 지역주민들은 지하철 9호선 4단계 연장사업이 철회될 경우 서울-세종 고속도로 사업에 협조하지 않을 것을 표명하였다. 이에 국토교통부는 사업의 동시 진행 가능성을 시사

리에 관한 특별조치법」(법률 제14846호) 제12조 등에 따라 개발제한구역을 통과하는 도로, 철도 등의 시설을 설치하기 위해서는 해당 지자체 장의 허가를 받아야 한다.

5 이 외에도 동 용역은 병행 추진과 관련하여 병행 시공시 안전성을 확보하기 위해 향후 9호선 4단계 시공을 고려한 서울-세종고속도로 터널 선보강 및 9호선 4단계 공사시 발파 진동영향을 고려하여 시공안전장비를 강화하는 등 구조물 안전성의 확보 방안을 제안하고 있다.

6 이러한 불안감은 고덕지구 지역내 커뮤니티 카페의 9호선 관련 게시판 현황에 여실히 보여지고 있다. 예컨대 "서울시 교통정책과 ○○○ 통화 후기(16:00)-자료 빨리 제출하라고 푸쉬 전화 부탁합니다.", 담당 공무원 연락처 공개, "2.9(금) 09:20분 기재부 타당성 조사과 통화 완료-전화릴레이 부탁합니다." 등 다양한 집단 행위를 하고 있는 상황이다.

함과 동시에 국책사업에 대한 강동구 및 지역주민들의 지자체 이기주의를 비판하면서 갈등이 더욱 심화되기 시작하였다.

사업촉구를 위해 하남시의원·서울시의장·강동구 9호선 유치 추진위원장 등 9호선 4단계 예비타당성 조사의 조기 완료 및 9호선 하남 연장을 위한 공조를 약속하였으며, 서울시의회 의원들 역시 서울 지하철 5·8·9호선 연장의 조기 착공을 촉구하였다. 이외에도 서울시의회 장은 서울시장에 9호선 4단계 연장을 조속히 추진할 것을 요청하고, 9호선 4단계 연장을 촉구하기 위한 간담회를 개최하기도 하였다.

(3) 갈등 축소단계

2011년도부터 지속되던 갈등이 완화되기 시작한 것은 2018년도에 이르러서이다. 2018년도 초까지도 지속되던 갈등은 주민 및 연장유치위원회 등의 민원, 확정고시 발표 촉구가 이어져 왔다. 갈등이 급속도로 완화되기 시작한 시점은 기획재정부의 지하철 9호선 4단계 연장사업에 대한 예비타당성조사결과 통과가 발표되면서이다. 갈등이 확산되었던 주요한 원인이 지하철 9호선 4단계 연장에 대한 불안정성이 높았기 때문이었다.

이에 기획재정부에서 예비타당성조사결과를 발표함으로써 갈등이 축소되기 시작한 것이다.

(4) 갈등 해소단계

지하철 9호선 4단계 사업과 관련된 갈등해소는 9호선 4단계 연장노선인 샘터공원-고덕강일 1지구 구간이 조건부로 포함되면서 해소국면에 접어들었다고 볼 수 있다. 하지만 '조건부' 포함이기 때문에 향후 갈등의 재점화 가능성이 존재하여 갈등이 소멸했다고 단언하기는 어렵다.

《표 3》 갈등 전개

구분	전개
시작	• 국토교통부 제5차 보금자리 주택지구 구축사업 추진 및 강동구 및 지역주민들의 반대의사 표명 • 강동구 지역에 9호선 연장을 통한 지역접근성 향상 약속을 통한 주택지구 수용 찬성 • 고덕·강일지구 보금자리주택 조성 및 9호선 연장안 공동 발표 • 「서울시 도시철도망 구축 계획」의 적정성 여부 검토, 2015년 6월 관계부처 협의 및 국가교통위원회 심의 및 승인 확정 • 한국개발연구원의 예비타당성 조사 실시
확산	• 2016년 한국개발연구원의 예비타당성 조사결과 발표 지연으로 사업추진의 불투명성 확대 • 서울-세종고속도로 사업 추진으로 인한 9호선 4단계 연장 불필요성 논의 증가 • 한국경제에서 "정부-강동구 '9호선 4단계 연장' 갈등 증폭"이라는 기사로 인해 사업추진 무산에 대한 지역주민의 불안감 증폭 • 강동구는 9호선 4단계 연장 무산의 경우 서울-세종 고속도로 사업에 비협조(개발제한구역 해제 허가 및 도로 점용 허가 등) 의사 타진 • 국토교통부는 사업의 동시가능성 시사와 더불어 강동구 및 지역주민들의 국책사업 저지에 대한 지자체 이기주의 비판
축소	• 기획재정부 예비타당성조사결과 통과 • 지하철 9호선 4단계 연장사업 기본계획 수립을 위한 연구용역 착수
해소	• 샘터공원-고덕강일 1지구(강일역) 구간 포함 • 남양주시, 하남시, 서울 강동구, 한국토지주택공사 9호선 연장 추진을 위한 업무협력 양해각서 체결 • 3기 신도시 광역교통개선대책 확정. 9호선 서울 강동구 강일동-하남-남양주 왕숙 연장

3. 사례 분석

1) 갈등쟁점 및 쟁점별 이슈

'9호선 4단계 연장'을 둘러싸고 발생한 갈등의 표면적인 쟁점은 연장구간이라 할 수 있다. 즉, 지하철 9호선 연장구간을 어디까지로 결정할 것인가이다. 하지만 강동구와 지역주민들이 처음 지하철 9호선 연장 요구를 시작한 것은 '강동구 보금자리 사업' 추진에 대한 반발로 인한 것이었다. 즉, 갈등쟁점이 갈등전개 과정에서 변화되었는데 갈등초기에는 '보금자리 사업' 추진에 반대하기 위해 지하철 9호선 4단계 연장을 요구하였다고 볼 수 있다. 하지만 '지하철 9호선 4단계 연장'이 확실시되면서 갈등쟁점의 변화가 나타났고 두 번째 쟁점은 '서울-세종 도로건설'로 인한 지하철 9호선 연장의 불투명성이 확대되면서이다.

갈등쟁점을 종합하면 표면적인 쟁점은 '지하철 9호선 4단계 연장 여부'로 볼 수 있다. 하지만 실질적 쟁점으로 갈등발생 초기에는 '강동구 보금자리 사업' 추진이며 갈등확산기에는 '서울-세종 고속도로 사업'으로 인한 지하철 9호선 4단계 연장의 불투명성 확대로 판단할 수 있다.

2) 이해관계자별 입장

(1) 강동구(지자체) 및 지역주민

강동구(지자체) 및 지역주민이 서울-세종 도로건설 사업 및 국토교통부의 정책 기조에 반대하는 이유는 ①행정법상 신뢰보호의 원칙 위배, ②재산권 침해로 볼 수 있다.

강동구(지자체) 및 지역주민들은 강동구 9호선 4단계 연장사업은 사실상 과거 '강동구 보금자리 사업' 추진에 대한 반대급부적 성격이었음을 주장한다. 특히, 사업 추진 과정에서 2011년 12월 강동구 및 주민대표와 국토교통부 간 보금자리주택 조성과 9호선 4단계 사업의 동시진행 합의, 2012년 12월 20일 국토교통부와 사업시행사 SH(서울주택공사)의 고덕·강일지구 보금자리주택 조성과 9호선 연장안 공동 발표, 2015년 6월 29일 「서울특별시 10개년 도시철도 기본계획에 대한 종합발전방안」의 9호선 4단계 연장사업 검토 결과(B/C분석 결과: 1.04)에 대한 국토교통부의 최종 승인 등 사업추진에 대한 행정기관의 선행조치가 분명하였다는 점에서 사업의 지연이 행정법상의 신뢰보호의 원칙[7]에 위배된 것이

---

7 신뢰보호의 원칙이란 행정기관의 일정한 언동(명시적·묵시적)의 정당성 또는 존속성에 대한 개인의 보호가치가 있는 신뢰는 보호해주어야 한다는 원칙을 말한다(고헌환, 2011: 169).

아니냐는 입장이다.

또한, 행정기관의 선행조치로 인하여 해당 지역의 주택 구입, 부동산 가격 변동 등 일련의 재산권 침해가 수반되었다고 주장한다.

이에 9호선 4단계 사업의 지연시 서울-세종 고속도로 사업에 대해 협조하지 않을 것이라는 입장을 고수하고 있다. 다만, 현재 서울-세종 고속도로 사업의 반대입장은 9호선 사업이 늦어질 가능성에 대한 반발 심리에 의한 것이지 무조건적인 사업 반대는 아니라는 입장이다.

(2) 국토교통부(중앙정부)

국토교통부(중앙정부)는 강동구(지자체)와 지역주민들의 서울-세종 고속도로 사업 반대행위가 지자체의 이기주의라는 입장이다.

국토교통부(중앙정부)는 강동구(지자체)와 지역주민들이 갖고 있는 의문 해소를 위하여 서울-세종 고속도로 및 9호선 4단계 연장사업의 병행시공 가능성에 대해 서울시(도시기반본부)와 한국도로공사에 기술검토용역을 수행하였고, 검토 결과 정거장 규모 최적화 및 서울세종고속도로 계획 변경에 따른 양 시설 적정 이격거리를 확보함으로써 병행시공이 가능함을 발표하였다. 또한 예비타당성 조사의 발표 지연은 2017년 3월 관계기관 점검회의 후 경제적 타당성 확보를 위한 서울시의 검토의견(교통수요, 개발계획 반영, 공사비 재검토 등) 반영과 2017년 9월에 개정된 사회적 할인율 등을 보완하기 위한 결과라고 주장한다. 더욱이 "예비타당성 조사는 다른 사업과 연계할 수 없고 해당 사업 자체의 경제성에 대해서만 평가해야 한다"[8]고 말하며, 서울-세종 고속도로 사업 추진과 9호선 4단계 사업의 지연과의 연계 가능성을 일축하고 있다.

국토교통부는 18년 상반기 9호선 4단계 예비타당성 조사 결과에 따라 2018년 하반기 9호선 4단계 기본계획 용역에 착수하는 등 사업을 추진할 계획임을 밝히기도 하였다.

---

8 "정부-강동구 '9호선 4단계 연장' 갈등 증폭", 한국경제(2017.08.12.).

〈표 4〉 갈등주체별 입장

갈등 주체	강동구(지자체) 및 지역주민	국토교통부(중앙정부)
주장	• 행정법상 신뢰보호의 원칙 위배 • 재산권 침해	• 지자체의 이기주의 • 서울-세종 고속도로 사업 추진과 9호선 4단계 사업의 지연과의 연계 가능성 無
근거	① 9호선 4단계 연장사업은 사실상 과거 '강동구 보금자리 사업' 추진에 대한 반대급부적 정책 ② 행정기관의 신뢰보호의 원칙 위배 －2011년 12월 강동구 및 주민대표와 국토교통부 간 보금자리주택 조성과 9호선 4단계 사업의 동시진행 합의 －2012년 12월 20일 국토교통부와 사업시행사 SH(서울주택공사)의 고덕·강일지구 보금자리주택 조성과 9호선 연장안 공동 발표 －2015년 6월 29일 「서울특별시 10개년 도시철도 기본계획에 대한 종합발전방안」의 9호선 4단계 연장사업 검토 결과(B/C분석 결과: 1.04)에 대한 국토교통부의 최종 승인 ③ 재산권 침해 －행정기관의 선행조치로 인하여 해당 지역의 주택 구입, 부동산 가격 변동 등 일련의 재산권 침해 수반	① 서울-세종 고속도로 및 9호선 4단계 연장사업의 병행 시공 가능성에 대해 서울시(도시기반본부)와 한국도로공사에 기술검토용역 수행 → 검토 결과 정거장 규모 최적화 및 서울세종고속도로 계획 변경에 따른 병행시공 가능 ② 예비타당성 조사의 발표 지연은 2017년 3월 관계기관 점검회의 후 경제적 타당성 확보를 위한 서울시의 검토의견(교통수요, 개발계획 반영, 공사비 재검토 등) 반영과 2017년 9월에 개정된 사회적 할인율 등을 보완하기 위한 결과 ③ "예비타당성 조사는 다른 사업과 연계할 수 없고 해당 사업 자체의 경제성에 대해서만 평가해야 함" → 서울-세종 고속도로 사업 추진과 9호선 4단계 사업의 지연과의 연계 가능성 無

3) 특징

갈등이 발생하는 데 영향을 미친 요인들을 갈등행위자, 갈등행위, 갈등쟁점과 상황 및 조직·기관으로 구분하여 살펴보면 다음과 같다.

첫째, 갈등행위자이다. 주요 갈등행위자는 지방자치단체와 지역주민, 중앙정부로 구분할 수 있다. 구체적으로 지방자치단체는 강동구이며, 지역주민 역시 강동구에 거주하는 주민이다. 중앙정부는 국토교통부(당시 국토해양부)이다. 이외에도 지하철 9호선 연장을 촉구하는 서울시의회 의원이 주요행위자 이외의 갈등행위자로 판단할 수 있다.

둘째, 갈등행위이다. 지하철 9호선 연장과 관련된 갈등행위 중 지역주민을 중심으로는 주민서명운동 및 비상대책위원회 구성이다. 강동구 주민들은 2007년 9호선 연장운동본부를 설치하여 연장을 위한 주민서명운동을 전개하였다. 또한, 2011년 강동구에 보금자리 사업추진이 결정되었을 때에도 '보금자리 반대 이의신청서'(1만 8천 400부)를 서울시·국토교통부·SH공사 3군데에 전달하면서 갈등행위를 적극적으로 추진해 나갔다. 비상대책위원들 역시 국토교통부(당시 국토해양부)장관과의 면담을 이어가는 등의 활동을 수행해 왔다. 이외에도 서울-세종 고속도로 사업이 추진되면서 지하철 9호선 4단계 연장 불투명성이 확대되자 주민간담회를 실시하는 등 활동을 지속적으로 추진함에 따라 지하철 9호선 4단계 연장을 위한 적극적인 활동을 이어왔다.

한편, 국토교통부는 이러한 주민들의 활동에 대응하는 방식의 갈등행위를 수행해 왔으며, 갈등해결을 위한 별도의 조직을 설치하는 활동은 없었다.

셋째, 갈등쟁점과 상황이다. 갈등쟁점은 표면적 갈등쟁점과 실질적 갈등쟁점으로 구분할 수 있다. 표면적 갈등쟁점은 '지하철 9호선 4단계 연장'이며, 실질적 갈등쟁점은 '보금자리 사업 저지'와 '서울-세종 고속도로 사업 저지'로 구분할 수 있다. 그럼에도 표면적 갈등쟁점이 중요한 것은 강동구와 지역주민들 역시 지하철 9호선 연장이 가능하도록 정부의 사업을 저지하는 방식을 활용하여 협상을 하고자 하였기 때문이다.

넷째, 조직·기관이다. 갈등행위자들(강동구·지역주민·국토교통부)은 과거 이와 유사한 갈등경험을 겪었거나 갈등해결을 위한 전담조직을 갖추고 있지 않았다. 이에 갈등관리를 위한 체계적이고 전문적인 교육을 받은 경험 역시 없다고 판단할 수 있다. 더욱이 발생한 갈등현안을 해결하고자 갈등전담 팀을 구성하지도 않았기 때문에 갈등관리를 위한 인력이나 예산이 없거나 부족하다고 판단된다. 하지만 발생한 갈등해결을 위해 비상대책위원들을 대상으로 장관과의 면담을 실시하기도 하였으며, 당사자 간 협상을 시도하기도 하였다. 또한, 관련된 사업에 대한 계획을 발표함으로써 강동구 및 지역주민들의 의문을 해소하고자 노력하였다는 점에서 갈등관리를 위한 조직 내의 노력이 일정부분 존재한 것으로 판단할 수 있다.

4) 갈등관리과정 분석

지하철 9호선 4단계 연장을 둘러싸고 발생한 갈등은 2019년 2월 '샘터공원-고덕강일 1지구(강일역)' 구간이 조건부로 포함되면서 해소된 것으로 판단할 수 있다. 지하철 9호선 연장은 오래전부터 강동구와 지역주민들의 숙원사업이기도 하였다. 하지만 다른 갈등사례와 상이하게 지하철 9호선 4단계 연장은 일정부분 중앙정부(국토교통부)의 '보금자리 주택지구' 건설을 저지하기 위한 성격으로 시작하였다. 즉, 지하철 9호선 4단계 연장을 본격적으로 요구하기 시작한 시점이 국토부의 보금자리 주택지구 건설계획이 발표된 이후이며, 연장에 대한 요구가 보금자리 주택지구를 반대하기 위한 일종의 협상카드로 볼 수 있는 것이다.[9] 이에 국토부와 강동구는 협상을 통해 2013년 지하철 9호선 연장을 발표하였고, 보금자리 주택지구 건설도 가능하게 되었다. 강동구는 지역에 보금자리 주택지구 건설 계획은 중앙정부의 발표로부터 확인하게 되었다는 점에서 강동구와 지역주민들의 의사를 반영하지 않은 채 진행되는 국책사업에 동의하기 어려웠으며, 이러한 의사를 표현하기 위한 방법 중 하나가 바로 지하철 9호선 연장에 대한 요구였다. 이외에도 강동구 지역주민들은 보금자리 주택지구 건설 반대서명운동을 전개하고 관련 부서에 서명서를 제출하기도 하였다. 이로 인해 국토부는 비상대책위원들과의 면담 등을 통해 갈등 해소를 위해 노력하였다.

하지만 지하철 9호선 4단계 연장은 서울-세종 고속도로 건설로 인해 갈등이 더욱 증폭되기 시작하였다. 서울-세종 고속도로 건설 구간이 지하철 9호선 4단계 연장구간과 중복되어 연장의 불필요성에 대한 논의가 확대되었기 때문이다.

---

9 보금자리 주택지구 부지가 그린벨트 구역이 포함되어 있고, 그린벨트를 위한 권한은 강동구에 있기 때문에 국토교통부는 강동구의 협조가 필요한 상황이었기 때문에 이러한 협상이 가능한 것으로 판단할 수 있다.

더욱이 이 시기에 한국개발연구원에서 실시한 예비타당성조사 결과의 발표가 미뤄지면서 강동구 주민들의 불안감은 증폭되었고, 이로 인해 지역주민들의 민원제기, 서울시의회 의원들은 조기착공 촉구 등 추진을 위한 여러 차원에서의 활동이 이루어지기도 하였다. 또한, 중앙정부 및 관련 기관에서는 해당 사업으로 인한 중앙정부와 지방정부와의 갈등을 완화시키기 위한 해명자료 배포, 주민간담회 실시 등을 활용하여 갈등해소를 위한 노력을 기울여왔다.

이러한 과정을 통해 조건부 결정이 되었지만 지하철 9호선 4단계 연장이 확정되었다. 하지만 '조건부'이기 때문에 향후 이를 둘러싼 갈등발생의 소지가 존재한다.

5) 결과

2020년 12월 서울 강동구 강일동-하남-남양주 왕숙 지구까지 9호선 연장이 확정되었으며, 개통을 위한 공사가 추진 중에 있다. 지하철 연장은 국토개발계획, 광역교통개선대책 등에 따라 언제든 상황 변화가 가능하다. 이에 향후 추진되는 정부 계획에 따라 이와 유사한 갈등이 발생할 가능성이 있으며, 9호선 연장과 관련된 갈등 역시 해소되었다고 하지만 추후 갈등재점화 가능성 또는 2차 갈등이 발생할 수 있다.

4. 제언

본 갈등사례에서 확인할 수 있는 시사점은 다음과 같다. 지하철 9호선 4단계 연장을 둘러싼 갈등의 근본적인 원인은 지방자치단체와 지역주민들에게 동의를 구하지 않은 채 실시되는 국책사업이었다. 즉, 국토교통부(당시 국토해양부)는 강동구 지역에 '보금자리 주택지구' 건설계획을 발표하였지만 이때까지도 지자체와 주민들은 사업에 대한 설명을 정부로부터 듣지 못한 상태였다. 이를 저지하기 위한 활동의 일환으로 지하철 9호선 4단계 연장을 중앙정부에 요구하게 된 것이다. 물론 지하철 연장이 오랫동안 강동구와 지역주민들의 숙원사업이었지만 중앙정부의 일방적인 보금자리 주택지구 건설발표가 이루어지지 않았다면 갈등 사안으로 확대되지 않았을 가능성이 높다.

이에 본 사례에서의 주요한 시사점 중 하나는 바로 지역에 영향을 미칠 수 있는 중앙정부 사업의 경우 지역과 지역주민들에게 사전에 충분한 안내가 있어야 하고, 사업동의가 필수적으로 이루어져야 한다는 것을 시사한다.

그럼에도 본 사례에서는 중앙정부 차원에서 지역주민들이 결성한 비상대책위원들과의 면담을 통해 갈등을 해결하고자 노력하였다는 점에서 갈등해소를 위해서는 당사자들 간의 합의형성을 위한 노력이 중요하다는 것을 시사한다.

⦂ 종합요약

9호선 연장에서 가장 주요한 쟁점은 지역사회에 영향을 미치는 정책을 결정하는 데 있어 지역주민의 동의를 구하는 절차 없이 진행되는 국책사업을 둘러싸고 발생한 것이다. 강동구 9호선 연장은 오랫동안 강동구 지역의 숙원사업이기는 하였지만 해당 이슈가 결정적으로 부각되었던 것은 보금자리 주택지구 선정에 있어 강동구 지역주민들과의 사전협의를 구하지 않은 채 진행되면서였다. 국책사업에 대한 반대급부의 성격으로 더욱 강력하게 지하철 9호선 연장을 주장하면서 갈등이 확산되었다.

강동구 지역주민들은 보금자리 지구선정 반대의사를 적극적으로 나타냈는데 보금자리 주택지구 건설과 관련된 각 기관(서울시, 국토해양부, SH공사)에 반대 이의신청서를 제출하기도 하였으며, 비상대책위를 구성하여 조직적인 반대활동을 하고자 하였다. 이 과정에서 강동구와 국토부 역시 보금자리 주택지구 합의를 둘러싸고 갈등이 발생하였고, 지하철 9호선 연장을 확정하면서 갈등이 완화되기 시작하였다. 하지만 갈등이 소멸한 것은 아니었기 때문에 사업을 추진하는 과정에서 지속적으로 갈등의 확산과 감소를 반복하였다.

특히, 2017년 국토부가 서울-세종고속도로 사업을 9호선 연장과의 병행가능성을 발표하면서 갈등이 다시 확산되기 시작하였다. 이러한 상황에서 9호선 4단계 연장의 예비타당성 조사결과가 명확하게 공개되지 않고 지연되자 지역주민들은 예비타당성 조사결과를 불신하기에 이르렀다. 더욱이 정부는 9호선 4단계 연장구간과 서울-세종 고속도로 구간의 중복이 존재하기 때문에 9호선 4단계 연장에 대한 의문을 제기하기 시작하였다. 이에 대한 정부의 입장은 지역주민들의 거센 반발을 야기하였으며, 인근 지역(하남시) 및 관계기관(서울시의회, 강동구 9호선 유치 추진위원장) 등이 연대하면서 지하철 9호선 연장을 강력히 주장하였다. 지역주민들 역시 9호선 4단계 연장을 촉구하는 간담회, 민원 제기 운동 등을 통해 적극적으로 지하철 연장을 확정짓기 위한 활동을 수행하였다. 이에 2019년 지하철 9호선 4단계가 조건부로 확정되면서 갈등이 해소되기 시작하였다.

⫶핵심 정리

□ 이해관계자

  → 강동구, 강동구 지역주민, 국토교통부, 서울시

□ 갈등쟁점

  → 지하철 9호선 4단계 연장

□ 쟁점별 입장 및 속내

  → 강동구(지자체) 및 지역주민: 지하철 9호선 4단계 연장이 주요 입장이며, 국토교통부의 '강동구 보금자리 사업' 추진의 반대가 속내로 볼 수 있음. 즉, 강동구 보금자리 사업은 강동구 주민들을 무시한 행정법상 신뢰보호 원칙의 위배임과 더불어 재산권을 침해한 것임을 주장

  → 국토교통부(중앙정부): 정부의 사업에 대한 지역주민들의 반대는 지자체 이기주의이며, 서울-세종 고속도로 사업추진과 9호선 4단계 사업 지연은 관련성이 없음

□ 쟁점별 대안

  → 쟁점별 대안은 별도로 없었으며, 갈등을 해소하기 위하여 국토부는 지역주민들과의 지속적인 면담을 추진. 강동구 역시 있는 협상카드(그린벨트 해지 권한)를 적절하게 이용하여 원하는 결과 도출을 위해 노력함

□ 최종합의안

  → 9호선 4단계 '샘터공원-고덕강일 1지구(강일역)' 구간 조건부 합의

□ 합의이행 여부 및 사후관리

  → 9호선 4단계 연장은 합의가 되었기 때문에 연장은 확정적이라 할 수 있지만 '조건부 합의'이기 때문에 이와 관련되어 갈등발생 가능성이 있음

참고문헌

- 경기일보 (2020). 지하철 9호선 하남 미사강변도시 연장 추진 '급물살'(2020.10.08.)
- 경인일보 (2019). [서울시 2차 도시철도망 구축계획] 9호선 4단계 추가 조건부 포함…한숨 돌린 하남 미사강변 연장(2019.02.21.)
- 경일일보 (2019). '조건부 승인' 9호선 하남 미사연장, 한숨 돌렸지만 넘어야 할 산 많다(2019.02.20.)
- 서울경제 (2018). 지하철 9호선 4단계 연장 예비타당성 조사 통과(2018.05.24.)
- 서울신문 (2018). 양준욱 서울시의회의장, 박원순시장에 9호선 4단계 연장 조속 추진 요청(2018.02.02.)
- 아시아경제 (2011). 강동구 "5차 보금자리주택 지정 철회" 주장(2011.05.31.)
- 아시아경제 (2018). 9호선 연장사업 '일단 멈춤'… 경제성 분석 '1' 못 넘겼다(2018.03.16.)
- 아시아경제 (2020). 강동구, 하남시·남양주시·LH 9호선 강일동 연장 협약 체결(2020.06.08.)
- 중부일보 (2017). 이현재, 서울시의회 의장 면담… 9호선 하남연장 공조(2017.11.07.)
- 한겨레 (2020). 남양주 왕숙 9호선 연장, 고양 창릉은 GTX 창릉역 신설(2020.12.29.)
- 한국경제 (2011). 강동 보금자리 3곳 통합개발… 고덕역까지 9호선 연장 추진(2011.11.18.)
- 한국경제 (2012). 서울 강동구, "국토부 보금자리 합의 사항 지켜야"(2012.11.19.)
- 한국경제 (2018). "지하철 9호선 연장해달라"(2018.05.01.)
- 한국경제 (2018). 고덕지구 "9호선 4단계연장 서둘러 달라"(2018.03.26.)
- 한국일보 (2017). 정부-강동구 '9호선 4단계 연장' 갈등 증폭(2017.08.13.)
- 헤럴드경제 (2017). "지하철 5·8·9호선 연장 조기 착공해야"(2017.11.21.)

○ 경상북도 성주군 사드 배치 갈등의 국제적 상황

1. 사례 선정이유

사드 배치를 둘러싼 갈등은 2013년 10월부터 논의된 방어체계로 2014~2015년 북한의 도발, 마크 리퍼트 주한미군대사의 공격 등으로 인하여 2016년 한반도에 사드를 배치하기로 최종적으로 결정한 후부터 발생하였다. 주한미군사령관 커티스 스캐퍼로티(Curtis Scaparrotti)의 2014년 사드 배치 결정시기부터 시진핑 주석은 당시 박근혜 대통령에게 사드 배치의 위험성을 강조하면서 배치 반대를 설득하였다. 그러나 한국 정부는 사드 배치를 강행하였고, 정부의 정책결정 후 경상남도 성주에 사드를 배치하기로 한 이후부터 2021년 12월까지 발생한 한국과 중국의 국제적 상황에서의 외교적 갈등을 살펴보고자 한다.

한·미 군 당국은 2016년 7월 8일 북한의 핵과 대량살상무기(weapons of mass destruction), 탄도미사일 공격을 막아내기 위하여 주한 미군에 종말단계의 고고도미사일방어체계인 사드(Terminal High Altitude Area Defense; THAAD[1])를 배치하였다고 발표하였다.

우리나라 정부는 사드 배치는 북한의 공격으로부터 한국을 방어하기 위한 것임을 밝혔지만 중국은 사드 배치 이후 처음 논의되던 순간부터 현재까지 사드 배치는 미사일이 아닌 레이더를 자국의 위협으로 간주하고 있으며, 중국 자국의 안보를 침해하는 것이라고 강하게 반대하고 있다. 중국은 한반도 사드 배치는 중국을 겨냥한 것이며, 사드의 레이더가 중국이 미국 본토를 공격하기 위해 발

---

1 사드(THAAD)는 'Terminal High Altitude Area Defense'의 약자로 직역하면 종말단계 고(高)고도 지역방어 체계이다. 미국의 미사일방어체계는 탄도미사일 비행경로를 이륙-상승-중간-종말의 4단계로 나누고 미사일이 이륙해 상승하는 동안 우주에 있는 인공위성과 육지 외 해상이 X-밴드레이더 등으로 이를 감지하고 바다의 이지스함에 장착된 스탠더드 미사일과 사드 패트리엇 미사일 등으로 요격에 나서는 것이다. 고고도는 종말단계 중 높은 고도의 단계를 말한다. 자국을 향해 발사된 미사일이 종말단계에 진입했을 때 대기권 안팍인 40~150km의 高고도에서 요격하는 미사일이다(국방부 백서, 2016).

사하는 대륙간탄도미사일(ICBM) 탄두를 탐지하며 방해한다는 입장을 밝혔다. 또한, 매우 격앙된 외교적 반응과 함께 대한민국에 대한 다방면의 보복을 예고하면서 갈등이 발생하였다.

사드 배치 갈등의 국제적 전개과정은 관련 국가들의 안보를 비롯하여 외교통상 및 경제 관계 등을 중심으로 하여 살펴볼 수 있다. 본 갈등사례는 사드 배치를 둘러싼 국내의 관-관, 관-민 갈등이 아닌 한국, 미국, 중국의 긴장관계와 외교관계를 중심으로 살펴보는 것으로 특히 한·중 간 갈등을 중심으로 살펴보고자 한다.

2. 사례 개요

1) 갈등일지

2013년 6월 힐러리 클린턴 국무장관은 북핵을 막아야 함을 강조하였으며, 중국이 북핵을 막지 않으면 미사일 방어망으로 포위가 필요하다고 언급하였다.[2] 이후 10월 14일 국방부는 사드 배치를 고려 중임을 발표하면서 종말 요격 시스템을 4단계로 구축하여 미제 패트리어트로 북한의 핵미사일을 방어할 계획이 있다고 밝혔다.

사드 배치가 국내에서 논의가 된 이후 중국의 시진핑 주석은 사드 배치를 허용하지 않을 것을 요청하였다. 2014년 6월 커티스 스캐퍼로티 주한미군 사령관이 미국 국방부에서 사드의 한국 배치를 요청했다는 발표를 하였으며, 같은 해 9월 로버트 워크 미 국방부 부장관은 사드 배치를 고려하고 있음을 언급하였으며, 같은 해 11월 국회 대정부질문에서 유승민 의원은 사드의 조기 도입을 주장하였다. 한민구 국방장관은 사드 배치 계획이 없다고 답하였지만, 유승민 의원의 사드 도입의 주장으로 한국 사드 도입 논쟁이 본격적으로 시작되었다.[3] 이에 중국은 러시아제 사드 수입 계약을 체결하였으며, 2017년 항공기와 탄도미사일,

---

2 뉴시스. 2016년 10월 14일.
3 이데일리. 2014년 11월 3일.

스텔스 전투기까지 요격할 수 있는 러시아제 사드를 실전 배치할 계획을 밝혔다. 이렇듯 사드 문제로 미 정부와 군 관계자가 공론화를 시도하면서 한국 정부가 이를 부인하는 모습을 반복하였다.

2015년 3월 마크 리퍼트 주한미국대사가 괴한의 공격을 당한 이후, 4월 방한한 애슈턴 카터 국방방관은 사드 배치를 논의할 시기가 아니라고 밝히면서, 시드는 듯하였다. 또한, 국방부는 계속적으로 사드 미사일 구입이 아닌 독자적인 방어체계를 구축할 것이라고 언급하였으며, "미국 측 요청이 없었기 때문에 협의도, 결정도 없었다"며 전략적 모호함을 유지하였다. 그러나 2015년 5월 국방부는 미국의 요청에 따라 사드 배치를 협의할 것이라고 발표하면서 갈등이 발생하였다.

2016년 1월 북한은 4차 핵실험을 실행하였으며, 이후 당시 박근혜 대통령은 신년 대국민 담화에서 사드 배치를 검토할 것을 밝혔다. 그러나 시진핑 주석은 박근혜 대통령에게 계속적으로 사드 배치의 위험성을 강조하며 배치를 반대하였고, 박 대통령은 북한을 겨냥한 사드 배치라는 입장을 반복하였다. 한미 양국은 2월 사드 배치에 대한 공식 협의를 시작하였다. 6월 시진핑 주석은 "한국은 안보에 대한 중국의 정당한 우려를 중시해야 하며, 사드를 한국에 배치하려는 미국의 시도에 대해 신중하고 적절하게 대응해야 한다"[4]고 밝혔다.

그러나 2016년 7월 한·미양국은 사드 배치 결정을 공식적으로 발표하였으며, 이어 7월 8일 북한의 핵과 미사일 위협에 대응해 사드를 주한 미군에 배치하기로 최종 결정했다고 공식적으로 언급하고, 7월 13일 경북 성주를 사드 배치지역으로 발표하였다. 같은 해 9월 중·미 정상회담, 한·중 정상회담을 통해서 한반도 내 사드 배치에 대한 이견을 확인하였으나, 우리나라 정부는 사드를 경상북도 성주군 골프장에 배치할 것임을 밝혔다.

롯데그룹의 성주골프장이 사드 부지로 선정된 것에 대한 보복으로 2016년 11월 18일 중국정부는 현지에 진출한 롯데 계열사의 전 사업장에 대하여 세무조사

---

4 조선일보. 2016년 6월 30일.

와 소방, 위생점검, 안전점검을 시행하였으며, 같은 해 12월 16일 중국 해군 랴오닝호 항공모함과 수십척의 함대가 서해에서 사상 최초 실탄 사격훈련을 실시하였다. 또한 사드 배치에 반대하며 한국에 무력시위를 했고, 한국 해군사관학교 졸업식 기항을 거부하면서 갈등을 표출하였다.

2017년 중국 외교부는 1월 "소국(小國)이 대국(大國)에 대항해서 되겠느냐, 너희 정부가 사드 배치를 하면 단교 수준으로 엄청난 고통을 주겠다"고 중국의 입장을 표명하였으며, 2월 모든 조치를 취하여 한국을 징벌하고 처벌할 것이라면서 비난하기도 하였다.[5] 이후 중국은 3월 한국 관광을 전면 금지시켰으며, 여행 금지국가로 지정하였다.

국내 사드 배치 갈등의 국제적 전개과정을 살펴보면 우리 정부의 사드 배치 이후 중국에서는 사드 배치에 대한 강렬한 반대 입장을 표명하였으며, 경제·외교적으로 압박하고 있다. 우리 정부는 3국 회담을 제안하기도 했지만, 중국은 참가의사를 밝히지 않았다. 이후 중국과 우리나라의 관계는 얼어붙었고, 2014년 한중 국방 당국 간 최고위급 정례 회의체인 한중국방전략대화도 중단되었다.[6] 2016년 한국 정치는 사드 배치 논란으로 시끄러웠으며, 2017년 사드 배치에 대한 중국의 경제적 보복으로 인하여 한국 경제는 타격을 입었다. 갈등일지[7]는 다음과 같다.

〈표 1〉 갈등일지

구분		내용
사드 배치 결정 전	2013.10.14.	• 김관진 국방부 장관, "북한의 핵미사일 대비를 위한 차원에서 다층 방어수단을 연구하고 있으나 사드 배치 고려 언급"
	2014.05.28.	• 제임스 윈펠드 미 합참차장, "사드의 한국 배치 검토 중" 언급
	2014.06.03.	• 커티스 스캐로퍼티 한미연합사령관, 한국국방연구원 국방포럼

---

5 한겨레. 2017년 1월 5일 기사 및 연합뉴스 2017년 3월 1일 기사 참조.
6 이후 2019년 10월 21일 5년만에 한중 국방전략대화가 재개됨을 밝혔으며, 중국 중앙군사위원회 연합참모부 부참모장이 수석대표로 참석할 예정이다(파이낸셜 뉴스, 2019.10.20.).
7 경상북도 성주 사드 배치는 2017년 이후 사드가 배치되는 과정에서도 갈등이 발생하였지만, 본 사례연구에서는 사드 배치와 관련한 국제관계만을 두고 정리를 하고자 한다.

구분		내용
		당시 "미국 당국에 한국에 중고도 미사일 요격체계 도입 요청" 공식 발언
	2014.06.05.	• 미국 국방부 "한국정부 사드 관련 정보 요청" 밝힘
	2014.07.	• 시진핑 주석, 한·중 정상회담에서 사드 배치 허용하지 않도록 요청
	2014.11.26.	• 추궈훙 주한 중국대사, 한국 국회에서 한반도 사드 배치에 대한 반대 입장 적극적 표명
	2015.02.04.	• 창완취안 중국 국방부 장관, 한·중 국방장관 회담에서 한반도 사드 배치에 대한 반대 입장 표명
	2015.03.09.	• 국방부 "사드 미사일 구매 계획이 없으며, 독자 방어체계를 구축" 언급
	2015.03.11.	• 청와대 "사드 관련 '3No'(요청, 협의, 결정) 입장을 재확인"
	2015.03.16.	• 류젠차오 중국 외교부 부장조리, 한반도 사드 배치에 대한 반대 입장 적극적 표명
	2015.05.21.	• 국방부 "미국의 요청에 따라 사드 배치를 협의할 것" 언급
	2016.01.06.	• 북한의 제4차 핵실험
	2016.01.13.	• 박근혜 전 대통령, 신년 대국민 담화 및 기자회견에서 "안보와 국익에 따른 사드 배치를 검토" 밝힘
	2016.02.07.	• 한국과 미국은 북한의 장거리 미사일 발사에 대한 대비를 위해 사드 배치에 대한 공식적인 협의 결정을 발표
사드 배치 결정 후	2016.02.23.	• 국방부 "사드 배치에 대한 공동실무단을 구성, 운영에 대한 협의 결정" 발표
	2016.03.04.	• 사드 배치 논의를 위한 한·미 공동실무단 약정이 체결 및 공식 출범
	2016.06.	• 한국, 미국, 일본은 한반도 사드 배치에 대한 긍정적인 입장을 표명
	2016.06.29.	• 시진핑 주석, 중국을 방문한 황교안 국무총리에 "사드 배치 계획에 대한 중국 입장을 반영해줄 것" 요구
	2016.07.08.	• 한·미 양국은 사드 배치 결정을 공식적으로 발표
	2016.07.09.	• 북한의 잠수함발사탄도미사일(SLBM) 시험 발사
	2016.07.13.	• 국방부 "경북 성주군에 사드 배치에 대한 공식적인 발표" 표명
	2016.08.03.	• 북한의 탄도미사일 2발 발사
	2016.09.03.	• 시진핑 주석과 버락 오바마 대통령, 중·미 정상회담에서 사드 배치에 대한 상호간의 입장 확인

구분	내용
2016.09.05.	• 한·중 정상회담에서 박근혜 전 대통령과 시진핑 주석 간 사드 배치에 대한 상호간의 입장 확인
2016.12.	• 품질 불량을 이유로 한국산 화장품 및 식품 대규모 수입 불허 확인
2017.01.	• 겅솽 중국 외교부 대변인, 정례브리핑에서 한반도 사드 배치에 대한 반대 입장 표명
2017.01.	• 사드 배치로 인한 중국의 무역 보복 진행 (한국 기업 및 물품 대상)
2017.03.07	• 사드체계 일부 한국 도착
2017.05.30	• 국방부 사드 반입 업무 누락 진상조사 지시
2017.06.07	• 추가적인 환경영향평가 지시
2017.07.28.	• 북한, ICBM급 화성-14형 2차 시험 발사
2017.08.14.	• 화춘잉 중국 외교부 대변인, 한반도 사드 배치에 대한 반대 입장 재확인 및 사드 배치에 대한 중단 촉구
2017.09.07	• 사드체계 잔여 발사대 4기 임시배치 완료
2017.10.31.	• 한·중 간에 사드 합의-3불(三不) 약속: 사드 추가배치 반대, 미국 미사일방어체계 불참, 한·미·일 군사동맹 포기

2) 갈등전개

본 사례의 경우 사드 배치를 둘러싼 갈등의 전개를 확인하고 논의하는 것이 아닌 사드 배치를 둘러싸고 중국과 우리나라와의 관계를 살펴보는 국제통상학적인 관점에서의 분석이다. 이에 일반적인 갈등 시작단계부터 갈등 해소단계까지의 시간의 흐름에 맞추어서 갈등을 설명하지 않고, 사드 배치 결정 이전과 이후로 나누어 설명하였다.

(1) 사드 배치 결정 이전

국제적 상황에서 사드 배치 갈등은 김관진 국방부 장관이 사드 배치 가능성을 부인한 것을 번복하고, 중국과 미국의 눈치 아래 결국 미국의 입장을 따라서 사드를 배치하기로 한 것으로부터 시작된다고 볼 수 있다. 2013년 10월 14일 김관진 국방부 장관은 국회 국정감사에서 북한의 핵미사일에 대비하기 위한 차원에서 다층 방어수단을 연구한다는 점을 밝혔지만 사드 배치에 대한 가능성은 부인하였다.[8]

그러나 2014년 5월 28일 제임스 윈펠드 미 합참차장은 미국 본토에 대한 잠재적 위협을 보호하는 차원에서 어느 곳이든 사드를 배치할 준비가 되어있다고 밝혔다. 또한 북한의 핵미사일에 대비하기 위한 차원에서 한반도 내 사드 배치를 검토 중임을 밝혔다. 같은 해 6월 3일 커티스 스캐로퍼티 한미연합사령관은 한국 국방연구원 국방포럼에서 미국 정부에 한국의 중고도 미사일 요격체계의 도입 요청을 공식적으로 밝혔다.[9] 이어 미국 국방부에서도 한국정부에 사드 배치를 할 것임을 요청하였다.

미국과 한국의 사드 배치 결정 등과 관련하여 중국에서는 사드 배치에 대한 반발을 강하게 하였다. 2014년 7월 시진핑 주석은 한·중 정상회담에서 사드 배치를 허용하지 않도록 한국 정부에 요청하였으며, 같은 해 11월 추궈홍 주한 중국대사는 한국 국회에서 한반도 사드 배치에 대한 반대 입장을 적극적으로 표명하기도 했다. 또한 2015년 2월에도 창완취안 중국 국방부 장관은 한반도 사드 배치에 대한 적극적인 반대입장을 제시하였다. 이러한 중국의 입장에 2015년 3월 9일 국방부는 사드 미사일 구매계획이 없고 독자적인 방어체계를 구축할 것임을 밝혔으며, 11일 청와대는 사드 관련 '3No(요청, 협의, 결정)' 입장을 재확인하였다.

그러나 정부가 사드 배치를 고려하지 않는다는 입장과는 달리 2015년 5월 국방부는 미국의 요청에 따라서 사드 배치를 협의할 것이라는 발표를 하기도 하였다. 이는 이전부터 사드 배치를 반대하였던 중국의 입장을 고려하지 못한 상황 전개인 것으로 파악된다. 북한의 정세변화와 미국의 압박 등으로 인하여 정부는 사드 배치에 대한 입장을 번복하며, 전면적으로 사드 배치를 검토할 것을 밝혔다. 특히, 2016년 1월 6일 북한의 제4차 핵실험이 이루어지면서, 박근혜 대통령

---

8 SBS 뉴스. 2013년 10월 16일 기사 참조.
9 TV조선, 2014년 5월 30일, 연합뉴스, 2016년 9월 30일 기사 참조.

은 신년 대국민 담화 및 기자회견에서 안보와 국익 차원에서 사드 배치를 검토하겠다고 밝혔다. 이후 2월 7일 한미 양국은 북한의 장거리 미사일 발사에 대비하기 위하여 사드 배치에 대한 공식적인 협의 결정을 발표하였다.[10] 결국 정부는 한반도 내 사드 배치를 결정하였으며, 이에 중국과의 국제적인 갈등이 시작되었다.

(2) 사드 배치 결정 이후

국내 사드 배치 결정 이후 2016년 2월 23일 국방부에서는 사드 배치에 대한 한·미 공동실무단을 구성하고 운영에 대한 협의를 하겠다고 발표하였다. 그러나 실질적으로 사드 배치 문제를 논의할 공동실무단 약정 체결은 연기하기로 밝혔으며, 3월 사드 배치 논의를 위한 한·미 공동실무단 약정이 체결되었고, 이내 공식적으로 출범하게 되었다.

사드 배치가 결정된 이후 한국, 미국, 일본은 한반도 사드 배치에 대한 긍정적인 입장을 표하였으며, 지속적인 북한의 미사일 위협에 사드 배치가 도움이 될 것으로 전망하였다. 그러나 중국은 사드 배치에 대한 우려를 표명하였으며, 시진핑 주석은 중국을 방문한 황교안 국무총리에게 사드 배치 계획에 대한 중국의 반대입장을 다시 한번 밝히기도 하였다. 그러나 같은 해 7월 8일 한·미 양국은 사드 배치 결정을 공식적으로 발표하였다.

사드 배치 결정 이후 북한은 잠수함발사탄도미사일(SLBM)을 시험 발사하였으며, 탄도미사일을 발사하였다.[11] 이처럼 북한의 미사일 도발이 지속되면서 국제사회의 불안정성은 커갔으며, 그 사이 7월 13일 국방부는 경상북도 성주군에 사드 배치를 공식적으로 발표하였다.

중국은 계속적으로 사드 배치의 반대입장을 드러냈으며, 2016년 9월 중·미 정상회담과 한·중 정상회담 등을 통하여, 사드 배치에 대한 반대입장을 계속적으로 확인하였다. 한국의 사드 배치의 번복이 불가능함에 따라 중국은 사드 배

---

10 중앙일보, 2017년 9월 8일 기사 참조.
11 아주경제, 2016년 8월 4일, 데일리한국, 2017년 7월 24일 기사 참조.

치에 대한 대응을 시작하였다.

지속적으로 중국은 한반도 사드 배치를 반대하고, 2017년 1월 중국 외교부 대변인은 정례브리핑에서 한반도 사드 배치에 대한 유감을 적극적으로 표명하였다. 이 시기 이후 중국은 한국에 대한 경제 및 무역보복을 시작하였다. 아모레퍼시픽을 비롯하여 한국의 화장품 기업들에 대한 수출금지 등을 비롯하여, 롯데그룹에 대한 감사 등을 진행하였다. 또한, 중국인의 한국 관광을 차단하였다. 계속적으로 반대하는 과정에서 8월 중국 외교부 대변인은 다시 한번 한반도 내 사드 배치를 반대하는 입장을 확인하였으며, 중단을 촉구하였다. 그러나 사드가 배치됨에 따라 한국과 중국의 관계는 차가워졌다.

3. 사례 분석

1) 갈등쟁점 및 쟁점별 이슈

한반도 내 사드 배치는 많은 쟁점을 내포하고 있다. 국내에서도 찬성과 반대측 입장이 다양하게 존재한다. 사드 배치는 국제관계의 입장에서도 외교적 마찰을 걱정하는 사드 배치 반대측의 주장과 중국의 위협에 대비해야 하는 찬성측의 입장이 대립되는 주장을 한다.

사드 배치를 찬성하는 주체들 주장의 근거는 한반도 방어, 중화인민공화국의 위협, 한미상호방위조약의 이행 등이 있다. 이 중 특히 중국이 이미 러시아판 사드를 실전 배치하였다는 점과 핵 개발 물자를 북한에 수출한다는 점, 우리나라의 사드 배치는 반대하면서 일본의 사드 배치는 인정한다는 점에서 우리나라도 사드를 배치해야 한다고 주장한다. 사드 배치를 반대하는 입장에서는 사드 배치 후 중국과의 외교적 마찰이 불가피할 것이기에 중국의 경제보복, 중국군의 북한 주둔 가능성 등을 들어서 반대한다. 또한, 한미상호방위조약은 미국의 식민지 조약으로 우리나라에 미국의 사드 배치 비용과 방위비를 전가하기 위한 행위라고 설명한다.

사드 배치 찬성측에서 주장하는 바와 같이 2014년 11월 중국은 러시아판 사드인 S-400 1포대를 수입하기로 계약 체결하였고, 동북아 지역 미사일 방어체계를 구축하였다. 그러나 우리나라에서 사드 배치를 한다고 하였을 때 중국은 자신들이 배치하는 사드는 착한 사드로 대한민국 전역을 감시하는 레이더망을 운영한 것이며, 우리가 배치하는 사드는 동북아를 위협하는 미사일이라고 설명하였다.

사드 배치를 반대하는 입장에서는 사드를 배치하는 것이 오히려 북한과 중국이 우리를 공격할 수 있는 빌미를 제공해주는 것이라고 이야기하였으며, 남북이 통일의 주체인데 외부로 인해서 계속적으로 한반도가 주도권을 상실하게 될 수도 있을 것이라고 우려한다. 또한, 사드 배치 전 지속적으로 중국은 사드를 철회할 것을 요구하였으며, 외교적인 마찰과 군사적·경제적인 보복을 시행할 것이라고 주장하였다. 반대하는 주체들은 중국의 보복이 경제를 악화시킬 것이고, 경제악화로 인해서 우리의 생활이 더욱 어려워질 것이라고 주장하면서 실제 경제 보복은 한국의 중소기업과 소상공인의 매출에 직접적인 타격을 줄 것이라고 이야기하였다. 또한 사드 배치로 인한 중국과의 냉랭한 기운이 우리나라 사람들을 더욱 힘들게 할 수 있다고 경고하였다.

사드 배치는 사실상 우리의 보안을 우리 스스로 결정할 수 없는 남한과 북한의 분단상황과, 계속되는 북한의 도발, 미국과 우리나라와의 군사적인 협정관계와 중국의 외부적인 압박 등으로 설명할 수 있다. 국제적인 상황에서 사드 배치가 국제관계를 위협할 수 있다는 한계를 가지고 있으며, 특히 한중관계를 냉랭하게 하는 촉발제가 되었다.

2) 이해관계자들과 그들의 속내(interest) 및 입장(position)

국제적 상황에서 사드 배치 갈등의 주요한 주체를 국가별로 구분하면 한국, 미국, 중국으로 볼 수 있다. 한국은 한반도 내 사드 배치를 할 결정권한이 있지만, 미국과 중국의 이해관계를 고려하여 의사결정을 내릴 수밖에 없는 상황이다. 북한의 미사일 도발 및 핵실험 등의 대외적 위협에 사드를 배치하는 선택에 한계가 있다. 한국과 미국은 군사적 동맹을 맺고 있으므로, 북한의 위협에 대한 상호 간의 보호 차원에서 사드 배치를 하는 것으로 볼 수 있지만 중국 입장에서는 한국과 미국이 동맹을 맺어 자국을 위협한다고 생각하는 것이다.

(1) 미국

미국은 사드 배치를 통해서 동아시아의 평화를 지킨다는 입장을 고수하고 있다. 대한민국 및 동아시아에 대한 미국의 영향력 확보와 유지에 사드가 필요하다는 입장이다. 특히, 한반도의 사드 배치로 인하여 한국군의 주한미군의 의존도를 높이고 중국/러시아 등 동아시아를 견제할 수 있다는 입장이다.

미국은 2002년 ABM(Anti Ballistic Missile, 미국과 러시아 정부가 1972년 맺은 탄도탄요격미사일 조약)에서 탈퇴하였으며, 미사일방어청(Missile Defense Agency)을 설치하였다. 유럽, 중동 및 아태 지역에 미사일 방어체제 구축을 위해 노력하고 있다는 입장이며, 2014년 북한의 핵·미사일 고도화에 따른 한반도 내 사드 도입 필요성을 제기하였다(현대경제연구원, 2017).

주한미군은 대한민국 내 사드 배치가 북한 탄도 미사일 요격을 목적으로 한다고 이야기하고 있으나, 사실 탄도 미사일을 방어하기 위하여 사드를 배치하였다. 사드를 배치하게 되면, 한반도가 탄도 미사일 방어(Ballistic Missile Defense)의 기지를 얻게 되고, 일본과 러시아, 중국, 북한 등을 탐색할 수 있다는 이점이 있다. 1960년대 쿠바 미사일 위기가 러시아의 미국 견제가 주된 목적이었음을 살펴보면 주한미국의 사드 배치는 중국과 러시아 등에 대한 정치외교적 견제가 주된 목적이라고 할 수 있다.

미국에서는 일본의 오키나와 기지와 함께 동북아 기지의 중심으로 사드를 배치하여 북한을 중심으로 탄도탄 감시체계를 완성하고자 한 것이며, 사실 사드는 한국 땅을 사용하는 미국시설이기에 미군이 방위주도권을 갖는다는 측면에서 사드 배치가 필요한 입장이다.

(2) 중국

중국은 한반도 사드 배치 문제를 미국의 중국 견제 차원에서 바라보는 경향이 있으며, 중국 입장을 반영하지 못한 한국에 보복하고자 했던 모습이 나타난다. 반면에 미국은 오래전부터 북한의 핵개발 및 미사일 도발에 대하여 강하게 지적하였으며, 한반도의 평화를 위하여 강경하게 사드 배치를 주장하곤 하였다. 중국이 우려하는 부분은 미국이 북한을 견제하는 것이 중국을 견제하는 차원으로 인식한 것으로 볼 수 있다.

중국은 2014년부터 한반도 사드 배치 반대 입장을 표명하였으며, 한반도 내 사드 배치 결정을 동아시아 전략적 균형의 훼손으로 인식하고 있다. 한국의 사드 배치 결정은 미국의 미사일 방어체제에 편입한 것으로 보고 한국이 중국을 견제하고 포위하는 전략에 편승한 것으로 인식하였다. 또한, 사드의 레이더 시스템으로 중국 본토의 중거리미사일이 무력화될 수 있다고 반발하고 있으며, 향후 러시아 등 우방국 등과의 협력관계를 강화하여, 미국을 견제하고자 하는 입장이었다.

중국은 외교 사절을 통하여 사드를 배치하는 것에 대한 불쾌감을 지속적으로 드러내고 있었으며, 한국에 사드가 배치되면 한반도 긴장이 고조되고 이로 인해 전쟁이 일어나게 되면, 중국과 미국의 군사적 긴장이 고조되고 한국은 독립국으로서 자주성을 잃을 것이라고 경계하기도 했다. 또한, 중국의 관영매체들은 군사력을 과시하며 '사드 1시간 이내 초토화' 등 과격한 논조를 취하기도 하였다.

중국은 매우 격앙된 반응을 보이고 이와 함께 대한민국에 대한 다방면의 보복을 천명하였다. 대한민국의 사드 배치는 미국의 중국 견제 목적으로 이루어지고 있으며, 이로 인해 한국은 중국의 안보이익을 직접적으로 침해한다는 것이엇다. 이에 중국은 외교사절을 통하여 불쾌감을 드러내고 중국의 관영매체들은 전승절에 보여주었던 화기애애한 모습을 버리고, 매우 격한 발언 등을 내놓았다. 중국은 한국에 사드가 배치되면 한반도 긴장이 고조되고 이로 인하여 전쟁이 일어나도 중국은 이를 회피하지 않을 것이며, 또한, 한반도를 놓고 중국과 미국 간

군사적 긴장이 고조되는 상황에서 한국은 독립국으로서의 자주성을 잃게 될 것이라고 경고하기도 하였다.[12]

중국은 사드 배치를 결정한 우리나라에게 경제 및 무역적으로 압박을 하기 시작하였으며, 중국은 즉각적으로 화장품, 롯데쇼핑, 중국여행 금지 등의 보복을 시행하였다. 2016년 8월 중국은 한국 드라마 방영 금지, 한국 연예인 출연 금지를 전격적으로 시행하였으며, 복수상용비자 발급을 제안하여 비즈니스 비자를 받기 위해서는 중국 내국인의 초청이 있어야만 가능하게 할 수 있게 하였다. 중국의 비자 발급 요건이 강화되면서 한·중간 경제협력은 어려워졌으며, 한국을 계속하여 배제하기 시작하였다.

〈표 2〉 국제적 상황에서의 사드 배치 갈등의 갈등주체 및 입장

갈등주체		주요 입장
사드 배치 결정권	한국	• (초기) 사드 배치 결정권한을 가짐 • (상황) 미국과 중국의 이해관계 하에 사드 배치에 대한 의사결정 확정 • (미국과의 관계) 한·미 동맹 하에 북한의 미사일 도발 및 핵실험에 대한 위협에 사드 배치 최종 결정 • (중국과의 관계) 사드 배치 결정 이후, 중국의 경제 및 무역 보복으로 인한 국내 기업의 손실 주장
사드 배치 반대	중국	• 사드는 미국의 전략적 수단이자, 미국의 중국 견제 차원 • 지속적인 사드 배치 반발에도 불구하고, 사드 배치 결정에 중국의 입장이 반영되지 않음에 따라, 한국에 대한 경제 및 무역의 조치 감행 (결과적으로는 보복에 거의 해당하나, 실제로는 그렇지 않다고 주장)
사드 배치 찬성	미국	• 북한의 핵개발 및 미사일 도발에 대해 강경하게 대응하고자 사드 배치 주장 • 북한으로 인한 대외적 리스크가 한반도 전쟁의 가능성을 높임을 시사했으며, 세계 평화의 위협 우려 • 중국의 대외적 팽창에 대한 견제의 움직임
	일본	• 중국과의 안보 및 무역 마찰 잦았음 (남중국해 영토 분쟁, 희토류 수출 규제 등)

12 KBS뉴스(2016.01.27.). 中 "사드 신뢰훼손, 대북 강경제재 수용불가".

3) 특징

국제적인 상황에서 사드 배치 갈등은 국가 간 이해관계에서 비롯된다. 사드 배치로 인하여 국가가 얻게 되는 이익과 손실, 그리고 불확실성에 대한 측면이 고스란히 반영되어 있다고 볼 수 있다. 사드 배치 결정 이전에는 국가 간 이해관계가 충돌했다고 볼 수 있으며, 사드 배치 이후에는 국제관계에서 경제 및 무역적 협박으로 인한 피해가 발생한 것으로 살펴볼 수 있다.

사드 배치 결정 이전에는 국가 간에는 상호 신뢰하지 못하고 있으며, 과학기술적, 국방 및 안보적 차원 등에서 서로 신뢰를 깨트리는 요소들이 존재하였다. 첫째, 과학기술적 차원에서 살펴보면 레이더의 범위의 문제가 존재한다. 사드는 미사일방어체계 중에서 날아오는 적의 미사일을 대기권 40~150km에서 요격하고 파괴하는 방어체계나 이를 감지하기 위한 레이더가 필요하다. 핵미사일에 대비하기 위해서는 레이더의 범위도 충분히 넓어야 하는데, 국내에 설치되는 사드는 중국의 영토까지도 포함된다는 것이 한·중관계를 위협하는 문제 중의 하나이다. 미국의 사드를 가져오는 것은 미국이 중국을 견제하기 위함이라고 중국은 생각하고 있으며, 감시 및 감독을 미국으로부터 당하는 것에 민감한 입장을 펼친 것이다. 중국은 미국을 신뢰하지 않고 있으며, 미국이 한반도에 사드를 배치하는 의도가 자신들을 감시하기 위함이라고 이야기한 것이다.

두 번째는 국방 및 안보적 차원에서 사드의 효용성에 대한 문제제기이다. 북한이 미사일 시험 발사를 비롯하여 핵실험 등 위협을 하는 상황에서 북한의 핵미사일 위협에 대한 대비책으로 사드 배치가 적합하다는 의견이 제시되었다. 미국에서는 사드를 배치하는 것이 한반도와 동북아 방어체계를 갖추는 데 의미가 있다는 입장이지만, 중국의 경우에는 사드 배치로 인한 감시체계에 대한 불확실성과 미국이 자신을 견제한다는 입장 등 안보를 위협한다는 측면에서 반대하는 것이다.

사드 배치 결정 이후에는 한·중 갈등이 두드러지게 나타난다. 사드 배치로 인한 불확실성이나 예상되는 잠재적 피해에 대한 우려를 표했던 중국이 우리나라에 경제 및 무역 보복을 펼친 것이 대표적이다. 사드 배치에 대한 계속되는 반대를 표명한 중국이 사드 배치 결정 이후 한국 내 중국인 관광객을 철수시키는 것은 물론 한국 관광을 차단시켜왔다. 또한 국내 화장품 기업과 식품 기업에 경제적인 타격을 가져다주었다.[13]

사드 성주 배치가 확정된 후 중국 정부는 한한령을 시행하여 한국 드라마 및 연예인 등 한류를 막았다. 한국과 공동으로 제작하고 있는 드라마에서 주연으로 출연하기로 했던 배우를 반강제로 하차시키는 등 문화적인 제재를 가하였다. 중국 내 한류와 관련하여 중국 광전총국이 각 방송사 및 기획사에 하달한 지침이라 알려진 내용에 따르면 아이돌그룹과 사전제작 금지 등 한국과의 교류는 금지하라는 항목이 있었다고 한다.

또한, 중국은 복수상용비자 발급을 제한하였다. 비즈니스 비자를 발급 받기 위해서는 중국 내국인의 초청이 있어야만 가능하게 되었다. 이전에는 한중 간 무역활성화와 협력을 위해 복수상용비자를 대행업체를 통해 언제든 발급이 가능하게 하였다. 그러나 중국의 비자 발급 요건을 강화하면서, 한중 간 경제협력 여파가 더욱 커지는 등 우리나라에 경제적인 압박으로 인한 손해를 가져다주기도 하였다.[14]

한국의 사드 배치 이후 점진적으로 악화된 한중 양국관계의 갈등의 시작은 북핵문제를 풀어가는 과정과 연관되어 있다. 북한은 2016년 1월 4차 핵실험을 시작으로 핵위협을 더욱 고조시켰고, 같은 해 9월 감행했던 핵실험 사이에 미사일 발사 실험 등을 22차례 하며, 국제사회에 실질적인 위협이 되었다. 이에 북핵문제와 관련하여 중국과 협력할 수 있을 것이라는 한국정부의 기대가 사라졌고, 이에 한반도의 안보와 군사문제를 미국과 협력하고자 했던 입장으로 재조정되었다고 볼 수 있다(이동민, 2017: 114). 정리해보면 사드 배치의 한중 관계적 갈등은 국제적인 상황에서 발생하였던 갈등으로 우리나라와 주변국의 관계적인 차원의 고려와 해법이 필요하다.

---

13 세상을 보는 다른 눈(2016.08.02.). "사드에 뿔난 중국 정부, '무차별적 한류 보복'".
14 동아일보(2016.08.08.). "美는 보호무역, 中은 사드보복 'G2 리스크' 한국경제 빨간불".

4) 갈등관리과정

사드 배치로 인한 한중 갈등의 갈등관리는 정치적인 차원에서는 고려되었으나, 뚜렷한 갈등관리가 이루어지지는 않았다. 중국의 강경외교차원에서 추진되는 외교적 전략에 끌려가지 않기 위해서는 정치적으로 중심을 가진 갈등관리가 필요한 상황이었다. 또한, 중국과 미국과의 관계, 북한과 대한민국의 관계적인 차원의 고려가 필요하였다.

한국 입장에서는 중국과의 협력을 추구하면서 미국, 일본 등과 협력을 강화하는 것이 현실적이었으며, 대북제재의 실효성을 높일 필요가 있다(정경영, 2016: 119). 그러나 한국 정부는 갈등관리기제를 적용하여 갈등을 관리하지 않았고, 외교적인 차원이나 정치적인 차원에서 중국정부와의 관계를 고민할 필요가 있다.

사드 배치의 전격적인 결정은 중국의 경제보복뿐 아니라 유엔제재 이탈, 북한의 5차 핵실험과 탄도미사일 능력의 고도화 방조 및 국내정치적 측면 등에서 관리되어야 했다(정경영, 2016: 119). 그러나 우리나라 정부는 사드를 배치하는 정부와 주민과의 갈등 이외에 국제적인 갈등관리는 정치적인 것 이외에 진행하지 않았다.

한국의 사드 배치 협상과정의 국내 행위자 역시 의견대립이 매우 심하였다. 당시 여당이던 새누리당은 대체로 북한의 핵과 미사일 위협에 대응하여 국민의 안전과 국가의 안위를 위해서 사드 배치가 필요하다는 입장을 보였지만, 소속 의원 중 일부는 반대하기도 하였다. 당시 야당이던 더불어민주당 역시 사드 배치에 대한 내부 의견이 분열되었으며, 국민의당과 정의당 등은 사드 배치로 인한 중국과의 대외관계 악화를 우려하며 반대입장을 보였다. 국민들의 사드 배치에 대한 의견도 찬반으로 대립하였다.

반면, 사드 배치 후보지인 성주의 지역민들은 사드 배치에 대하여 크게 반발하는 모습을 보였으며, 계속 정부와 대립하였다. 또한, 지방자치단체와 상의없이 배치 후보지를 결정함에 있어서 갈등관리가 필요하다고 하였으나, 공청회 등 공감을 얻는 절차를 진행하지 않았다. 또한, 한중관계의 악화는 정치외교적인 갈등관리이기에 전국민적으로 적용되는 갈등관리 기제가 적용되지 않은 한계가 있다.

사드 배치 협상과정에서 한국과 미국의 협상은 국회의 동의 없이 진행되었으며, 한국과 미국 국방부 당국자 사이에서 체결되었다는 점에서 조약이 아니므로 헌법재판소나 국회의 통제가 미치지 않는 정치적인 합의일 뿐이다. 이에 사드 배치 협상 당시 '국가 내부 집단의 이해와 연합의 정도'와 국가의 정치적인 분위기와 제도 등을 고려하였을 때, 한국은 국내 행위자들의 의견을 모두 반영하지 못한 채 2016년 7월 8일 한반도 내 사드 배치를 결정하였으며, 사드 배치 결정 이후 부지까지 선정되었다(정승희·김형민, 2017: 6; 송기춘, 2016).

5) 결과

1·2기 사드 배치 이후 정부는 갈등관리를 진행하지는 않았다. 사드 배치와 관련하여 주요한 이슈는 성주에서 시위활동 등에 관한 것이었으며, 부지와 관련하여 일반 환경영향평가의 실시 여부 등이었으나, 중국과의 외교관계 갈등이 주된 심화 요인이었다.

사드 배치 이후 지역민과의 갈등, 사드 배치의 실효성, 유해성 등에 대한 논란이 계속되고 중국의 보복이 가시화되면서 19대 대통령 선거의 대선 후보들은 각기 다른 의견의 사드 배치 공약을 내세웠지만, 사드는 배치되었고, 외교적인 마찰은 불가피했다. 한반도 내 사드 배치 협상은 한국과 미국과의 협상으로 진행되었으나, 국가 내부협상 및 중국과의 관계 등이 합의에 이르지 못하여 갈등이 지속되고 있는 상황이다. 이에 국가 간 안보협상 관점에서의 갈등관리가 필요한 상황이다.

사드 배치에 대한 주요국간 정치·외교적 공조 양상이 나타났으나, 중국의 경제보복 조치가 확대되고 있는 부분도 주춤하고 있다. 하지만 한반도 사드 배치 결정과 그에 따르는 군사적인 불안 및 경제적 보복 등의 피해가 있다. 이에 미래의 국익을 확보하기 위한 근본적인 정책대안 마련이 필요하다.

국가의 안보를 확보하기 위한 확고한 정책적 방향성 정립이 필요하다. 정부의 대북정책이나, 중국과의 외교정책이 일관성이 있어야 하며, 이와 동시에 외교 교섭력이 높일 필요가 있다(현대경제연구원, 2017). 국가의 안보에 대한 정책적 방향성의 일관성은 반드시 추진되어야 한다. 우리나라는 북한과 강대국에 둘러 싸여 있으며, 국가의 안보 상황이 변화할 때마다 국민의 안전이 위협받는 상황 이다. 이에 국가 안보에 대한 범국민적인 공감대를 받을 수 있는 일관성 있는 정책 추진이 필요하다. 또한, 대한민국의 안보정책이 대외적으로 위협을 받거나 경제적 불이익을 받지 않도록 해야 할 것이다(현대경제연구원, 2017).

또한, 중국과의 외교적 신뢰를 회복하기 위한 노력이 필요하다. 주변국과 상 호 호혜적이고 동반자적 협력관계가 무엇인지 고민하고, 입지를 어떻게 강화하 고 신뢰를 구축할 수 있을지 고민해야 한다. 특히, 중국과의 역할을 제대로 할 필요가 있으며, 우리나라의 국가적 안보와 안전을 보장한 채 중국과의 외교적 마찰을 최소화할 필요가 있다. 이는 우리나라가 동북아 지역 내 입지를 강화할 수 있는 기회로 전환할 수 있을 것이다. 또한, 북핵 문제와의 관계에서 미국과 동북아 그리고 중국 등과의 조정자 역할을 수행할 필요가 있다. 대북정책과 대 중정책의 전략은 중장기적인 관점에서 모색되어야 하며, 투자 및 생산의 중국 의존도를 낮추고 중국과의 관계형성은 다시 모색되어야 한다.

4. 제언

사드 배치로 촉발된 중국과 우리나라의 경제관계와 갈등은 지속되고 있다. 그 러나 한·중간 국제관계적 마찰이 단순히 사드 배치 때문만으로 규정할 수 없기 때문에, 사드 배치는 국제관계의 갈등을 촉발시킨 것으로 파악할 수 있다.

사드 배치는 배치 자체만으로도 국내에서 많은 갈등이 있었던 사안이다. 배치 에 대한 찬성과 반대 입장을 비롯하여, 사드 배치의 장소 선정과 방위비 부담 등의 다양한 갈등 이슈가 존재하였다. 사드 배치가 결정된 이후 한·중간 국제 외교갈등으로 갈등이 두드려졌다는 점에서 한반도 내 사드 배치 갈등은 다양한 관점에서 살펴볼 수 있다.

사드 배치로 인하여 한반도에 잠재적 비용과 손해를 따져보는 것 이외에도 남북이 대치하고 있는 한반도의 현재 상황과 미군의 방위에 대한 관여 등으로 인하여 한반도에서는 피해를 최소화할 수 있는 방안을 논의해야 한다. 북한이나 중국, 또한 미국의 행동이 비합리적이라고 한다면 전략적으로 우리나라가 사드를 배치하여 얻을 수 있는 실익을 따져야 할 것이다. 사실상 한반도의 상황에서 사드의 배치는 이론적으로 실질적으로 한계를 가지고 있기도 하다. 북한이 비합리적인 행위자라면 한국이 도입하는 무기의 체계에 대하여 합리적으로 예상되는 반응을 하지 않을 것이며, 미국이나 중국 역시 북한의 도발에 비합리적으로 대응할 가능성이 크다.

북한의 핵미사일 정책은 단기적인 목표에서 더 나아가 장기적인 목표까지 우리나라의 안보를 위협하는 요소가 될 수 있다. 북한의 국가전략을 확인하면서, 중국과의 관계를 고려한 외교적 전략을 펼쳐야 할 필요가 있다. 특히, 우리나라는 사드 배치가 한반도에서 이루어지고 있음을 감안하여 지속적으로 한반도의 국제적인 동향을 살피는 등의 합리적인 행동을 지속해야 할 것이다. 우리나라의 적극적 외교전략이 필요한 시점이다. 특히, 대한민국 안보의 관점에서 안보를 스스로 지키는 자립·자력안보태세를 구축해야 하며, 정부는 안보와 국민을 위한 대처가 필요하다.

⡗ 종합요약

　사드 배치로 인한 국제관계의 갈등은 대표적으로 한반도 내 사드 배치를 반대하였던 중국과 한국의 관계로 살펴볼 수 있다. 북한의 핵무기 등을 대비하기 위한 방안으로 미국에서 제안한 사드 배치는 배치과정과 정책결정과정에서도 국내 많은 갈등을 발생시켰다.

　또한 사드 배치 결정 이후 중국의 경제적·무역적 보복과 관광금지, 비즈니스 비자 필요 등의 조치를 취하면서 중국의 보복으로 인한 갈등이 지속되었다. 국제관계는 한 개의 사건만으로 갈등이 불거졌다고 표현할 수 없지만, 사드 배치가 국제관계를 악화하는 촉발기제가 되었음을 알 수 있다. 사드 배치로 인한 중국의 불편한 감정이 계속적으로 전달되었음에도 불구하고 우리나라에서는 미군의 요구와 같이 사드를 배치하였으며, 현재 미군의 사드를 우리가 가지고 있는 상황이다. 분단국가의 특수적인 상황을 차치하더라도 사드 배치로 인하여 한반도의 안보의 논란으로 인해 국제적인 대치상황이 발생하였음을 확인할 수 있는 사례였다.

❖ 핵심정리

□ 이해관계자

　→ 한국, 미국, 중국, (일본, 러시아 등)

□ 갈등쟁점

　→ 한반도 내 사드 배치

□ 쟁점별 입장 및 속내

　→ 미국: 한반도 내 사드 배치를 통해서 동북아 감시체제는 물론 한반도 안보의 주도권을 쥐고 싶음

　→ 중국: 한반도의 사드 배치가 국가의 안보를 위협하고 감시하는 태세가 될까 두려우며, 실제 미군이 중국을 견제하는 활용수단으로 활용할 것으로 추정하고 있음

□ 쟁점별 대안

　→ 쟁점별 대안은 별도로 없으며, 국제관계에서 우리나라가 주도권을 갖기가 다소 어려운 상황(미군과의 방위협정 등)이 발생하였음

□ 합의이행 여부 및 사후관리

　→ 중국과 우리나라와의 관계는 사안에 따라 다르긴 하지만 사드 배치 이후 적극적인 관계로 나아지지 않고 있는 상황임을 확인할 수 있음. 그러나 국제관계 갈등의 특성으로 인하여 상황에 따라서 국제관계는 유동적임

참고문헌

- 고봉준 (2017). 피해제한과 억지: 한반도 사드 배치의 이론적·실제적 함의. "한국정치연구", 26(3): 333-360.
- 국방부 (2016). 백서
- 손정민 (2017). 경주 성주군 사드(THAAD) 배치 갈등. "공존협력연구", 3(1): 113-128.
- 송기춘 (2016). 한-미간 사드(THAAD) 배치 합의와 이에 대한 국회의 동의 필요성. "민주법학", 62: 95-131.
- 왕샤오커 (2017). '사드'문제와 한중관계의 구조적 문제점. "북한학연구", 13(2): 137-164.
- 유한별, 나태준 (2019). 한국 군(軍)갈등 이슈의 생애주기 분석 – 사드 배치, 해군기지, 군공항, 주한 미군기지 사례를 중심으로. "한국정책학회보", 19(3): 131-157.
- 이동민 (2017). 사드 배치 갈등봉합 이후의 한중관계: 미래지향적 양자관계 모색을 중심으로. "평화학연구", 18(4): 97-120.
- 정경영 (2016). 사드 배치 결정과 갈등관리. "군사논단", 87: 105-134.
- 정승희, 김형민 (2017). 한미 사드(THAAD) 배치 협상과 국내정치.
- 조경환 (2019). "한반도 사드(THAAD) 배치의 정책형성에 관한 연구 – 정책의 내용과 과정 분석을 중심으로 –". 성균관대학교 국정전문대학원 박사학위논문.
- 현대경제연구원 (2017). 사드 배치에 따른 주요 이슈와 전망. "현안과 과제", 17-4호.

3장

공론(참여적 의사결정)

- 시간선택제 교사제도 도입갈등
- 울산시 울주군 신고리 5, 6호기 갈등
- 수도권매립지사용종료 관련 갈등

○ 시간선택제 교사제도 도입갈등

1. 사례 선정이유

시간선택제 교사제도[1]는 교사가 최대 3년간 주 2~3일만 학생들을 가르치거나 생활지도를 맡는 정규직을 말한다. 2013년 박근혜정부에서 공공부문에서 2017년까지 1만 6,500명 규모의 시간제 일자리를 만들겠다고 제시하면서 국공립학교의 시간제 교사를 3,500여명을 채용하겠다는 방안을 추진하였고 교사 및 교육대학교 학생들의 반발에도 불구하고 교육부에서는 도입을 강행해 갈등이 발생하였다. 이러한 반발로 정부는 2014년 6월에 도입을 결정하고 2015년 3월부터 시행하는 것으로 연기하였다. 이후 2015년, 정부는 현직교사의 시간선택제 전환을 시행하였으나 현장에서는 외면을 받는 등의 현실성 없는 대책으로 평가되었다. 이에 정부는 교원의 명예퇴직을 통해 교원의 수를 늘리고 그 빈자리를 시간선택제 교사로 고용하는 것을 방침으로 내세웠으나 이 역시 큰 효용을 거두지 못한 것으로 보인다.

특히 제19대 대통령 선거 기간 동안 대한민국공무원노동조합총연맹(공노총)과 전국공무원노동조합(전공노) 등이 시간선택제 공무원제 폐지 등을 포함한 요구사항을 전달한 내용에 대해 유력 후보들이 이를 긍정적으로 검토하고 시간선택제 공무원제에 대해 부정적인 태도를 밝히면서 상황은 폐지 혹은 변경 쪽으로 기울게 되었다.

문재인 후보가 대통령으로 당선되면서 '비정규직의 정규직화'라는 자신의 공약 이행에 더욱 집중하는 모습을 보였고 이는 정규직 시간선택제 교사제도에서 기간제 교사의 정규직화를 둘러싼 갈등으로 이어졌다. 한편으로 현재 시간선택

---

1 시간선택제 교사는 전일제 교사와 동등한 자격과 지위를 가지는 정규직 교육 공무원으로 전일제 교사와 동등한 자격과 지위를 가지는 정규직 교육 공무원으로 전일제 교사가 시간제 교사로 전환하여 학교 여건에 따라 다양한 형태로 근무하면서 학생 교육활동과 생활지도 등을 담당하는 교사다(서울시교육청, 2019).

제 교사는 교육부의 노력에도 불구하고 양적으로 성장하기는 했지만, 지역별 편차가 큰 상황에서 활용되고 있다.

시간선택제 교사제도에 대한 논란은 교원양성체제를 개편하는 것으로 연결되었으며, 문재인 정부는 공론화를 통해서 교원양성체제를 개편하고자 노력하였다. 그러나 교원양성체제 관련 이해관계자의 입장은 계속 차이가 있다. 이에 본 사례연구에서는 시간선택제 교사제도 도입을 둘러싼 갈등을 비롯하여, 교원양성체제 개편에 대한 새로운 논의가 발생한 2021년 12월까지의 사건을 언급하고자 한다.

2. 사례 개요

1) 갈등일지

2013년 11월, 교육부는 하루 4시간만 수업하는 시간제 교사를 학교에 신규 채용해 배치하겠다고 발표하였다. 청와대는 각 기관에 공무원과 교원 신규 인원의 3~9%, 공공기관 신규 인원의 3~10%를 2배수로 키워 시간제로 뽑으란 지침을 하달하였다. 이에 대해 교육부는 2014년 600명, 2015년 800명, 2016년 1,000명, 2017년 1,200명 등 박근혜 대통령 임기 중에 총 3,600명의 시간제 교원을 국·공립 초·중·고등학교에 배치할 계획을 밝혔다. 하지만 이러한 계획에 대해 초등학교 학부모들, 교사들, 교육대학교 학생들 등을 중심으로 부정 여론이 양산되었다. 교원단체에서 시작된 반발기류는 시도교육감, 정치권까지도 확산되었고 정부는 충분한 의견수렴을 거치겠다는 입장과 함께 시간선택제 교사의 도입 취지에 대해 구체적으로 발표하면서 교사들, 학생 및 학부모, 학교 운영자 모두에게 도움이 될 수 있는 제도라는 점을 강조했다. 그럼에도 전국 시도교육감들과 교총, 전교조는 현실적인 이유들을 들며 반대 의견을 표명했다.

2014년 2월에는 사범대 학생들이 시간선택제 교사제도를 철회할 것을 촉구하며 서울시 교육청 앞에서 기자회견을 열기도 하였다. 당초 시간선택제 교사를 신규로 채용하려 했던 교육부는 교원단체뿐만 아니라 교대 재학생들, 시민단체까지 반발하자 우선 기존 전일제 교사의 시간선택제 전환만 추진하기로 방침을 바꿨다. 현직교사의 시간선택제 전환을 주요 내용으로 하는 '정규직 시간선택제 교사제도 도입·운영계획'을 수립하고, '교육공무원 임용령' 등 관련 법령 개정안을 입법예고하였다. 이와 함께 후에 시간선택제 교사 신규 채용은 충분한 의견 수렴과 관계부처 협의를 거쳐 시행할 방침이라고 밝혔다. 하지만 이러한 교육부의 한발 물러난 입장에도 교총과 전교조는 결국 최종적으로는 시간선택제 교사 신규 채용을 위한 꼼수라고 격렬히 비판하였다. 4월에는 전국 교육대학교 학생들이 시간제 교사제도 도입을 반대하는 동맹휴업에 들어갔다. 그동안 시간제 교사제도를 철회할 것을 요구했지만 관철되지 않자 수업을 거부하고 권역별 집회를 열었다. 이러한 움직임에 대해 교육부는 유감의 뜻을 밝히며 도입 취지와 현직교사의 시간선택제 교사 전환제도에 한하여 시범 운영할 계획임을 다시한 번 설명하였다. 6월에는 교육부가 학교 현장에서 제도가 부적합하다는 등의 문제점을 지적받고 당초 9월에 도입하려고 했던 제도를 후년 3월로 연기하겠다고 밝혔다. 10월 28일, 국무회의에서 현직교사에 대한 시간제 교사 도입을 골자로 한 '교육공무원임용령' 등이 의결되자 한국교총은 시간제 교사 도입을 원점에서 재논의할 것을 촉구하며 교육부에 긴급 임시교섭을 요구했다. 한편 전국 시도교육청은 임용령에 따라 후년 3월부터 시간제 교사를 임용하기 위해 미리 준비를 해야 하지만 전반적인 부정적인 정서가 대세를 이루는 상황에서 적극적이지 않는 태도를 보였다. 각 시도 교육청은 정부가 임용령을 의결했으니 임용 기준과 계획을 마련해야 하는 것은 맞지만 교육 현장에서 워낙 우려의 목소리가 많기 때문에 거의 영향을 미치지 않도록 계획을 하는 모습을 보였다. 실제 2015년 1학기 현직교사의 시간제 교사 전환이 도입되었는데 정부가 기대했던 것과는 다르게 그 숫자는 미비하여 전환은 30명 정도 이루어졌다. 현장의 외면에도 불구하고 정부는 조건을 완화해 제도를 더욱 확대하겠다는 방침과 교원의 명퇴 인원을 늘려 신규채용을 확대하겠다는 방안을 밝혔다. 제도 도입 후에도 긍정적인 반응은 드물었지만 박 대통령은 시정연설에서 육아와 일을 병행할 수 있게 시간선택제 일자리에 대한 지원을 5,700명에서 1만 4,605명으로 확대하겠다는 계획을 밝혔다. 하지만 이는 박대통령 탄핵 등 정치적인 상황의 변화로 인해 동력을 잃어가게 된다. 대통령의 탄핵에 따른 2017년 대통령 선거에서 각 후보들은 이러한 시간선택제 교사 채용에 대해 부정적인 의견을 내놓게 되고 이는 시간선택제 교사 채용뿐만 아니라 비정규직 기간제 교사 및 공교육 채용의 정규직 전환에 대한 전면적인 변화를 예고하였다.

이후 문재인 대통령이 당선되면서 시간선택제 교사 채용을 둘러싼 갈등에서 기간제 교사 정규직 전환의 갈등으로 확산되었다. 문대통령 공약에 따라 2017년 6월 정부는 기간제 교사의 정규직 전환 백지화 결정에 앞서 '정부 비정규직의 전면 정규직화' 발표 후 교육대와 사범대 등 교원양성 대학 학생들이 거세게 반발하자, 9월 정규직 전환 가이드라인에서 기간제 교사와 강사를 배제했다. 이에 대해 8월에는 기간제 교사의 정규직화를 두고 찬반집회가 열렸다. 하지만 기간제 교사의 처우는 나아지지 않고 차별이 존재하는 것으로 조사되었다.

〈표 1〉 갈등 일지

시기		전개과정
2013	11	정부, 공무원, 교사 등 공공부문 시간선택제 일자리 창출계획 발표
		전교조, 시간선택제 교사 반발
2014	02	수도권 사범대학생 네트워크, 시간선택제 교사제도 전면 철회 요구
	03	전교조·교총, 시간제 교사 전환 강력 반발
	04	교대생연합, 동맹휴업
		교육부, 교대생연합에 동맹휴업 중단 압력
	06	교사 시간선택제, 다음해 3월로 연기
	10	교총, 성명서 발표
2015	05	시간선택제 교사, 현장에서 무관심
	07	정부, 교원 명퇴 늘리고 청년 고용 방침
	10	대통령 시정연설에서 시간선택제 지원 언급
2018		인사혁신처 2019년 시간선택제 채용 공무원 근무시간 선택범위 확대 실시 발표

2) 갈등 전개

(1) 갈등 발생단계

2013년 11월 정부는 '시간선택제 일자리 활성화 추진계획'을 내놓고, 2017년까지 공무원·교사·공공기관 직원 등 공공부문에서 16,500명을 시간제 정규직으로 임용함으로써 고용률을 2017년까지 70%로 끌어올린다고 하였다. 박근혜 정부는 일자리 문제를 해결하기 위해 '시간선택제 일자리'를 방안으로 택하였다. 10년 이상 답보되어 있는 고용률을 획기적으로 높이겠다는 정책이며, 일자리를 새로 만들지 않고도 일자리 쪼개기로 고용률 지표를 끌어올리겠다는 방법이다. 이에 대해 학부모들은 아이에 대한 관리가 줄어들고 수업만 신경 쓰는 상황을 염려하였고 교사들 사이에서도 수업 배치 문제부터, 정규직-시간제-기간제 간의 위계질서 문제 등을 걱정하였다.

구체적인 안이 나오지 않았음에도 불구하고 반대 기류가 대세가 된 상황에서 교육부는 향후 이해관계자들의 의견을 충분히 수렴하겠다고 밝혔다. 더불어 취지에 대해 시간선택제 교사를 통해 현직교사에게 육아휴직, 대학원 수업 등이 필요한 경우 경력단절 없이 직장과 가정을 병행할 수 있고, 학생들에게는 수업 시수가 많지 않은 교과목들의 개설이 가능해져 원하는 교과목 수업을 가능하게 한다고 설명하였다.

또한, 시간선택제 교사도 전일제 교사가 맡는 수업뿐 아니라 생활지도, 상담 또한 담당하기 때문에 학부모들이 걱정하고 있는 학생관리 부실은 없을 것이라고 주장하였다. 하지만 이에 대해 전국 교대·사범대 예비교사 대표자 연석회의 참가자들은 정부 발표에 따르면 시간선택제 교사는 겸직 금지 대상인 공무원이기 때문에 생계의 어려움이 있을 수 있다는 것과 승진과 전일직 전환이 실질적으로 불가능하다는 점, 시간제 교사가 담임을 맡거나 생활지도, 행정업무를 하는 것은 어렵다는 점을 들어 반대하였다. 전국 시도교육감협의회에서 시도교육감들은 시간선택제 교사제도 도입은 장기적으로 봤을 때 정규교원 정원의 축소 가능성과 운영상의 문제를 내포하고 있다며 철회를 요구했다.

(2) 갈등 확산단계

결국 교육부는 기존 교사의 시간선택제 교사로의 전환만 도입하기로 하였지만 이마저도 교대생 연합의 동맹 휴업과 교원단체 등의 반발이 거셌다. 이들은 정부의 결정이 궁극적으로는 시간선택제 교사의 신규채용을 향하고 있으므로 신규채용 시간선택제 교사제도에 대해 영구적으로 도입하지 않겠다는 약속을 해 달라는 요구를 해왔다. 교총 역시 이 제도의 연기가 아니라 도입 취소를 해야 한다는 입장을 밝혔다. 정부의 일자리 창출이라는 경제적 논리가 수업을 단순 노무화하고 교사의 생활지도 등 전인교육을 어렵게 만든다는 이유에서였다. 또한, 시간선택제 교사제를 도입할 시 수업의 비연속성과 생활지도의 불안정성을 가져와 학생들이 피해를 받을 수 있다는 것 역시 지적됐다.

이러한 주장에 대하여 교육부는 육아, 간병, 학업 등의 이유로 상황이 어려운 경우 휴직 또는 명예퇴직만 가능한 현 상황에서 선택지를 늘려 교원의 복지 향상에도 도움이 되는 제도라며 취지를 다시 한번 설명했다. 또한, 교총이나 교원양성 대학교 학생들이 걱정하고 있는 시간선택제 교사 신규 채용에 대해서는 현재 도입 여부도 결정하지 않았는데 동맹휴업이라는 극단적인 선택을 한 것에 대해 유감을 표했다.

2014년 6월, 교육부는 9월에 도입하려고 예정되어 있던 시간선택제 교사제를 후년 3월로 연기하겠다고 발표했다. 이러한 결정에는 6.4 교육감선거에서 제도 도입에 반대하는 진보 교육감들이 13명이나 당선되었다는 정치적인 배경도 있다. 더불어 안전행정부와 공무원 연금문제 의견 조율에 실패했기 때문이라는 분석도 있다. 교육부는 시간선택제 교사로 전환을 하더라도 연금 등에 불이익을 주지 않도록 하겠다는 방침이지만, 안전행정부는 시간선택제로 전환된 기간엔 공무원연금을 주지 않아야 한다고 대치하는 상황적 배경이 있었다.

(3) 갈등 완화단계

교육부는 교육계의 반발에도 불구하고 현직교사들을 상대로 시간선택제 교사 전환계획을 실시하였다. 교육부의 기대와는 다르게 현장에 도입되었어도 신청자가 전국에서 50여 명에 불과하는 등 제도는 현직교사에게 외면받았다. 최초 도입단계에서 1,000명~1,200명 내외의 선발이 거론됐던 것을 비춰보면 실패한 정책이라고 볼 수 있다. 초등학교의 경우 거의 대다수의 수업을 담임교사가 전담하기 때문에 시간선택제 교사가 투입될 시 업무 공백이 생겨 혼란을 초래할 수 있다는 현실적인 문제가 지적되었다.

이러한 이유로 초등 수석교사가 있는 곳에서만 제도 도입이 가능해 참여율이 저조할 수밖에 없었던 것이다. 중·고등학교에서 제도를 도입하려고 할 시, 교과, 수업시수, 과목 등도 학교별로 편차를 보일 뿐만 아니라 1명의 일을 2명의 교사가 나눠서 해야 하기 때문에 동일 과목의 교사 2명이 함께 시간선택제로 전환해야 한다는 불편이 있다.

(4) 갈등 해소단계

2015년 7월 정부는 '청년 고용절벽 해소 종합대책' 발표에서 시간선택제 교사의 신청 조건을 완화해 확대할 계획임을 밝혔지만, 여전히 현장 반응은 시큰둥하였다. 신청요건을 완화하고 심의절차를 단축한 덕분에 100명 선을 넘기긴 했지만 처음 제도를 시행한 2015년 3월부터 2017년까지 모두 합산해 215명뿐이다.[2] 교육청별로 확인하면 서울교육청이 56명으로 절반 가까이를 차지하고 대구시교육청은 38명, 나머지 6곳은 모두 10명 미만이다. 전국 17개 교육청 중 9곳은 아예 시간제 교사가 없다. 다수의 교육청에서 매년 아예 없거나 소수만이 신청해 제도가 제대로 정착하지 못하였다.

박근혜 정부의 구상과는 달리 일과 가정의 양립이라는 효과도 누리지 못하고 일자리 창출이라는 효과도 누리지 못하였다. 이처럼 시간선택제 교사제도는 현장에서 당사자들의 자연스러운 선택에 따라 활용도가 떨어지는 모습을 보였으며, 제도가 무력화됨에 따라 갈등이 해소되었다.

---

2 2015년 30명, 2016년 71명, 2017년 114명/초중고 전체 교사 수 49만 2,100여명.

〈표 2〉 갈등 전개

구분	전개
발생	• 박근혜 정부가 시간선택제 일자리를 통해 고용률을 높이겠다는 방침을 발표함 • 전교조, 학부모, 교사, 교원양성 대학교 학생들, 시도교육감 등 반대 여론이 형성됨
확산	• 교육부, 우회하여 시간선택제 교사 신규채용은 연기하고 기존 교사의 시간선택제로의 전환만 도입하기로 발표 • 하지만 이 역시 교총의 반대, 교원 양성 대학교 학생들의 동맹휴업 등 반발이 거셈 • 교육부, 2014년 9월(2학기) 도입으로 예정되어 있던 것을 2015년 3월(1학기) 도입으로 연기
완화	• 2015년 3월 결국 정규직 시간선택제 교사로의 전환이 시행되었지만, 현장의 반응 냉담함
해소	• 정부, 시간선택제 교사의 신청조건 완화, 심의절차 간소화를 통해 양적으로 성장을 이루긴 했지만 정책의 취지를 이루지 못함. 자연스럽게 잘 활용되지 않는 제도가 됨.

3. 사례 분석

1) 갈등쟁점 및 쟁점별 이슈

정규직 시간선택제 교사제도의 도입과 관련한 갈등은 결국 제도 시행 시 효용성이 있는지와 교사, 학생, 그리고 학부모들에게 피해를 주지 않는지에 대한 관심으로 귀결된다. 구체적으로 살펴보았을 때 갈등 쟁점을 크게 세 가지로 나누어 볼 수 있다.

첫째, 수업의 비연속성과 생활지도의 불안정성에 대한 고려다. 시간선택제 교사는 주 15~25시간 일하는 것이 기본이기 때문에 반쪽짜리 교사라는 지적이다. 또한 학생들의 상담이나 생활지도를 하는 전인적 교육이 이뤄지는 것은 현실적으로 어렵다는 것이다. 이러한 문제점이 학생의 학습권을 침해하여 곧 교육의 질 하락을 가져올 수 있다는 것이 반대 측 주장이다. 이에 대해 교육부는 시간선택제 교사의 업무는 전일제 교사가 하는 업무와 동일하게 수업, 학생 생활지도, 상담, 행정 등을 맡는다고 설명하였다. 또한, 2016년까지는 한 학교에서 2명이 함께 신청하도록 해 2명의 교사가 시간제로 전환하는 경우 1명의 전일제 교사로 충원하도록 했다. 2017년에는 신청조건을 완화하여 한 학교에서 신청자가 1명 나오면 관할 교육청이 관내 다른 학교의 신청자와 매칭해 주도록 했다. 조건이 맞으면 1명을 다른 학교로 전보시켜 시간제 교사로 전환하고 이전 학교엔 전일제 교사 1명을 충원하는 방식으로 수업의 비연속성을 해소하려고 했다. 물론 이와 같은 방식이 복잡하고 조건이 맞아야 한다는 까다로움이 있어 정작 사유가 생긴 교사들의 경우 시간제 교사로의 전환보다는 오히려 휴직을 선호하는 모습을 보였다.

둘째, 교원의 복지 향상과 일자리 창출에 효용이 있는지에 대한 논란이다. 교육부는 시간선택제 교사제의 도입이 일과 가정의 양립을 가능하게 하고 휴직과 명예퇴직이라는 대안밖에 없는 상황에서 고려할 수 있는 안을 더하여 교원의 복지 향상을 염두에 두고 제도를 만들었다. 더불어 일자리의 수를 늘릴 수 있기 때문에 고용률의 상승, 일자리 창출이라는 면도 크게 염두에 두고 만든 제도이다. 정년도 보장되고 공무원 연금도 받을 수 있으며, 월급은 일한 시간에 비례하여 주기 때문에 교사 입장에서 크게 손해 볼 것은 없다는 게 교육부의 설명이다. 하지만 제도를 활용하는 인원수를 보면 양적으로 증가하기는 했지만 교사들이 오히려 휴직을 선호하는 경향이 있어 크게 효용이 있다고 보기 어렵다. 휴직을 선호하는 이유 중에는 시간선택제 교사로의 전환 시 혹시라도 동료 교사들의 업무가 가중될까봐 아예 휴직하는 것을 선택하는 것도 있었다. 신규 시간제 교사 채용이 가능했다면 일자리 창출면에서 얻는 것이 있었을지도 모르지만 많은 반대로 이뤄지지 못했고 당연히 일자리 창출에서의 효과도 없었다.

셋째, 경제적인 측면에 대한 고려로 시간제 교사에게 공무원 연금을 지급할 것인지에 대한 논란이 있었다. 최종적으로는 시간제 교사로 재직한 기간에도 공무원 연금이 지급되는 것으로 결정이 되었지만 교육부와 안전행정부가 공무원 연금의 지급 여부를 놓고 갈등한 적이 있었다. 당시 안전행정부(현 행정안전부)가 시간제 교사로 재직한 기간에 대해서는 공무원 연금을 지급하지 말아야 한다고 강하게 주장했었다. 이에 교육부는 시간제 교사로 전환하더라도 연금에 있어 불이익을 주어서는 안 된다고 맞서 결국 연금을 지급하는 것으로 결정되었다.

시간선택제 교사제도는 그 자체로 효용이 아예 없는 것은 아니지만 기존에 존재하는 제도를 활용하는 것으로도 충분하기 때문에 정부가 기대했던 것에 비해 많이 활용되지 못했다. 또한 현직교사들을 대상으로 한 수요 조사의 미비로 인해 기대했던 것만큼의 호응을 얻지 못했다. 하지만 기존 시스템에 타격이 가지 않도록 교사들을 배려하여 정책을 입안하였기 때문에 반대하던 세력들의 우려와는 다르게 크게 교육 현장에 직접적인 피해를 주지는 않았다.

2) 이해관계자들과 그들의 속내(interest) 및 입장(position)

(1) 교원단체(한국교원단체총연합회; 교총과 전국교직원노동조합; 전교조) 교사들

교총은 시간선택제 교사제도를 가장 강력하게 반대하는 행위자이다. 전통적으로 친정부적인 성향이 있으나, 전교조와 함께 시간선택제 교사제도에 강한 반대의견을 표출하였다(이지현, 2015: 65).

교총은 시간제 교사의 도입은 수업, 학생생활지도 및 상담 등을 총체적으로 수행하는 교원 업무의 특수성을 감안했을 때 어려운 부분이 존재하며 학생의 학습권 보장에 지장을 줄 수 있다고 보았다. 따라서 교육부와 교총이 논의기구를 구성해 원점에서부터 재검토해야 한다고 주장했다.

전교조는 정년이 보장되는 시간선택제 교사는 제도의 문제가 발생해도 후속 대책이 어렵다는 점, 사실상 승진과 전일직 전환이 불가능하다는 점, 겸직 금지의 대상인 공무원에 속하기 때문에 생계의 어려움을 겪을 수밖에 없다는 점, 절차상의 문제가 해결되지 않았다는 점 등을 들어 반대했다.

기존 교사들은 시간제 교사와 과목이 겹치는 경우 수업 배치의 어려움이 있을 수 있다는 점, 시간제 교사와 기간제 교사, 정규직 교사 사이의 보이지 않는 위계질서가 생길 수 있다는 점을 우려했다. 시간제 교사에게 수업시간을 주기 위해 기간제 교사의 수업시간을 잘라야 할 수도 있다고 염려하는 목소리도 있었다.

시간선택제 교사 신규 채용에 극심한 반대에 부딪힌 교육부가 우선 기존 전일제 교사의 시간선택제 전환만 추진키로 한 것에 대해서도 결국 시간선택제 교사 신규 채용을 위한 꼼수라며 반대했다.

(2) 전국교육대학생연합(교대련)

교대련은 박근혜 대통령이 후보 시절 '신규 교사 채용 확대로 학급당 학생수를 OECD 수준으로 맞추겠다'고 내걸은 공약을 이행해야 한다고 주장했다. 학급당 학생수를 감축한다는 공약을 이행하고, 비정규 교원을 양산하는 정책을 폐지해야 한다는 것이다. 영어회화전문강사 제도 연장, 각종 전문강사와 시간제 교원 등 정규교원의 확충이 아닌 비정규직 교원의 도입으로 채워지는 교원수는 결국 수업을 받는 학생들에게도 피해가 갈 것이라고 했다. "시간제 교사가 담임을 맡거나 생활지도, 행정업무를 하는 것은 현실적으로 불가능할 뿐더러, 학생들 입장에서도 교과 담임에게 수업외 시간에 학습을 받을 수 없어 시간제 교사는 반쪽짜리 교사"라고 반대했다. 결국 시간제 교사는 저임금 아르바이트 수준에 불과해 교육과 고용의 질을 하락시키고 학교 현장의 고용불평등을 심화시킬 것이라고 비판했다.

(3) 학부모들

처음 시간제 교사를 신규 채용하겠다는 교육부의 소식을 들었을 때 많은 학부모들이 시간제 교사가 담임이나 행정업무 없이 수업만 하게 되는 것을 많이 우려했다. 시간제 교사는 아이들과 유대감이 적을 가능성이 높고 학급에서 발생하는 소소한 일을 지켜봐주는 사람이 줄어든다는 것에 대해 상당한 불안감을 표했다. 전인적인 교육과 생활지도가 이루어지는 학교에서 아이들과 함께 생활하는 것이 정상인데 학원처럼 수업만 하는 교사가 늘어나는 것은 옳지 않은 일이라고 여겼다.

(4) 전국 시도교육감들

전국 시도교육감들은 전국 시도교육감 협의회에서 시간선택제 교사제도는 장기적으로 정규교원 정원을 줄어들게 할 가능성이 높고 운영상에도 문제가 있다는 점을 들어 제도 도입 철회를 촉구했다.

(5) 박근혜정부와 교육부

박근혜정부는 공무원과 교원, 공공기관의 신규 인원의 3~10% 정도를 시간제로 뽑으라는 지침을 내렸다. 이렇게 함으로써 일자리 창출과 고용률 지표의 성장을 함께 이룰 수 있다는 생각에서다. 초기 발표 당시 교육부는 2014년 600명, 2015년 800명, 2016년 1,000명, 2017년 1,200명 등 박근혜 대통령 임기 중에 총 3,600명의 시간제 교원을 국·공립 초·중·고등학교에 배치할 계획이었다.

교육부는 제도가 다양한 교육과정의 운영을 가능케 하여 학생들의 학습기회를 확대하고, 육아·간병·학업이 필요한 교사들이 휴직 또는 명예퇴직 외에 일과 가정생활의 양립을 가능하게 하는 방안을 마련한 제도라고 밝혔다. 또한 시간선택제 교사의 신규 채용에 대해서는 현직교사의 시간선택제 전환제도를 최소 1년 이상 시범운영한 뒤, 교육계의 의견을 충분히 수렴하고, 그 결과를 바탕으로 도입 여부를 원점에서 검토하여 결정할 예정이라고 설명하였다.

3) 특징

갈등이 발생하는 데 영향을 미친 요인들을 갈등행위자, 갈등행위, 갈등쟁점과 상황 및 조직·기관으로 구분하여 살펴보면 다음과 같다.

첫째, 본 갈등 사례에서 갈등행위자는 청와대와 교육부, 전교조와 교총·교원양성대학교 학생들이다. 이렇게 양 측은 제도의 도입에 대해 찬성하는 입장과 반대하는 입장으로 격렬히 대립하였다. 당초 계획했던 신규 시간제교사 채용에 대한 반대 측의 학생들의 학습권 침해와 일명 수업만 하는 교사에 대한 우려를 교육부는 그럴 일은 없다고 주장하였다. 제도적 차원에서 수업의 연속성을 이루도록 하고 시간제 교사라도 생활지도, 인성교육, 상담 등 교육 이외의 업무도 정

규직 전일제 교사와 똑같이 할 것이기 때문이다. 하지만 전교조와 교총, 교원양
성대학 학생들은 파트타임으로 일하는 교사에게 전반적인 교육활동에서의 책무
성을 기대하기는 어렵다고 반박했다. 이 제도는 교육의 특수성을 무시한 제도이
며 정규직 교원의 확충이 필요한 시기라고 덧붙였다. 전국 시도교육감들 역시
운영상의 문제도 있다며 반대 의견에 힘을 실었다. 그 외의 이해관계자들 중 각
시도교육청은 정책의 시행자로서 교육부의 입장을 따라야 하지만 교육 현장의
반대의 목소리 또한 무시하지는 못해 눈치를 보는 입장이다. 학부모들의 경우,
학생들과 함께 제도 도입 시 가져올 변화에 대해 피해를 입을까봐 걱정한다.

여러 이해관계자들의 극심한 반대로 교육부는 신규 채용에 대해서는 더 이상
진행시키지 않고 기존교사의 시간제 교사 전환만 진행하는 것을 골자로 한 '정
규직 시간선택제 교사제도 도입·운영 계획'을 수립하고, 국무회의에서 '교육공
무원 임용령'이 의결됐다. 하지만 이에 대해서도 반대는 여전히 존재했다. 교원
단체들과 교대생들은 크게 반발하며 개정안이 결국은 신규 시간제교사 채용을
위한 징검다리에 불과하다며 '반대 입법 청원과 시간제 교사의 문제점을 알리는
대국민 홍보활동을 전개할 것'이라고 전하였다.

둘째, 갈등행위이다. 교육부가 시간선택제 교사제도 도입 계획을 밝히자 학부
모들의 전화가 빗발쳤다. 특히 초등학교 학부모들은 아이들의 생활지도나 담임
업무에 지장이 있을 것에 대한 우려를 많이 표했다. 수도권사범대학생네트워크
는 시간선택제 교사제도에 대한 전면철회를 촉구하는 기자회견을 열기도 하였
다. 전국교육대학생연합은 전국 11개 교대 앞에서 전국 교대생 동맹휴업을 선포
하고 수도권, 충청권, 경상권, 전라권, 제주 등 5개 권역별로 집회를 열었다. 이
처럼 적극적인 반대 의사표현들은 교육부가 당초 고려했던 신규 시간선택제 교
사 채용을 반려하는 결정적인 계기가 되었다.

셋째, 갈등쟁점과 상황이다. 시간제 교사 도입은 일자리 창출이라는 경제논리
로 교과-생활-진로지도를 단절시킴으로써 수업을 단순 노무화해 교사를 '노동
직화'하고 생활지도 등 전인교육을 포기하는 결과를 낳는다는 지적이 반대측 주
장이다. 이에 대해 제도를 도입하더라도 아이들의 학습과 생활지도 등의 업무에

는 지장이 없으며 큰 피해가 가지 않게 운영할 수 있다는 것이 지지하는 측 입장이다. 일자리 창출의 효과에 대해서도 미미하다고 보는 입장과, 일자리 창출과 교원의 복지 향상, 일과 가정의 양립이라는 목표들을 모두 달성할 수 있다고 보는 입장으로 나뉘었다. 또한 반대하는 측에서는 시간제 교사가 효용성이 별로 없다는 주장과 함께 너무 낮은 임금을 받게 되는데다가 겸직 또한 허용되지 않아 생활고를 겪을 수 있다는 문제제기를 하였다. 시간제 교사 전환 시에도 승진이나 정규직으로 다시 복귀하는 것에 불이익은 없다고 보는 지지 측 입장과, 현실적으로 문제가 있을 수 있다는 입장이 대립하였다.

넷째, 조직·기관이다. 본 사례에서 갈등 관리를 위해 직접적으로 참여한 조직 및 기관들이라고 할 만한 곳은 없지만 이해관계가 얽힌 조직·기관으로서 중앙정부, 교육부, 교원단체들, 전국교육대학생연합으로 크게 나눠볼 수 있다. 교원단체들과 전국교육대학생연합 등이 적극적으로 제도 도입에 반대하자 중앙정부와 교육부는 원래의 계획을 수정하여 개정안을 내놓았다. 교육부는 개정안에 대해서도 강렬히 반대하는 것에 대해서는 합리적이지 않은 행동이라고 비판하며 시범 운영을 진행하였다. 시범 운영을 하면서 개선할 부분은 개선하며 교육부는 제도 정착에 힘쓰는 모습을 보였다.

4) 갈등관리과정

교육현장의 반대가 극심한 상황에서 교육부 등 정부는 신규채용 시간선택제 교사를 당초 2014년부터 배치하려던 계획에서 수정하여, 12월에 선발만 하고 배치는 이후에 추진하기로 한다. 또한, 정부안을 가지고 교육현장 관계자들과 소통하는 데 주력하였다. 2013년 11~12월간 교육부와 현장 관계자들 간 주요 소통노력이 진행되었다(이지현, 2015: 78).

2013년 11월 전문가협의회를 비롯하여, 시·도 담당자 회의, 전문가 회의, 학부모단체 의견수렴, 교·사대생 대표자 면담 및 현장교원(초등 교감) 의견수렴 등을 진행하였다. 또한, 12월에도 소통하고자 노력하였으며, 정부안을 설명하였다.

또한, 교육부는 정책토론회를 통해 의견을 수렴하기도 하였으며, 지속적으로 소통하였다.

5) 결과

갈등이 해소된 것은 먼저 교육부가 각계각층에서 반대하는 의견을 묵살한 채 진행한 것이 아닌 그들의 염려를 들으며 최대한 우려하는 부분에 있어 피해가 가지 않게 시행하려고 노력했기 때문이라고 볼 수 있다. 특정 기관이나 조직이 중재하는 역할을 맡아 둘 사이의 갈등이 해결되는 양상이 아닌, 제도의 자연스러운 도태로 갈등이 더 이상 크게 번지지 않게 되는 것으로 마무리되었다. 그리고 정책이 시행되었을 때 자유롭게 선택할 수 있는 행위자들(기존 교원들)이 선택을 많이 하지 않음으로써 갈등의 요소가 부각되지 않게 되었다. 즉, 이 제도가 복잡하다고 생각하거나 문제를 야기할 수 있다고 생각해서 다른 방식, 휴직이나 명예퇴직을 이용하는 교원들이 더 많게 되면서 제도 활용도가 떨어졌다. 그러니 제도는 존재해도 활용도가 떨어지는 것뿐, 그 외에 크게 도입 문제로 갈등을 겪을 일이 없게 되는 것이다.

시간선택제 일자리는 양질의 일자리로 확산시켜 나가기 위한 정책으로 개인의 자발적인 수요가 부합되어야 하며, 전일제와 일자리가 차별점이 없어야 한다. 또한, 기본적인 근로조건이 보장되어야 하는데, 최저임금과 4대보험 등이 갖추어져야 한다. 이에 통계적으로 시간제근로와 다르며, 법률상 단기간의 근로와도 구별이 된다. 이에 시간선택제 일자리는 제대로 된 일자리가 아닌 한계가 있다는 점에서 주요 갈등의 원인으로 볼 수 있다. 시간선택제 일자리의 조건에 맞추어서 갈등의 쟁점을 확인하면 다음과 같다.

먼저 시간선택제가 양질의 일자리인지 고민할 필요가 있다. 시간선택제 일자리가 공공행정부문에서 확대되는 것이 그나마 안정적이고 양질이었던 공공부문 일자리의 단점으로 작용하고, 이는 민간으로 확대되어 저임금 일자리를 초래할 것이라는 우려가 있는 것이다. 시간선택제 일자리가 전일제 공무원의 채용인원을 가져가면서 양질의 일자리가 줄어든다는 우려이다. 이는 시간선택제 제도의 한계로 계속되었다.

4. 제언

본 갈등사례에서는 시위, 동맹휴업과 같은 방식의 갈등행위가 주로 극명한 의견 차이를 보이는 데에 사용되었으며, 갈등의 해소는 도입된 제도를 선택하는 인원이 기대했던 것에 많이 못 미치면서 이에 대한 논의 역시 자연스럽게 줄어들면서 이루어졌다. 또한, 정치적인 배경의 변화 역시 제도에 힘을 실어주지 못하는 역할을 하였다. 6.4 교육감 선거에서 제도에 대해 부정적인 진보 교육감들이 13명이나 당선된 것이나 박근혜 정부에서 문재인 정부로 중앙정부의 기조가 바뀌면서 관심사 역시 변한 사례이다.

특히 박근혜 정부가 끝나고 문재인 정부가 들어서면서 언론의 관심도 덜 받게 되었다. 박근혜 정부가 야심차게 추구했던 정책이었기 때문에 정치인의 주요 관심사가 옮겨감에 따라 다른 문제에 대한 관심이 더 쏠리게 되었다. 문재인 정부 때에 '비정규직의 정규직화'에 기간제 교사는 제외되는 일 때문에 교육계가 들썩였었지, 소수의 시간선택제 교사제에 대한 보도는 제도가 유명무실해진 상황만을 보도하였다.

정치적인 배경이 끼치는 영향도 있겠지만 무엇보다도 제도의 도입 자체부터 현직교사들, 예비교사들, 학부모들, 교육청 등이 유보적이거나 반대하는 입장을 보였는데 어떻게라도 끝까지 수정하여 제도를 도입한 것이 잘한 것인지에 대한 성찰이 필요하다. 결국 수정되어 제도화된 시간선택제 교사는 원래 취지를 달성하지도 못하였고 성공적으로 활용이 잘 되지도 않은 사례가 되었기 때문이다. 중앙정부에서 강한 의지를 가지고 있다고 해서 다수가 반대하고 염려하는 정책이 잘 시행되기란 쉽지 않다는 교훈을 줄 수 있다.

또한, 중앙정부와 교육부에서 하달하는 방식으로 계획하고 있는 것을 어떻게든 밀어붙이려고 하였는데, 진행하는 과정에서 모든 이해관계자들이 모여 진지하게 이야기를 나누는 시간을 가지게 했다면 더 나은 결과를 가져왔을 수 있다고 본다. 갈등을 해결하기 위한 소통의 장이 먼저 마련되었다면, 그 안에서 현장에 더 적합한 방안에 대해 생각해볼 수 있었을 것이다. 신규채용에서 기존 교사 중 시간제 교사로의 전환만 추진한 것도 이해관계자들의 목소리를 반영한 것은 맞지만, 그 전 단계에서 교원단체들과 교육감들, 예비교사들이 격렬히 반대할 때 정말 현실적으로 현장에 적용할 수 있는지 합리적으로 검토하는 시간이 부족했다고 본다. 중앙정부의 생각만으로 일자리 창출, 일과 가정의 양립이라는 좋은 결과만 기대하다가 기대에 훨씬 못미치는 빛 좋은 개살구로 된 것은 결국 현장 이해관계자들과의 소통 부족이 큰 원인으로 보인다.

시간선택제 교사 갈등은 정부의 시간선택제 일자리 지원정책으로 연결되면서, 시간선택제 공무원 채용갈등 등으로 이어졌다. 정부가 고용률 달성에 급급하여 사전 준비 없이 공무원 채용을 강제하고 있으며, 이에 양질의 일자리와는 거리가 먼 일자리의 양산으로 이어지는 갈등이었다. 전일제 정규직 공무원이 아닌 시간제 공무원은 양질의 공공행정의 전달에 우려가 있다는 입장이며, 공공부문 일자리 창출의 해결책이 될 수 없다는 의견이다. 실제 이후에도 저질의 시간제 일자리의 양산이라는 비판을 받았으며, 좋은 일자리가 아닌 일자리의 양산이라는 입장을 견지하고 있다.

종합요약

　중앙정부의 입장을 보면 일관적으로 시간선택제 교사의 수를 늘림으로써 교원의 수를 늘리는 데에 집중하고 있다는 것을 알 수 있다. 초기의 계획은 신규로 시간제 교사를 늘리는 것이었지만 많은 이해관계자들의 반대로 기존 교원의 시간제 교사 전환만 시행하는 것으로 바꾸게 되었다. 하지만 이 역시 현장에서 반응이 좋지 않자 기존 교원들의 명예퇴직을 받고 그 빈자리를 시간제 교사들로 채우게 하여 교원의 수를 늘리자는 발상의 계획을 내놓았다. 말 그대로 수치적인 고용률의 증가에만 신경 쓸 뿐, 일자리의 질은 고려하지 않은 채 빛 좋은 개살구와 같은 방안들을 내놓는 정부에 교원들과 예비 교사들, 교육감들과 학부모는 반대의 입장을 강하게 표명했다. 시행에 있어 결국 이들의 의견이 반영되어 신규 채용은 시행되지 않았지만 기존 교사들의 시간제 교사 전환 역시 현장에서 외면 받았다고 평가된다. 시범 운영되었을 당시 신청 절차가 복잡하고 조건을 맞춰야 승인이 가능하다는 점 등 기존에 있던 제도보다 더 나은 점을 찾기 어렵다는 의견이 많았기 때문이다. 또한 시간제 교사가 되어도 승진이나 정규직 전환에 불이익이 없고 보수나 연금도 일한 시간에 비례하여 받지만 경제적 어려움을 겪을 수 있다는 점도 문제점으로 지적되었다. 더불어 현실적으로 시간선택제 교사가 제한된 시간 동안만 업무를 보는데 다른 전인적 교육 및 생활 지도와 같은 업무를 맡기가 어렵다는 점도 문제로 제기되었다.

⁖ 핵심정리

□ 이해관계자
→ 전교조, 교총, 전국 시도교육감들, 교원양성대학교 학생들, 학부모, 교육부, 중앙정부

□ 갈등쟁점
→ (1) 수업의 비연속성과 생활지도의 불안정성 (2) 교원의 복지 향상, 일자리 창출 (3) 시간선택제 교사에게 연금 지급 여부

□ 쟁점별 입장 및 속내
→ 전교조 및 교총: 교원 업무의 특수성을 고려하지 않은 제도. 신규 채용 시 사실상 승진과 정규직 전환이 어려워 교사 간 위계질서 형성 가능. 수업 배치의 어려움
→ 전국 시도교육감들: 장기적으로 정규직 교사들의 수를 줄이는 데에 영향이 있을 수 있으며, 운영상의 문제가 있음
→ 교원양성대학교 학생들: 비정규직 교원의 확대는 결국 수업을 받는 학생들에게까지 피해가 가는 교육의 질 하락. 교원의 고용의 질 악화
→ 학부모: 아이들에 대한 전인적 교육이 어려움
→ 교육부와 중앙정부: 학생들의 학습기회 확대 및 교원들의 복지 향상, 일자리 창출 가능한 정책임

□ 쟁점별 대안
→ 수업의 연속성을 위해 최종적으로 한 학교에서 신청자가 1명 나오면 관할 교육청이 관내 다른 학교의 신청자와 매칭해 1명을 다른 학교로 전보시켜 시간제 교사로 전환하고 이전 학교엔 전일제 교사 1명을 충원하는 방식 채택. 시간선택제 교사 역시 기존 교원과 같이 공무원 연금 적용됨

□ 최종합의안
→ 신규 채용은 하지 않는 것으로 하고 기존 교원 중 신청자들의 시간선택제 교사 전환만 진행하는 것으로 결정

□ 합의이행 여부 및 사후관리

→ 최종 결정대로 제도를 운영하고 있으며 저조한 신청인원을 늘리기 위해 홍보
  강화

참고문헌

- 이지현 (2015). 〈옹호연합간 정책프레임 충돌과 정책변동 - 정규직 시간선택제 교사제도 사례를 중심으로〉. 서울대학교 행정대학원 정책학석사학위논문.
- 국민일보 (2014). 현직교사 시간선택제 전환 허용 … 최장 3년, 기간 지나면 전일제로 (2014.03.08.)
- 노컷뉴스 (2013). 예비 초등교사들, "비정규직 교원, 학급당 학생수 줄여라" 집회 열어 (2013.09.28.)
- 뉴시스 (2014). 사범대 학생들 "시간선택제 교사제도 철회" 촉구(2014.02.14.)
- 머니S (2014). 교육부 "시간선택제 교사 반대 '동맹휴업' 유감, 엄정하게 조치할 것" (2014.04.11.)
- 무등일보 (2018). 광주 시간선택제 교사 '유명무실'(2018. 12.11.)
- 문화일보 (2017). 늦어지는 '정규직전환 로드맵' … 목표치 하향하나(2017.09.11)
- 아시아경제 (2013). 시간선택제 교사제도 불끄기 성공할까(2013.12.07.)
- 연합뉴스 (2014). 전국 교대생, 시간제 교사제 반대 동맹휴업 선포(2014.04.08.)
- 이데일리 (2017). 일자리 나누겠다던 시간제 교사 … 교육현장 외면에 '유명무실' (2017. 09.22.)
- 프레시안 (2013). "시간제 교사 늘어난 학교에 내 아이 안 보내고 싶다"(2013.12.05.)
- 한겨레 (2014). 교사 시간선택제, 내년 3월로 연기(2014.06.27.)
- 한겨레 (2015). "세계경제 어려움 속, 우리나라 선전" 자화자찬(2015.10.27.)
- 한국경제TV (2017). 기간제 교사 정규직화 찬반 집회, "역차별" vs "차별해소" 양측 대립(2017.08.27.)
- 한국경제 (2018). '정규직 전환 제외' 기간제 교사들 "방학 땐 월급도 못받아"(2018. 01.19.)
- 한국교육신문 (2014). 교총, 시간제 교사 재논의 긴급교섭 요구(2014.10.29.)
- 한국교육신문 (2014). 전국 시도교육청, 시간제 교사 놓고 '눈치만'(2014.12.11.)
- 한국교육신문 (2015). 증원 대신 명퇴·시간제만 … 매년 3,000명 이상 늘려야(2015. 08.20.)
- 한국교육신문 (2015). 시간선택제 교사제, 현장에선 여전히 무관심·우려(2015.07.09.)

• 한국교육신문 (2017). 유명무실 '시간선택제 교사' 폐지수순 밟나(2017.04.07.)

• UPI뉴스 (2019). 정규직 물 건너갔지만 … 기간제 교사 해법은?(2019.04.24.)

• 서울특별시교육청, "정규직 시간선택제 교사제도 2017학년도 인사운영 매뉴얼"(2016. 12.)

○ 울산시 울주군 신고리 5, 6호기 갈등

1. 사례 선정이유

우리나라는 전력을 생산하기 위해 가스, 석유, 석탄, 원자력, 수력 등 다양한 에너지원을 사용하고 있고, 이러한 에너지원을 사용하는 발전설비를 구축하고 있다.

문재인 대통령은 대선 후보에서 '안전한 대한민국'을 천명하고 신고리 5·6호기의 공사 중단을 공약하였다. 하지만 2016년 6월 건설허가 취득 이후 진행된 신고리 5·6호기의 종합공정률이 28%에 이르고 있다. 또한, 공사 자체가 지역경제에 미치는 영향이 매우 큰 점 등을 고려하여 신고리 5·6호기 건설 중단 문제에 관한 사회적 합의를 이끌어내 그 결정에 따르겠다고 밝힌 바 있다(신고리 5·6호기 공론화 백서).

신고리 5·6호기 공론화는 시민 결정권 확대와 숙의 민주주의 효용에 대해 살펴보고 우리나라의 공론화에 있어 자리매김의 역할의 하나가 될 것이다. 그러나 정권과 공론화를 주관한 부분에 있어 공론화가 과연 제대로 된 공론화인지 문제를 살펴보고자 한다.

원전 또는 탈핵 정책은 국민의 여론이 매우 중요하다. 그러나 지금까지는 일부 소수세력이 모든 정보와 자원을 독점하고 정부 정책을 결정해 왔다. 탈핵 국가로 가고 안 가고를 떠나서 이 문제부터 해결하지 않고서는 우리나라 전력 정책, 에너지 정책이 바로 설 수 없고, 탈핵 국가로 갈 수도 없다. 어떤 정권이나 전문가 집단도 국민을 혹세무민하지 못하도록, 올바른 정보가 제공되고 그것을 기반으로 국민이 현명한 판단을 할 수 있도록 관련된 법적·제도적 장치의 보완이 필요하다. 앞으로는 원전 정책에 대한 사회적 토론이 공정한 조건 하에서 이뤄질 수 있어야 한다. 그런 점에서 이번 공론화 과정은 원전 및 전력 관련 정보의 왜곡과 사회적 자원의 기울어진 운동장의 현실을 확인하고, 그 문제점을 시

정할 수 있는 절호의 계기가 돼야 한다.[1]

2. 사례 개요

1) 갈등일지

신고리 5·6호기 반대운동은 1990년대 말부터 2000년대 초까지 울산·부산지역사회를 중심으로 광범위하게 벌어졌다. 하지만 부지선정이 확정되면서 갈등은 소강상태로 접어들었고, 2012년 이후 신고리 5·6호기 건설이 본격적으로 궤도에 오르면서 재개되었다. 2012년 신고리 5·6호기 환경영향평가를 계기로 반대운동이 제기되기 시작하여, 2016년 5월 원자력안전위원회가 건설을 허가하면서 지역 주민과 시민사회와의 본격적인 갈등 국면으로 접어들게 되었다.

문재인 정부는 6월 27일 신고리 5·6호기 공사 여부를 공론화를 통해 결정하겠다고 발표했으며, 그 일환으로 7월 24일 '신고리 5·6호기 공론화위원회'를 구성했다. 사단법인 한국사회갈등해소센터(공동대표법 등)와 최인호 더불어민주당

〈표 1〉 갈등일지

구분			내용
발생기	1990	2000	울산·부산지역 사회를 중심으로 반대운동이 시작됨
	2012	9	신고리 5·6호기 건설계획으로 갈등이 재개됨
증폭기	2016	5	원자력안전위원회 건설 허가 후 본격적 갈등 시작
심화기	2016	7	울산 지역 5.0 지진 발생
		9	경주 지역 5.8 지진 발생
완화기	2017	6	문재인 정부 신고리 5·6호기 공사 여부 공론화를 통해 결정 발표
		7	신고리 5·6호기 공론화위원회 구성
		8	신고리 5·6호기 공정한 공론화 방향 모색
해소기	2021	08	

---

1 오마이뉴스(2017.07.14.). 신고리 5·6호기 공론화에 대한 우려와 기대.

국회의원 주관으로 8월 9일 국회의원회관 제1세미나실에서 '탈원전과 신고리 5·6호기 공정한 공론화 방향 모색'을 주제로 토론회가 열렸다.

2) 갈등전개

본 사례의 경우 신고리 5·6호기 원전을 둘러싼 갈등은 갈등 발생기부터 완화기까지 정리한 분석이다. 이에 본 연구의 사례분석의 범위는 신고리 5·6호기 갈등 시기부터 공론화 과정 및 결과·단계까지로 한정하였다.

(1) 갈등 발생기

2016년 5월 원자력안전위원회가 건설을 허가하면서 지역 주민과 시민사회와의 본격적인 갈등 국면으로 접어들게 되었다. 그러던 2016년 6월, 원자력안전위원회가 신고리 5·6호기 건설을 허가한 직후, 7월 울산에서 규모 5.0의 지진과 9월 경주에서 규모 5.8의 지진이 발생한다.이 지진은 한반도에서 지진을 관측한 이래 가장 강력한 지진으로 기록되면서 지역사회를 중심으로 신고리 5·6호기 건설에 대한 불안감이 확대되었다.

신고리 5·6호기 부지인 울산 울주군 서생면과 인근 부산 기장군 장안읍 일대는 기존 원전 8기가 이미 건설되어 있어, 신고리 5·6호기가 들어서면 총 10기의 원전이 모여 있게 되어 세계 최대 원전 밀집지가 되기 때문이다. 이에 2016년 탈핵운동진영이 '잘가라 핵발전소 100만 서명운동'을 기획하면서 본격적인 탈핵 운동이 궤도에 오르고, 신고리 5·6호기 건설백지화를 주장하면서 갈등은 전국적인 이슈로 확대되었다.

(2) 갈등 증폭기

2016년 6월, 원자력안전위원회가 신고리 5·6호기 건설을 허가한 직후, 7월 울산에서 규모 5.0의 지진과 9월 경주에서 규모 5.8의 지진이 발생한다. 이 지진은 한반도에서 지진을 관측한 이래 가장 강력한 지진으로 기록되면서 지역사회를 중심으로 신고리 5·6호기 건설에 대한 불안감이 확대되었다.

더 이상 한반도가 지진 안전지대가 아니라는 인식과 함께 대다수의 원전이 단층대에 인접해 있다는 인식은 원전에 대한 불안감을 가중시켰다. 가장 큰 논란이 된 사안은 원전 밀집의 위험성이다. 신고리 5·6호기 부지인 울산 울주군 서생면과 인근 부산 기장군 장안읍 일대는 기존 원전 8기가 이미 건설되어 있어, 신고리 5·6호기가 들어서면 총 10기의 원전이 모여 있게 되어 세계 최대 원전 밀집지가 되기 때문이다. 이에 2016년 탈핵운동진영이 '잘가라 핵발전소 100만 서명운동'을 기획하면서 본격적인 탈핵 운동이 궤도에 오르고, 신고리 5·6호기 건설백지화를 주장하면서 갈등은 전국적인 이슈로 확대되었다.

전국적으로 확대된 탈핵운동의 열기는 박근혜 정부의 탄핵으로 치러진 2017년 조기대선에서 정치권이 일제히 신고리 5·6호기 건설 중단 혹은 백지화를 공약으로 채택하게 할 만큼 큰 힘을 발휘했다. 문재인 대통령도 '안전한 대한민국'을 천명하고 신고리 5·6호기의 공사 중단을 공약하였으나 신고리 5·6호기가 2017년 5월 말 기준, 종합공정률이 28.8%에 이르고, 공사 자체가 지역경제에 미치는 영향이 매우 큰 점 등을 고려하여 2017년 6월 19일 고리 1호기 영구정지행사에서 신고리 5·6호기 문제를 '안전성과 함께 공정률과 투입비용, 보상비용, 전력 설비 예비율 등을 종합 고려하여 빠른 시일 내에 사회적 합의를 도출하겠다'고 밝힘으로써, 신고리 5·6호기 건설 재개/중단 여부를 둘러싼 공론화가 본격 궤도에 올랐다.

(3) 갈등 완화기

신고리 5·6호기 갈등은 신고리 5·6호기 원전의 공사를 둘러싼 갈등의 양상에, 공론화의 시행 여부를 둘러싸고 발생한 갈등이 중첩되는 양상을 띠게 된다. 원자력계는 종합공정률이 28.8%에 달하는 원전 공사를 중지하고, 국가의 에너지정책을 비전문가의 결정에 맡기게 한 공론화 결정에 반대했다.

(4) 갈등해소기

정부는 훈령제정에 앞서 2017년 7월 7일 공론화위원회를 구성하기 위한 원칙과 절차를 확정하였다. 국무조정실 공론화 준비 T/F는 "위원장을 포함 총 9인으로 구성하며, 위원장은 중립적이면서도 사회적으로 덕망 있는 인사를 위촉하고, 위원은 인문사회, 과학기술, 조사통계, 갈등관리 분야 각 2인으로 구성한다"는 내용의 구성 원칙과 절차를 발표하였다. 공론화 결과의 국민 수용성을 높이기 위해 중립적인 공론화위원회를 구성하고자 했고, 이러한 원칙하에 원전에 관해 중립적인 전문기관·단체의 추천으로 1차 후보군을 구성했다.

3. 사례 분석

1) 갈등쟁점 및 쟁점별 이슈

문재인 정부에서 실행한 공론화는 국가적 중대 프로젝트이고 신고리 5·6호기 건설을 둘러싸고 다양한 이해관계자의 입장이 첨예하게 대립하고 있다.

이번 공론화 의제의 가장 큰 특징은 먼저 '건설 중단'과 '건설 재개' 중 하나를 선택해야 하는 양자택일을 해야 한다는 것이었다. 다양한 선택지를 놓고 선호도를 파악하는 기존의 공론화와 비교할 때, 양자간에 결정을 해야 하는 이번 공론화는 제로섬(zero-sum) 게임의 성격을 가지고 있어, 필연적으로 더 첨예한 대립구도를 낳게 된다. 실제로 재개측과 중단측은 공론화 결론이 어떻게 나느냐에 따라 관련 정책 기조 및 관련 산업에 미치는 영향이 지대하다는 인식 하에 모든 역량을 집중했다.

2) 이해관계자들과 그들의 속내(interest) 및 입장(position)

(1) 정부

6월 27일, 대통령 주재 국무회의(제28회)에서 신고리 5·6호기 건설공사의 일시 중단과 공론화위원회 구성이 결정되었고, 7월 7일, 국무조정실에서 '신고리 5·6호기 공론화위원회'의 구성 원칙과 절차 마련에 들어갔다. 그리고 7월 14일에는 한국수력원자력 이사회에서 '신고리 5·6호기 공사 일시중단' 안건이 통과

되며 신고리 5·6호기 건설공사가 일시 중단된다. 당시(2017년 5월 기준) 신고리 5·6호기는 약 1조 6,000억원의 공사비가 투입되고 종합공정률이 28.8%에 달하는 상태였다. 7월 17일, 국무총리훈령에 의거 '신고리 5·6호기 공론화위원회 구성 및 운영에 관한 규정'이 제정되었고, 7월 24일에 '신고리 5·6호기 공론화위원회'가 공식 출범했다. 공론화위원회는 위원장 1인을 포함한 총 9명으로 인문사회, 과학기술, 조사통계, 갈등관리 분야의 각 2인으로 구성된다. 이후 공론화위원회의 활동이 본격화되어 조사를 수행할 용역업체를 선정하고, 프로그램의 설계를 구체화했으며, 이해관계자 소통협의회를 통해 공론화의 룰 설정과 관련한 양측 이해관계자들의 이해를 조율했다

(2) 신고리 5·6호기 건설 재개 측

지금은 3차 산업혁명을 넘어 인공지능, 사물인터넷과 같은 4차 산업혁명을 맞이하고 있어 이러한 발전과 함께 미래세대에게 지구온난화, 미세먼지 걱정이 없는 세상을 물려주는 것은 우리 모두의 꿈이기 때문에 이를 위해서는 깨끗하고 풍요로운 에너지 확보가 필수이다.

원자력은 우리나라의 상황에 가장 적합한 에너지라 생각하며 원자력 발전은 연료비 비중이 낮고 우리 기술과 인력으로 만든 에너지이다. 다양한 사회적 비용을 고려하더라도 발전원가가 가장 저렴해 가정에서 큰 부담 없이 전기를 사용할 수 있고, 무엇보다도 산업경쟁력을 높여주어 수출국가가 되는 토대가 되었다. 그동안 서민과 기업, 특히 중소기업을 든든하기 지원해온 '국민 에너지' 역할을 해온 것이다. 또한, 안전하고 온실가스 배출도 적은 우리기술의 신고리 5·6호기를 굳이 멈출 필요가 없다고 판단된다는 의견 또한 있었다.

신고리 5·6호기 건설을 중단하는 것은 아무런 이득도 없고, 엄청난 손해가 따르는 선택이라며 신고리 5·6호기를 유치한 지역 주민과 중소기업들이 고통을 겪지 않도록, 그리고 우리국민 모두가 깨끗하고 풍요로운 에너지를 기반으로 '보편적 전력복지'를 누릴 수 있도록 현명한 선택을 부탁드린다고 입장을 표명했다.

신고리 5·6호기 건설 재개이유는 안전에 대해 우려하는 분들이 있지만, 원전은 가장 안전한 발전원이라 하였다. 원자력발전소는 핵무기처럼 폭발하지 않는다며 원자력발전소에서 사용하는 핵연료는 저농축 우라늄을 사용하기 때문에 핵무기처럼 폭발시킬 수 없다는 것이다. 맥주에도 알코올이 포함되어 있지만 불을 붙일 수 없는 것과 같은 원리라 설명했다. 또한 만일 사고가 나더라도 다양한 안전설비가 있어 대량의 방사성물질 누출은 발생하지 않는다고 덧붙여 설명했다.

우리 국민들이 걱정하고 있는 부분인 체르노빌이나 후쿠시마와 같은 원전 사고가 우리나라에서 발생할 가능성이 있다고 생각하여 탈원전을 주장하는 분들이 있다. 하지만 우리나라에서 발생할 가능성은 없다며 우리 원전은 미국의 스리마일 원전과 가장 유사한 구조로 튼튼한 격납건물을 갖추고 있어 대량의 방사능 누출 가능성은 없다고 했다. 스리마일 원전에서는 핵연료의 절반이 녹아내리는 사고가 발생했으나, 두께 1m의 격납건물이 훼손되지 않아 방사성 물질의 대량 누출은 없었다고 설명했다. 또한 체르노빌 원전은 격납건물이 없어서 대량의 방사성 물질이 환경으로 누출됐다고 설명했다. 세계적으로 체르노빌과 동일한 설계의 원전은 모두 폐쇄되었다. 후쿠시마 원전사고는 쓰나미에 대비하지 못한 사고이며 격납건물도 크기가 작아서 새어 나온 수소가 폭발되었지만 방사선 피폭으로 인한 인명 피해는 발생하지 않았다고 설명했다.

이어 원전 수출과 경제에도 고민되어야 한다고 이어 말했다. 신고리 5·6호기 건설을 중단하면 발전비용이 비싼 다른 발전소를 대신 짓게 되어 전기요금은 크게 오를 수밖에 없다는 것이다. 에너지경제원구원 분석에 따르면 2030년까지 원전/석탄을 줄이고 신재생을 20%로 확대했을 때 발전비용은 21% 증가할 전망이라는 것이다. 탈원전 중인 독일과 일시 중단했던 일본의 경우도 전기요금이 대폭 올라갔다며 독일의 경우 재생에너지 확대정책 이후 2000년부터 2014년까지 가정용 및 산업용 전기요금이 각각 226%와 327% 올랐다고 했다. 또한, 전기요금이 오르면 지하철, 음식료 등 모든 물가에도 영향을 주어 가계 경제와 기업이 모두 힘들어질 것이라고 전망했다.

(3) 신고리 5·6호기 건설 중단 측

신고리 5·6호기 중단은 우선 시민들이 안심하고 살 수 있다는 입장이다. 세계에서 가장 많은 원전 8기가 밀집한 고리에 원전을 더 짓는 것은 매우 위험하다는 입장이다. 고리원전 부지 30km 반경 내에 국민이 382만 명이나 살고 있어 단 한 번의 사고로도 경제가 무너지고 삶의 터전이 파괴될 수 있다는 것이다.

탈원전 국가가 늘어나는 추세이다. 세계에서 원전을 운영하고 있는 나라는 31개국이다. 그중 탈원전을 목표로 정책을 수립하거나 원전 비중을 줄이는 나라가 점차 늘어나고 있다는 것이다. 오스트리아는 1978년, 이탈리아는 1990년에 이미 탈원전을 했다며 후쿠시마 사고 후 독일, 벨기에 등이 탈원전 계획을 발표했다는 것이다. 우리나라의 경우 탈원전 시점이 2079년이기 때문에 너무 먼 목표이다. 이번 신고리 5·6호기 건설 중단이 탈원전 목표를 앞당기는 매우 중요한 계기라고 입장을 밝혔다. 이어 신고리 5·6호기로 위험이 증가된다고 하였다. 세계 최대 규모, 최다 밀집지역에 더 이상 원전을 추가해서는 안 된다는 것이다. 후쿠시마 원전 사고는 원전이 한 곳에 집중되면 여러 개의 원전에서 동시다발적으로 사고가 날 수 있다는 것을 보여줬다. 내진 설계를 넘어서는 지진, 지진 해일, 태풍, 집중호우, 홍수, 산사태 등 한 곳에 집중되어 있는 원전에 영향을 미칠 수 있는 외부요인이 다양하다. 또한, 한 곳에 몰아서 건설된 원전은 대규모 정전을 일으킬 수 있다는 것이다. 전력망 전문가들은 한 곳에 발전시설이 밀집된 경우, 갑작스럽게 전기 공급이 중단되면 대정전이 발생할 수 있다는 것이다.

신고리 5·6호기는 대용량 원전이기 때문에 방출되는 방사성 물질이 훨씬 많다. 신고리 5·6호기에서 사고가 발생하면 최소 대피 여유시간은 7시간에 불과하다는 것이다. 이어 100퍼센트 안전한 원전은 없다며 스리마일, 체르노빌, 후쿠시마 원전사고는 예측하지 못한 상황에서 원전사고가 발생한다는 것을 증명했다며 신고리 5·6호기 건설이 중단되어야 한다는 입장이다.

원전은 지역에 고통과 갈등을 일으키고 있다는 입장도 있었다. 삼척과 영덕에서 원전부지 지정에 대해 찬반을 묻는 주민투표를 했다. 결과 91.7퍼센트가 투표로 반대 뜻을 분명히 밝힌 바 있다며 신고리 5·6호기에서 생산된 전기를 송전하기 위한 765kV 초고압 송전탑 건설을 막기 위해 밀양 주민들은 10년 넘게 활동해 왔다. 이와 같이 원전은 지역주민들 간 갈등을 일으키는 요인이기 때문에 신고리 5·6호기 건설이 중단되어야 한다.

신고리 5·6호기 중단을 하고 재생에너지에 투자할 때이다. 우리나라 재생에너지 잠재량은 풍부하다고 생각한다. 국내 태양광 발전 누적생산량이 낮은 것은 환경이 나빠서가 아니라 투자가 적어서인데 그럼에도 2014년 신규 태양광 설비 확대 규모는 세계 상위 10위권 안에 들었다는 것이다.

4) 갈등관리과정

공론화위원회에서는 공론화와 관련된 주요 의결사항 및 토의안건 등을 협의하기 위해 매주 1회 정기회의를 개최하였다. 이번 공론화 기간 중 총 13회의 정기회의가 개최되었으며, 정기회의 직후에는 언론 브리핑을 통해 회의 결과를 국민에게 투명하게 공개하였다. 이와 별도로 정부출연연구기관 소속 연구원의 공론화 활동 참여문제를 정리하기 위해 한 차례 임시회의(9. 29.)가 개최된 바 있다. 정기회의 의안은 위원장 또는 위원 2인 이상의 동의로 제출하는 것을 원칙으로 하되, 보고안건 등 경미한 사항은 지원단장이 위원장 승인을 얻어 제출할 수 있도록 했다. 제출된 의안은 ① 의결사항(위원회 결정 또는 방침이 필요한 사안)과 ② 보고사항(각종 동향, 회의록, 토론회 결과 등 단순 보고사항)으로 구분하고, 서식에 따라 작성해 회의 개최 전일까지 모든 위원에게 공람하도록 하였다. 한편 위원회는 정기회의 전날 참석 가능한 위원들을 대상으로 위원 간담회를 개최하여 정기회의에 상정할 안건에 대해 사전 검토를 실시하였다.

시민참여단의 마지막 숙의과정인 종합토론회는 신고리 5·6호기 관련한 쟁점에 대해 시민참여단의 이해를 돕고 최종 숙의과정을 통해 시민참여단 개개인이 합리적인 판단과 의견을 가질 수 있도록 프로그램을 구성하였다.

이에 따라 종합토론회 구성은 총론토의(중단 및 재개이유), 쟁점토의 1(안전성/

환경성), 쟁점토의 2(전력수급 등 경제성), 종합토의(최종선택과 사회적 수용성) 등 4개의 세션을 기본으로 운영하되, 시민참여단의 질문을 최대한 수용하기 위해 〈세션 1, 2 보충/질의응답〉 시간을 추가로 반영하였다.

1~3세션은 양측의 발표, 분임토의, 질의응답으로 구성하였다. 4세션은 최종발표와 분임토의로 이루어졌고 분임토의에서는 최종 결과가 도출된 경우 사회적 수용성을 높일 수 있는 방안에 대해서 토의가 이루어졌다.

또한, 시민참여단이 숙의과정에서 필요한 신고리 5·6호기 공사현장 실태, 그리고 미래세대 및 주변지역 재개 및 중단 측 의견을 이해하는 데 정보를 줄 수 있도록 〈시민참여단에게 보내는 영상 메세지〉를 제작, 상영시간을 배정하였다.

토론회 발표순서·질의응답 시간배분 등 토론세션의 구체적 운영은 재개 및 중단 측과 협의를 통해 결정함으로써 공정성과 재개 및 중단 측의 수용성을 제고하려고 노력하였다.

종합토론회의 핵심인 분임토의는 시민참여단이 상호 존중의 원칙에 따라 자율적이고 주도적으로 참여하여 숙의과정을 통해 알게 된 쟁점에 대해 서로의 의견을 공유하고, 전문가 질문을 도출하여 보다 합리적인 의사결정을 하도록 구성하였다.

시민참여단의 숙의와 구성원 상호학습을 돕기 위해 9~10명을 한 분임으로 구성하고 분임별 모더레이터를 참여시켜 분임토의를 운영하였고, 분임별 모더레이터는 중립성을 유지하고 시민참여단의 토의를 지원하도록 두 차례에 걸쳐 특별교육을 실시하였다. 위원회에서는 토의 진행자인 모더레이터의 중립성과 전문성이 중요하다고 여겨 변호사를 비롯한 각계각층 갈등관리 전문가 53명으로 구성하여 원활한 시민참여단의 토의시간이 되도록 운영하였다.

각 토의 세션은 각 측의 발표, 분임토의, 발표자와 질의응답으로 구성하고 발표와 질의응답은 시민참여단의 이해를 높이기 위한 정보제공에 초점을 두도록 하여 발표자 중심의 발표와 응답이 아니라 시민참여단의 질의에 맞춰 답변하도록 하였다.

5) 결과

시민참여단에게 4차 조사에서 건설 재개 또는 중단에 대한 최종결과가 본인 의견과 다를 경우 얼마나 존중할지에 대해 질문하였다. 이 질문의 응답을 분석해 본 결과, 시민참여단은 최종결과가 본인 의견과 다를 경우에도 대부분이 존중하겠다고 응답했다. 그중 1/3 이상은 매우 존중하겠다고 답했다. 이러한 경향은 성별에 따라 특별한 차이가 없었다.

이번 신고리 5·6호기 공론화는 대통령 공약사항인 신고리 5·6호기 건설중단을 정부가 일방적으로 결정하지 않고 에너지 소비자인 시민의 참여와 합의를 기반으로 추진하는 시민참여형 정책 결정 과정으로서 큰 의미를 지닌다.

특히 그동안 고도의 전문성을 이유로 관련 전문가 또는 지역주민 등 직접 이해관계자 중심으로 논의되었던 원전관련 이슈를 시민 모두의 생활이슈로 끌어냈다는 점에서 더 큰 의미를 부여할 수 있다.

아울러 이번 공론화는 대의제 민주주의를 보완할 수 있는 민주적 의견수렴 절차로서 일명 숙의민주주의를 본격 추진할 수 있는 계기를 마련했다. 또한 이해관계가 첨예한 주요 갈등상황을 사회적 담론의 장으로 이끌어 합의를 형성해 가는 새로운 갈등해결의 모델로서도 중요한 의미를 지닌다. 이에 신고리 5·6호기 공론화의 경험과 자료가 새로운 민주적 상생의 수단으로서 우리 사회 곳곳에서 활용될 수 있도록 정부 차원의 체계적인 지원을 요청한다.

4. 제언

공론화 방식에 대해 기존의 여론조사와는 달리 과학적 표집을 통해 200~400명 정도의 대표성을 가진 시민들을 선발해 충분한 정보를 제공하고 숙의하게 한 다음 공적 판단을 도출하는 공공참여의 한 방법이 공론조사다. 공론화를 위한 운영법이 조속히 만들어져야 한다고 제언한다. 자문단은 투명하게 공개돼야 한다며 공정성을 강조할 필요가 있다. 하지만 3개월이라는 짧은 기간에 공론화 과정을 마무리짓는다는 점에서는 찬반 양측의 팽팽한 대립은 불가피하다는 분석이다. 특히 독일의 경우는 탈원전 정책을 발표하기까지 20여년의 공론화 과정을 거쳤다. 신고리 5·6호기 건설 여부를 두고 7월 24일 공론화위원회가 구성됐으며, 이에 따라 공정하고 투명하게 공론화 과정이 전개되어야 한다. 앞으로도 공론화 과정에 있어 투명한 공개와 숙의성 균형이 필요하다.

민주주의국가에서 주권자인 국민은 대의기관을 통하는 간접적인 방법으로뿐만 아니라 국민투표, 시민운동 등 직접적인 방법으로도 국가적 사안에 대하여 결정할 능력이 있다. 또한 시민들이 사안을 직접 결정하지는 않지만, 사안에 참여하여 제출한 의견을 수렴하고 정책에 반영하는 공론화를 통하여 국가가 정책을 결정할 수 있으며, 이는 민주주의의 실천이라는 측면에서 중요한 의의를 가진다. 따라서 신고리 5·6기 건설중단 여부를 공론화를 통하여 정부가 결정하는 것은 가능하며 중요하다. 이는 현행 헌법과 법률하에서 중요한 원전사업과 같은 국가적 사안에 대하여 국민과 주민이 직접 결정할 수 있는 방안은 매우 협소하고 참여를 위한 방법들도 발달하지 않아 한계가 있음을 고려할 필요가 있다.

❖ 종합요약

맥락에 맞는 참여적 의사결정 기법의 선택이 필요하다. 신고리 5·6호기 공론화 이후 일각에서 공론조사 방식을 만능적인 갈등해결 수단으로 인식하고 있는데, 이러한 만능주의적 태도는 제도의 오·남용을 불러올 수 있다는 점에서 경계해야 한다. 참여적 의사결정의 기법은 매우 다양하며 그 특징과 적용범위 또한 저마다 다르다. 그렇기 때문에 적용하고자 하는 현실의 맥락과 상황을 먼저 파악하고 그에 맞는 기법을 활용하는 것이 필요하다.

한국형 공론조사 모형의 계속적인 보완이 필요하다. 권고적 성격을 가지는 확장된 조사기법인 Fishkin의 공론조사 모형에서 벗어나 적극적인 의사결정 수단으로 기능하기 위해서 어떤 조치가 추가로 필요한지에 대한 진단이 필요하다. 이번 신고리 5·6호기 공론화에서 제약 사항으로 나타난 숙의성(시간 및 정보 제공) 강화와 다양한 이해관계자들을 포괄하는 보다 개방적인 합의 형성 과정이 모색되어야 할 것이다

✦ 핵심정리

☐ 이해관계자

→ 중앙정부 및 지방자치단체, 지역주민, 국민

☐ 갈등쟁점

→ 신고리 5·6호기 공론화를 통해 선정

☐ 쟁점별 입장 및 속내

→ 재개찬청: 우리나라 원전은 국내는 물론 세계에서도 인정하는 안전한 원전

→ 재개반대: 탈핵의 첫걸음이자 국민 행복을 위한 선택

☐ 쟁점별 대안

→ 대통령 공약사항인 신고리 5·6호기 건설중단을 정부가 일방적으로 결정하지 않고 에너지 소비자인 국민의 참여와 합의를 기반으로 추진하는 국민참여형 정책결정 과정으로 만들었다는 데에서 그 의의를 찾을 수 있음

☐ 합의이행 여부 및 사후관리

→ 신고리 5·6호기 공론화 이후 한국사회 곳곳에서 공론화를 통한 갈등 해결 시도가 시도되고 있음. 하지만 참여적 의사결정 기법이 그 자체로 만능적인 갈등해결 기제는 될 수 없으며, 오직 면밀한 분석과 부단한 노력이 선행될 때에야 참여적 의사결정 기법은 성숙한 민주주의를 이룩하게 하는 기제로 작용할 수 있음. 앞으로 참여적 의사결정 기법에 대한 보다 면밀하고 다각적인 연구가 진행되어야 할 것임

참고문헌

• 손영달 (2018). 공공갈등관리를 위한 참여적 의사결정의 성공요인에 관한 연구. 대학원 학위논문.
• 신옥주 (2017). 공론화위원회를 통한 신고리 5·6호 건설중단 결정방법의 문제점과 개선방안 연구.
• 신고리 5·6호기 공론화위원회 (2017). 신고리 5·호기 공론화 자료집.
• 신고리 5·6호기 공론화위원회 (2017). 숙의와 경청, 그 여정의 기록.
• 신고리 5·6호기 공론화위원회 (2017). 신고리 5·호기 공론화 시민참여형 조사 보고서.

• 오마이뉴스 (2017). 신고리 5·6호기 공론화에 대한 우려와 기대.
• 성대신문 (2017). 신고리 5·6호기 공론화 과정, 숙의민주주의 지평을 열다.
• 머니투데이 (2016). 신고리 5·6호기 허가 지연, 어떻게 볼 것인가.

○ 수도권매립지 사용종료 관련 갈등

1. 사례 선정이유

서울, 경기, 인천의 쓰레기를 처리하는 수도권매립지는 인근에 위치한 인천경제자유구역 청라지구 주민들의 악취 민원의 대상이 되었다.[1] 악취는 시간이 흐를수록 농도가 높아져 주민들의 고통이 갈수록 커졌고, 인근 지역 주민들은 2011년에만 약 6천여 건의 민원을 제기했다.[2]

수도권매립지는 난지도쓰레기매립장의 수용 용량이 한계에 이르자 서울시와 당시 환경관리공단이 373억원, 150억원씩 총 523억원을 들여 간척지를 매립, 1992년 2월 개장했다. 이 매립지는 2016년에 사용 종료되기로 계약되어 있었다. 하지만 서울시와 환경부는 대안책이 없다는 이유로 사용연장을 지속적으로 요구하였다.

2011년 11월 17일, 서울시와 인천시의 공동 T/F가 구성되었다. 하지만, 이 T/F에서 인천시는 기존의 계약대로 2016년에 사용 종료하자는 입장과 서울시와 환경부는 2044년까지 연장해야 한다는 입장차를 보였다. 2014년 12월 16일, 박원순 서울시장, 남경필 경기도지사, 유정복 인천시장, 윤성규 환경부 장관 등에 의한 수도권매립지 '4자 협의체'가 구성된 이후에야 본격적으로 갈등 해결에 대한 논의가 이루어졌다.

결국 2016년 6월 28일, 2016년 말 사용 종료하기로 한 수도권매립지를 약 10년간 더 사용하기로 서울·경기·인천이 합의했다.[3] 이 기간은 3-1공구(103만㎡)를 추가 사용하기로 합의한 내용을 바탕으로, 현재 쓰레기 매립 추세를 고려했을 때 산출된 6년 4개월을 말한다.[4] 이 합의에서는 인천시에 수도권매립지 토지

---

1 연합뉴스(2011.10.05.). 인천시 '수도권매립지 악취 저감' 법령 개정 건의.
2 경인일보(2011.09.21.). [뉴스분석] 수도권매립지 악취 '최고점'.
3 연합뉴스(2015.06.28.). 수도권매립지 사용연장 전격 합의.
4 연합뉴스(2015.10.01.). 수도권매립지 사용연장 승인 … 종료시점은 여전히 모호.

에 대한 양도와 환경부 산하 공기업인 수도권매립지관리공사는 인천시 산하 지방공기업으로 전환이 포함되었다. 더불어 인천도시철도 1호선과 서울도시철도 7호선 연장 조기 착공 등의 경제적 인센티브도 협의하기로 하였다.

하지만 사용연한이 다시 도래함에 따라 근본적인 해결책이 도출되어야 한다. 당시 서울시는 대안책이 없다는 이유로 수도권매립지 사용연장을 주장하였다. 2025년에는 이러한 근거를 바탕으로 한 사용연장은 설득력을 잃을 수 있다. 그러므로 각 이해관계자는 더 장기적인 시각에서 쓰레기를 처리할 방안을 고민해야 하며, 지속적으로 갈등이 발생할 수 있어 사례를 조사하였다.

2. 사례 개요

1) 갈등일지

수도권매립지 사용관련 갈등은 수도권의 쓰레기를 처리하는 수도권매립지 사용종료에 따른 해결책을 모색해야 하는 상황에서 발생한 갈등이다. 수도권매립지 주변의 인천경제자유구역 청라지구 주민들의 악취 민원 대상이며, 지속적인 갈등발생의 원인이 되고 있다.

수도권매립지는 1980년대 수도권 최대 매립지였던 난지도 매립장이 월드컵 준비와 서울 시가지 확장에 따른 이유로 정부와 서울시가 새로운 매립지를 찾는 과정에서 형성되었다. 마침 인천시와 경기도 역시 늘어나는 인구와 그에 따른 쓰레기의 증가로 새로운 매립지를 찾는 과정에서 현재의 인천 북서부 지역에 새롭게 조성되던 일반 매립지를 수도권 전체의 쓰레기를 매립하기 위한 매립장으로 결정하였다. 수도권매립지는 1987년 수도권쓰레기매립지 확보 계획이 확정된 뒤, 1989년에 정부와 서울시, 인천시, 경기도는 수도권매립지 건설 및 운영협정을 체결하고 그 부담금을 환경부(28.7%)와 서울시(71.3%)가 부담하였다(이정임·동그라미, 2015).

수도권매립지와 관련하여 대체매립지를 찾지 못하는 상황에서 수도권매립지의 종료가 다가오는 것이 더하여져 발생하는 갈등과 관련한 이슈를 다루고 있다. 대체매립지 확보와 더불어 쓰레기와 관련한 정책적 방향의 전환 필요성에 대하여 논의해보고자 하였다.

〈표 1〉 갈등일지

구분			내용
발생기	2010	03	• 2010년 3월 25일, 서울시-인천시 간 경인아라뱃길 사업부지로 수용된 수도권매립지 부지의 보상금에 대한 갈등 발생
	2010	07	• 2010년 7월 23일, 수도권매립지관리공사 관계자가 매립지 영구사용 가능성에 대해 발언
	2011		• 수도권매립지 악취 민원 약 6천여 건 발생
	2011	10	• 인천시, 환경부에 악취방지법, 대기환경보전법, 폐기물관리법 등 법령 개정 건의
	2011	11	• 서울시와 인천시, 수도권매립지 문제 해결을 위한 공동 T/F팀(전담팀)을 구성
증폭기	2011	12	• 인천시, 서울시에 경인아라뱃길 부지매각대금 투자 요청 • 2011년 12월, 서울시, 인천시, '쓰레기매립지 공동 태스크포스(TF)' 발족
	2012	12	• 2012년 12월 7일, 인천시의회가 수도권 쓰레기매립지 기한 연장 불가 방침을 재확인 • 공동 T/F팀(전담팀) 실적 전무 • 인천시, 2016년 매립 종료를 기정사실화해 대체매립장 설치를 검토
	2013	10	• 기동민 서울시 정무부시장과 김교흥 인천시 정무부시장, 수도권매립지 현안 해결을 위한 협력 합의문 발표
심화기	2013	11	• 환경부, 서울시는 수도권매립지 사용을 연장하고자 수도권매립지 공유수면매립실시계획 변경승인신청서를 제출 • 인천시, 환경부와 서울시에 강력하게 반발
	2014	12	• 인천시장, 2016년으로 쓰레기매립지 사용 종료한다고 선언
완화기	2014	12	• 2014년 12월 16일, 박원순 서울시장, 남경필 경기도지사, 유정복 인천시장, 윤성규 환경부장관은 본격적으로 수도권매립지 현안을 해결하기 위해 '4자 협의체' 국장급 실무단을 구성하기로 합의
	2015	1	• 4자 협의체, 수도권매립지의 연장 조건으로 서울시의 수도권매립지 면허권 및 소유권의 인천시 양도, 수도권매립지관리공사를 인천시로 이관하는 것 등 '선제적 조치'에 합의

구분			내용
	2015	5	• 2015년 5월 8일, 4자 협의체 "매립지 사용을 연장한다는 방침은 맞고 얼마나 연장할지가 문제"라고 발표
	2015	6	• 2015년 6월 4일, 수도권매립지 사용문제를 논의하기 위한 4자 협의체가 서울시와 인천시 간 연장 기간을 둘러싼 이견을 좁히지 못한 채 결렬 • 2015년 6월 28일, 수도권매립지를 약 10년간 더 사용하기로 서울·경기·인천이 합의 • 2016년 제2매립장 종료 대비, 대체매립지 조성 등 후속조치 세부 이행방안 합의
	2015	9	• 공유수면 매립실시계획(변경) 인가 • 3-1매립장 실시계획 및 면허기간 변경(2016년 → 4자협의체 합의에 의한 매립지사용 종료 시까지)
	2016	1	• 대체매립지 확보 추진단 구성
	2017	9	• 수도권 대체매립지 조성 연구용역 착수(2019.08 용역 준공)
	2018	9	• 수도권매립지 제2매립장 종료, 3-1매립장 사용개시
	2019	6	• 수도권 단체장, 대체매립지 조정, 중재 촉구 정책건의문 환경부 전달
재발기	2020	11	• 2020년 11월 17일, 서울시·인천시·경기도·환경부로 구성된 '대체매립지 확보 추진단'은 인천을 제외하고 매립지 공모를 추진하기로 합의
	2020	11	• 2020년 11월 24일, 인천시, 수도권매립지 종료를 위한 태스크포스(TF) 가동
	2021	1	• 2021년 1월 13일, 환경부, 서울시, 경기도, 수도권매립지관리공사는 수도권 대체매립지 입지후보지 공모를 4월 14일까지 90일간 진행 • 2021년 1월 29일, 수도권매립지관리공사는 수도권 지방자치단체 관계자들을 대상으로 폐기물 대체매립지 공모 관련 설명회 개최
	2021	4	• 2021년 4월 14일, 수도권 대체매립지 공모에 단 한 개의 기초지자체도 응모하지 않음 • 2021년 4월 15일, 환경부장관이 오세훈 서울시장, 이재명 경기지사, 박남춘 인천시장과 다자 회동 추진 • 2021년 4월 29일, 인천시는 자체매립지 용도의 인천에코랜드 예정 부지를 617억원에 매입하고 소유권 이전등기를 신청

구분		내용
해소기	2021 05	• 2021년 5월 9일, 환경부와 서울시·경기도는 내일부터 두 달 동안 수도권 대체매립지 후보지를 재공모
	2021 06	• 2021년 6월 22일에는 수도권 3개 시·도 단체장과 환경부장관이 수도권 쓰레기 처리문제 해법을 찾기 위해 2015년 4자협의체 합의 이후 6년 만에 한자리에 회동
	2021 07	• 2021년 7월 9일, 수도권 쓰레기매립지 2차 공모도 무산
	2021 08	• 2021년 8월 26일, 인천시는 수도권매립지 종료시점을 2025년으로 명시한 '2040 도시기본계획안'을 마련
	2021 08	• 2021년 8월 26일, 서울시가 인천시의 2025년 수도권매립지 종료 선언에 대해 공식적으로 반대입장을 내놓으면 갈등 진행

2) 갈등전개

본 사례의 경우 수도권매립지를 둘러싼 갈등을 갈등 발생기부터 완화기까지 정리한 분석으로 시기적으로는 2021년 12월까지의 갈등이다. 최근까지도 지속적으로 갈등해소를 위한 노력을 하고 있으나, 2025년 매립장 매립 종료시기까지 갈등이 지속될 것으로 보인다. 이에 본 연구의 사례분석의 범위는 수도권대체매립지 건설의 필요성을 이야기했던 시기부터 수도권 단체장들이 대체매립지가 필요함을 조정하고 중재한 단계까지로 한정하였다.

(1) 갈등 발생기

서울, 경기, 인천의 쓰레기를 처리하는 수도권매립지는 인근에 위치한 인천경제자유구역 청라지구 주민들의 악취 민원의 대상이 되었다.[5] 악취는 시간이 흐를수록 농도가 높아져 주민들의 고통이 갈수록 커졌고, 인근 지역 주민들은 2010년부터 2011년까지 약 6천여 건의 민원을 제기했다.[6]

수도권매립지는 난지도쓰레기매립장의 수용 용량이 한계에 이르자 서울시와 당시 환경관리공단이 373억원, 150억원씩 총 523억원을 들여 간척지를 매립,

---

5 연합뉴스(2011.10.05.). 인천시 '수도권매립지 악취 저감' 법령 개정 건의.
6 경인일보(2011.09.21.). [뉴스분석] 수도권매립지 악취 '최고점'.

1992년 2월 개장했다. 단일 매립지로는 세계 최대 규모인 수도권매립지는 매립장 면적만 1천 541만㎡로 전국 매립장 면적의 53%를 차지한다. 이 매립지를 둘러싼 갈등은 서울시가 71.3%의 지분을 갖고 있는 데 비해 매립지의 위치는 인천 서구라는 점에서 시작한다.[7]

2011년, 인천시보건환경연구원은 쓰레기를 매립하고 있는 제2매립지 안팎 19곳에서 악취(황하수소) 농도를 측정하였다. 그 결과, 간지농도가 881.5ppb까지 나왔다고 밝혔는데, 이는 통상 악취를 맡을 수 있는 간지농도(0.5ppb)보다 무려 1,760배 높은 수치이다.[8] 이에 2011년 9월 23일, 인천시장은 시민단체, 주민대책위원회, 청라지역 주민협의체 관계자 등 200여명과 함께 수도권매립지를 방문해 환경 개선과 악취 피해 방지를 위한 대책을 마련하겠다는 의지를 보였다.[9]

인천시는 2011년 10월 5일, 수도권매립지의 악취와 먼지발생 문제를 해결하기 위해 악취방지법, 대기환경보전법, 폐기물관리법 등 관계 법령 개정을 환경부에 건의했다. 구체적으로 인천시는 악취방지법상 배출부담금 제도를 신설하여, 행정처분과 배출허용 기준을 강화하고, 대기환경보전법의 비산먼지발생사업에 폐기물처리업을 포함하여 비산먼지 관리기준을 신설할 것을 건의했다. 폐기물관리법의 경우에는 폐기물처리시설의 관리기준 가운데 악취관리와 저감대책 규정의 신설을 추진하기로 했다.[10]

2011년 11월 17일, 이 문제를 해결하기 위해 서울시와 인천시는 수도권매립지 문제 해결을 위한 공동 T/F팀(전담팀)을 구성하였다. 서울시와 인천시는 본부장급으로 구성된 공동 T/F를 통해 매립지 주변 주민들의 고통을 완화하고, 수도권에서 발생하는 폐기물을 안정적으로 처리할 수 있는 방안을 함께 협의하겠다고 밝혔다.[11]

---

7 아시아경제(2011.11.17.). 수도권매립지 해결점 찾을까.
8 서울경제(2011.09.26.). 인천시·정치권 "수도권매립지 악취 해결" 발빠른 행보.
9 연합뉴스(2011.09.22.). 송영길 시장, 23일 수도권매립지 현장답사
10 연합뉴스(2011.10.05.). 인천시 '수도권매립지 악취 저감' 법령 개정 건의
11 연합뉴스(2011.11.17.). 서울시-인천시 쓰레기매립지 공동TF 구성

(2) 갈등 증폭기

하지만 공동 T/F 구성에도 불구하고 갈등의 해결책은 쉽사리 도출되지 않았다. 인천시는 매립지 소유권을 정부로 일원화하거나 서울 경기 인천 지자체가 공동 소유하자고 주장했다. 하지만 서울시와 환경부는 인천시가 요구하는 '매립지 소유권 재조정'에 미온적인 태도를 보였다. 서울시 관계자는 "소유권을 정부에 일원화하면 매입비용이 결국 반입료 형태로 수도권 시민의 부담으로 돌아온다"며 "서울도 향후 새 매립지에 투자할 재원을 마련해야 한다"며 거부했다.[12]

더불어 서울시의 1,025억원의 경인아라뱃길 부지매각대금 수입에 대해서도 이견을 보였다. 서울시는 수자원공사가 경인아라뱃길을 조성하는 과정에서 수도권매립지 122만㎡가 편입하면서 1,025억원을 보상금으로 받았는데, 인천시는 2011년 12월 6일에 이 보상금을 매립지 주변 환경 개선에 사용해달라고 요구했다.[13] 또한 인천시는 폐기물 반입부담금 제도 신설시 부담금을 성실히 납부해 줄 것을 서울시에 요청했다.[14]

결국, 2011년 11월 17일 공동 T/F가 구성된 후 1년이 더 지나고도 아무런 진전이 만들어지지 않았다. 인천시와 서울시는 매립지 소유권과 부지매각대금 외에 2016년 매립 종료를 두고 한 발짝도 나가지 못하는 모습을 보였다. 인천시 관계자는 "인천은 2016년 매립 종료를 기정사실화해 대체매립장 설치를 검토하고 있지만 서울시가 사실상 반대 입장을 굽히지 않고 있다"며 "대체매립장에 대해서는 내부 검토 등이 끝나지 않은 상태다"라고 말했다.[15]

2013년 10월 14일, 공동 T/F가 구성된 지 약 2년이 지나 기동민 서울시 정무부시장과 김교흥 인천시 정무부시장은 14일 오전 10시 인천시 정무수석실에서 "수도권매립지 현안 해결을 위해 협력한다"는 내용을 담은 합의문을 발표했다. 양쪽은 합의문을 통해 먼저 수도권매립지 주변지역 환경 개선을 위해 힘을 모으

12 내일신문(2011.11.28.). 수도권매립지 갈등 갈수록 심각.
13 서울경제(2013.10.14.). 서울-인천 해묵은 수도권매립지 갈등 풀릴까.
14 연합뉴스(2011.12.06.). 인천시, 수도권매립지 현안 공동대응 촉구.
15 인천일보(2012.12.18.). 수도권매립지 대체시설 설치하나.

기로 재차 결의했다.[16]

합의문에 따르면 서울시와 인천시의 요구에 따라 경인아라뱃길 부지 보상금 1,025억원 전액을 2016년까지 수도권매립지 수송도로인 드림파크로 등 주변 환경 개선에 투자하기로 했다.[17] 서울시 관계자는 "이번 합의로 수도권매립지 갈등이 완전 해소됐다고 단정하기는 이르지만 현안에 대한 공동해법을 모색하기로 한 만큼 인천시와 적극 협의해나갈 것"이라고 말했다.[18]

서울시와 인천시는 "수도권매립지 문제를 놓고 서로 견해가 달랐지만 수도권이 하나의 공동체라는 인식 아래 국가적 관심과 중앙정부 차원의 적극적인 해결 노력을 촉구할 예정이다"라고 말했다.[19]

하지만 인천시 관계자는 "이번 합의문 발표는 2016년까지로 예정돼 있는 쓰레기 매립 종료와는 관련이 없다"면서 "양 시는 매립지 주변지역에 대한 환경개선에 초점이 맞춰져 있다"고 말해 서울시와 시각 차이를 보였다.[20]

(3) 갈등 완화기

합의문이 발표된 지 한 달 후, 2013년 11월 21일, 환경부와 서울시가 또 다시 수도권매립지 사용을 연장하고자 수도권매립지 공유수면매립실시계획 변경승인 신청서를 제출하면서 갈등이 다시 표면 위로 드러났다. 환경부와 서울시는 신청서에서 3매립장(307만 1천㎡), 4매립장(390만㎡), 잔여지역(147만 8천㎡)을 포함해 부지 844만 9천㎡에 대한 공유수면 매립을 승인해달라고 요구했다. 이들은 수도권지역에서 발생하는 쓰레기 매립장을 조성하기 위한 목적이라며, 2016년까지로 돼 있는 수도권매립지 사용 기한을 2044년까지 연장해달라고 명시했다.[21]

이에 대해 인천시의 한 관계자는 "사용 연장 불가라는 인천시 입장을 알면서 사전 협의도 없이 환경부와 서울시가 신청서를 냈다"며 "절대 승인해줄 수 없

---

16 한겨레(2013.10.14.). 서울·인천 '수도권매립지' 1,025억 투자.
17 서울경제(2013.10.14.). 서울-인천 해묵은 수도권매립지 갈등 풀릴까.
18 서울경제(2013.10.14.). 서울-인천 해묵은 수도권매립지 갈등 풀릴까.
19 연합뉴스(2013.10.14.). 서울시, 수도권매립지 환경개선에 1천 25억원 투자.
20 서울경제(2013.10.14.). 서울-인천 해묵은 수도권매립지 갈등 풀릴까.
21 노컷뉴스(2013.11.21.). 수도권매립지 사용연장 움직임, 인천시민 반발.

다"고 입장을 밝혔다.[22] 인천시 허종식 대변인은 "2016년 수도권매립지 매립을
종료시키겠다는 강력한 입장을 담은 공문을 22일 환경부에 보내기로 했다"고 밝
혔다. 그는 "수도권매립지의 2016년 매립 종료 원칙에 변함이 없다"며 "매립 연
장에 관련한 어떠한 시설물도 신규로 허가하지 않을 것"이라고 했다. 허 대변인
은 "관련법상 쓰레기는 발생한 곳에서 처리하는 것이 원칙"이라며 "환경부는 매
립지 연장보다 각 지자체가 자체 매립장을 마련해 (쓰레기를) 처리하도록 조정해
줘야 한다"고 했다.[23]

이어 "수도권 쓰레기매립지는 조성 당시에는 시 외곽이었지만 지금은 시가지
로 바뀌어 70만명의 시민들이 악취, 비산먼지, 소음 공해로 고통을 받고 있다"
며 "따라서 수도권매립지는 애초 약속대로 2016년 반드시 종료해야 한다"고 주
장했다. 허 대변인은 "매립지 연장과 관련해 매립지 안에 들어서는 시설물에 대
해서는 어떠한 경우에도 신규 허가를 하지 않을 방침"이라며 "이같은 내용을 담
은 공문을 22일 환경부에 보낼 예정"이라고 덧붙였다.[24]

2014년 12월 3일, 수도권 쓰레기매립지를 2016년 종료할지, 서울시와 경기도,
환경부의 요구대로 2044년까지 연장할지 올해 안으로 결정하겠다던 유 시장이
결국 사용종료 원칙을 고수하기로 결단을 내렸다. 유 시장은 "지난 20여년 동안
인천시민이 쓰레기매립지의 악취와 처리과정에서 발생하는 먼지, 환경오염, 도
로 파손, 교통난까지 감내할 수 있었던 것은 매립이 종료되면 주변지역 환경을
개선할 수 있다는 희망 때문이었다"며 "매립지 사용을 연장하는 것은 인천시민
에게 또다시 고통을 강요하는 것"이라고 강조했다.[25]

유 시장은 이어 "이를 위한 선제 조치로 매립지 소유권과 면허권의 인천 이
양, 매립지관리공사의 인천시 이관, 매립지 주변지역에 대한 실질적인 지원정책
추진 등이 이뤄져야 한다"고 밝혔다. 유 시장은 "이런 제반 문제에 대한 협의를
위해 인천시장, 서울시장, 경기도지사, 환경부 장관으로 구성된 4자 협의체를 제

---

22 연합뉴스(2013.11.21.). 환경부·서울시, 또 매립지 사용 연장 움직임.
23 경인일보(2013.11.22.). "매립지, 2016년 종료원칙 변함없다".
24 뉴시스(2013.11.21.). 인천시, 수도권매립지 종료 연장 절대 불가.
25 경기일보(2014.12.03.). 유 시장 "수도권매립지 연장안돼 … 2016년 종료".

안한다"며 "환경부, 서울시, 경기도는 수도권매립지에 대한 모든 권한을 내려놓고 협의에 임해달라"고 덧붙였다.[26]

2014년 12월 16일, 박원순 서울시장, 남경필 경기도지사, 유정복 인천시장, 윤성규 환경부장관은 본격적으로 수도권매립지 현안을 해결하기 위해 '4자 협의체' 국장급 실무단을 구성하기로 합의했다. 이날 회의에서는 유정복 인천시장이 12월 3일에 요구한 '선제적 조치'와 관련하여 집중적으로 논의가 이루어졌다. 인천시는 서울시와 환경부가 보유한 수도권매립지 지분을 인천시로 일괄 이양할 것, 수도권매립지관리공사 관할권을 환경부에서 인천시로 이관할 것, 매립지 주변지역에 대한 실질적인 지원정책 추진 등 선제 조치가 관철돼야 한다는 입장을 거듭 표명했다.[27]

구체적인 사항은 환경부와 3개 시·도 국장급으로 '4자 협의체 실무단'을 꾸린 뒤 인천시의 요구안에 대한 이행방안 등을 논의하기로 합의했다. 하지만 인천시와 환경부, 서울시, 경기도의 견해 차이가 확연했다.[28] 인천시는 선제적 조치를 수도권 쓰레기매립지 사용연장 여부와 관계없이 이뤄져야 한다고 주장하고 있지만, 환경부와 서울시·경기도는 연장의 전제조건으로 받아들였다. 서울시와 경기도는 매립지의 쓰레기 수용능력을 고려하여 2044년까지 사용하자는 의견을 지속적으로 주장했다.[29]

2015년 1월, 인천시와 환경부·서울시·경기도 등 매립지 4자협의체는 매립이 종료되는 수도권매립지의 연장 조건으로 서울시의 수도권매립지 면허권 및 소유권의 인천시 양도, 수도권매립지관리공사를 인천시로 이관하는 것 등 '선제적 조치'에 합의했다.[30]

환경부·서울시·경기도는 현 매립지의 시설용량을 고려하여 매립지 사용을 연장하자고 재차 주장하였다. 하지만 유정복 인천시장은 2015년 3월 18일 인천

26 연합뉴스(2014.12.03.). 인천시 수도권매립지 2016년 사용종료 원칙 고수(종합2보).
27 SBS뉴스(2014.12.16.). 수도권매립지 '4자협의체' 첫발 ⋯ 국장급 실무단 구성.
28 경기일보(2014.12.16.). 수도권쓰레기매립지 둘러싸고 '동상이몽'.
29 연합뉴스(2014.12.16.). 수도권매립지 '4자협의체' 첫발 ⋯ 국장급 실무단 구성.
30 경향신문(2015.05.10.). 인천시 "수도권매립지 사실상 연장".

시의회 시정질문 답변에서 "환경부는 폐기물의 안정적 처리를 위해 매립지의 30년 연장 사용을 제시했지만 인천시민이 정서적·심리적으로 납득할 수 있는 사안이 아니며 현실적으로 수용하기 어려운 사항"이라고 말했다.[31]

이에 대해 서울시와 환경부는 부가가치만 1조 5,000억원에 달하는 매립지 지분 전체(서울시 71.3%, 환경부 28.7%)를 이양하겠다고 밝히며 인천시를 설득하였다. 더불어 수도권매립지관리공사 관할권도 양도하고, 쓰레기 반입 수수료는 현재보다 50% 인상해 납부하겠다는 의견을 전달했다.[32]

결국 2015년 6월 28일, 2016년 말 사용 종료하기로 한 수도권매립지를 약 10년간 더 사용하기로 서울·경기·인천이 합의했다.[33] 이 기간은 3-1공구(103만㎡)를 추가 사용하기로 합의한 내용을 바탕으로, 현재 쓰레기 매립 추세를 고려했을 때 산출된 6년 4개월을 말한다.[34]

이 합의를 통해 인천시는 매립지 지분을 각각 71.3%, 28.7% 보유하고 있는 서울시와 환경부로부터 매립면허권과 토지 소유권 전체를 양도받았다. 이 규모는 국가시설인 환경연구단지와 환경산업실증화단지를 제외한 약 1천 600만㎡이다. 더불어 환경부 산하 공기업인 수도권매립지관리공사는 인천시 산하 지방공기업으로 전환되었다.[35]

매립지 주변지역 개발과 경제 활성화 대책도 구체화되었다. 인천도시철도 1호선과 서울도시철도 7호선 연장 조기착공, 테마파크 조성, 검단산업단지 환경산업 활성화, 체육시설 이용 프로그램 개발과 교통 확충을 위해 4자협의체가 적극 협력하기로 했다. 여기에 내년 1월부터 폐기물 반입 수수료의 50%를 가산금으로 징수, 매년 약 500억원을 인천시 특별회계로 전입해 매립지 주변지역 환경 개선에 쓰기로 했다.

---

31 연합뉴스(2015.03.18.). 유정복 "수도권매립지 30년 사용연장 수용 어렵다".
32 세계일보(2015.05.24.). 수도권매립지 사용 연장 갈등 '평행선'.
33 연합뉴스(2015.06.28.). 수도권매립지 사용연장 전격 합의.
34 연합뉴스(2015.10.01.). 수도권매립지 사용연장 승인 … 종료시점은 여전히 모호.
35 연합뉴스(2015.06.28.). "쓰레기대란 피했다" … 수도권매립지 사용연장 합의(종합2보).

(4) 갈등 재발기

2020년 11월 17일 서울시·인천시·경기도·환경부로 구성된 '대체매립지 확보 추진단'은 인천을 빼고 대체매립지 공모를 추진하기로 하였다. 인천시는 앞서 형식적인 대체매립지 공모는 인천에 있는 현 수도권매립지 사용 연장 수순을 밟으려는 꼼수라며, 공모 주최기관으로 참여하지 않겠다는 입장을 밝혔다. 더불어 인천시는 2025년 수도권매립지 사용종료와 함께 서울·경기 쓰레기를 받지 않겠다고 선언하였다.[36]

2020년 11월 24일, 인천시는 수도권매립지 종료를 위한 태스크포스(TF)를 본격적으로 가동하였다. TF는 박 시장을 총괄 단장으로 오 조정관이 실무단장을 맡고 있으며, 전문가 자문단과 자원순환협의회 등 기관·전문가·시민을 포함하고 있다. 시 관계자는 "인천시민을 위해 수도권매립지 사용을 종료하기 위한 첫 발걸음"이라며 "수시로 분과 회의 및 실무부서 간 합동회의를 열 계획"이라고 밝혔다.[37]

2021년 1월 14일, 환경부와 서울시·경기도가 3개월 동안 수도권 대체매립지를 공모했지만 단 한 개의 기초지자체도 응모하지 않았다.[38] 2021년 1월 13일, 환경부, 서울시, 경기도, 수도권매립지관리공사는 수도권 대체매립지 입지후보지 공모를 1월 14일부터 4월 14일까지 90일간 진행하였다. 공모는 2020년 11월 17일 환경부·서울시·인천시·경기도 4자 합의로 만들어진 '대체매립지 확보추진단' 회의에서 결정되었으며, 환경부, 서울시, 경기도로부터 위탁받은 수도권매립지관리공사가 주관하였다. 공모 대상 지역은 수도권 전역으로, 공유수면도 포함됨. 전체 부지면적은 220만㎡ 이상, 실 매립면적은 170만㎡ 이상이어야 하며, 2025년 운영이 종료되는 인천 수도권매립지 3-1 매립장(103만㎡) 규모의 두 배 이상에 달한다.[39] 그러나 90일간 단 한 개의 기초지자체도 응모하지 않았다.[40]

---

36 연합뉴스(2020.11.17.). 쓰레기 갈등 고조 … 서울시 "인천 빼고 대체매립지 공모"(종합).
37 경기일보(2020.11.24.). 인천시, 2025년 수도권매립지 종료 TF 본격 가동.
38 경향신문(2021.04.14.). "나서는 지자체 하나 없는 수도권매립지. 3개월 공모에 신청 '0'".
39 뉴시스(2021.01.13.). 수도권 쓰레기매립장 2배 규모 대체매립지 찾는다 … 2,500억 특별지원.

2021년 5월 4일, 환경부는 인천시 서구 소재 수도권 쓰레기매립지를 연장해 사용하겠다는 입장을 분명하게 밝혔으며, 쓰레기 반입량을 줄여 현재 매립지 포화시기를 늦춘다고 밝혔다. 한정애 환경부 장관은 수도권매립지 문제와 관련하여, "플랜 B는 지금 고민하고 있지 않다"며 "조만간 대체매립지 추가 공모를 진행할 계획"이라고 말했다. 대체매립지와 관련하여, "생매립(직매립)을 하지 않고 지방자치단체들이 (쓰레기 반입량을) 감축하면 포화시기가 늦어질 것"이라고 밝혔다.

환경부는 인천시가 2025년 사용을 종료하겠다고 선언했지만, 대체매립지 공모에 응모한 지자체가 한 곳도 없는 상황에서 쓰레기 반입량을 줄여 현재 매립지 포화시기를 늦추는 방안이 가장 현실적이라고 이야기하였다. 무엇보다 오는 2026년부터 수도권에서 쓰레기 직매립이 금지되고 반드시 소각해야 해 반입량이 줄어들 수밖에 없는 상황이라고 밝혔으며, 환경부에 따르면 직매립 대신 소각하면 기존 대비 약 15% 정도 쓰레기양이 감축 가능하다는 입장이다. 그러나, 인천시를 비롯한 매립지 주변 주민들은 대체 후보지 공모 절차에 대해서도 반발하고 있다. 환경부는 공모에 나서는 지자체가 없으면 재공모에 나서겠다고 밝혔지만 불발시 현재 매립지를 더 사용한다는 입장을 밝힌데서 반발하였다.[41]

최종 후보지로 선정된 기초 지자체엔 법정 지원과 인센티브가 제공되며, '폐기물처리시설 설치촉진 및 주변지역 지원 등에 관한 법률'에 따라 시설 설치 사업비의 20% 이내에서 주민편익시설을 설치할 예정이다. 또한, 매년 반입수수료의 20% 이내로 주민 지원기금을 조성해 주변 지역 주민을 지원한다. 이 외에도 특별지원금 2,500억원, 매년 반입수수료의 50% 가산금을 주변지역 환경개선사업비로 편성해 기초 지자체에 제공한다. 특별지원금은 매립 개시 후 3개월 이내에 지원한다. 구체적인 지급 방법과 시기 등은 선정 이후 협의할 예정이며, 매립지 사후관리 종료 후 부지 소유권은 관할 기초 지자체에 이관된다.[42] 그러나 수

---

40 기호일보(2021.02.19.). 수도권 대체매립지 공모 한 달, 소득 없이 시간만 흘렀다.
41 한국일보(2021.01.13.). 2,500억 걸고 수도권 대체매립지 찾는다.
42 뉴시스(2021.01.13.). 수도권 쓰레기매립장 2배 규모 대체매립지 찾는다 … 2,500억 특별지원.

도권매립지는 대표적인 님비시설로 인센티브에도 불구하고 공모에 응모하지 않았다.

2021년 1월 22일, 수도권매립지관리공사는 총사업비 규모와 폐기물 반입 추이 등을 토대로 자체 분석한 결과 수도권 폐기물 대체매립지 대상 지역에 주는 지원금 규모가 장기적으로 총 3조 3천억원에 달하는 것으로 나타났다. 일시금은 6천 700억원, 장기 지원금은 2조 6천 300억원인 것으로 산출됐다고 밝혔다. 이는 일시금으로 지급되는 6천 700억원은 특별지원금 2천 500억원과 주민편의시설 조성비용 4천 200억원을 합친 것으로 대체매립지 대상지에 장기적으로 지원되는 지원금은 주변 지역 환경개선비와 주민지원기금을 합쳐 매년 880억원, 운영 기간인 30년간 총 2조 6천 300억원 수준인 것으로 산출하였다.[43] 이를 기반으로 2021년 1월 29일, 수도권매립지관리공사는 수도권 지방자치단체 관계자들을 대상으로 폐기물 대체매립지 공모 관련 설명회를 개최하였다. 설명회에는 서울 21곳, 경기도 14곳, 인천시 6곳 등 수도권 41개 기초자치단체 관계자들이 참석하였으나, 당시 질문을 하거나 관심을 드러낸 지자체는 없었다고 알려졌다.[44]

2021년 2월 17일, 한정애 환경부 장관은 국회 환경노동위원회에 출석하여 서울시와 경기도가 진행하고 있는 수도권매립지 대체매립지 공모가 불발될 경우 재공모 여부를 포함한 제3의 방법 등을 인천을 포함한 수도권 자치단체와 논의하겠다고 밝혔으며, "현재 대체매립지 공모에 응모한 자치단체는 한 곳도 없는 상태"라고 하였다.[45] 2021년 4월 14일, 수도권 대체매립지 공모에 단 한 개의 기초지자체도 응모하지 않았으며, 결국 당장 미봉책으로 인천 매립지 사용을 연장하는 방안도 거론되었다. 오세훈 서울시장은 지난 3월 30일 중앙선거방송토론위원회 주최 후보 토론회에서 "인천 매립지를 계속 쓸 수 있도록 협의를 최대한 서둘러야 한다. 서울 시내엔 쓰레기를 매립할 장소가 없다"고 밝혔다. 하지만 인천시의 '수용 불가' 입장은 완고하다. 박남춘 인천시장은 다음날 페이스북에서

---

43 연합뉴스(2021.01.22.). "수도권 대체매립지 지역 지원, 경주 방폐장과 비슷한 역대급".
44 연합뉴스(2021.01.29.). 수도권 폐기물 대체매립지 공모 설명회 … 지자체 41곳 참석.
45 경인일보(2021.02.18.). 환경부 "대체매립지 공모 불발 땐 제3의 방법 모색".

"인천은 더 이상 서울과 수도권을 위한 희생양이 아니다. 오 후보의 생각 전환, 정책 변화를 요구한다"고 비판하였다.[46]

서울시와 환경부는 인천 매립지에 보내는 쓰레기를 줄이는 방식으로 더 사용하는 방안을 검토하고 있다고 밝혔다. 환경부 관계자는 "반입 추이와 향후 감축 계획 등을 감안하면 2028년까지 매립지 사용이 가능할 것"이라고 말하며, 이 관계자는 "인천 매립지의 사용시한을 특정하지 않고 '매립 종료 시'로 규정한 만큼 2028년까지 매립장을 사용하는 데 문제가 없다"고 강조하였다.[47]

2021년 4월 15일, 환경부는 15일 수도권매립지 문제 해결을 위해 환경부장관이 오세훈 서울시장, 이재명 경기지사, 박남춘 인천시장과 양자 또는 다자 회동을 추진하기로 하였다. 추진단은 공모 요건을 완화해 재공모 실시 여부를 검토하는 한편, 폐기물 반입량 감축 등 논의를 위해 매달 1회 4자(환경부·서울·경기·인천)간 국장급 논의를 하기로 하였다. 또한, 소각시설을 조속히 확충해 수도권매립지에 종량제 쓰레기의 반입을 금지하고, 건설 폐기물 반입 제한 방안을 추진하기로 하였다.[48]

2021년 4월 29일, 인천시는 인천에코랜드 예정 부지인 옹진군 영흥면 외리 248의1 일대 89만 486㎡ 땅을 민간법인으로부터 617억원에 매입하고 소유권 이전등기를 신청했다고 밝히며, 인천시는 쓰레기 발생지 처리 원칙에 따라 각 지역 쓰레기를 각자 처리하는 것이 환경정의에도 부합한다는 측면에서 대체매립지보다는 자체매립지 조성사업에 주력할 방침을 밝혔다.[49]

(5) 갈등해소기

2021년 5월 9일, 환경부와 서울시·경기도는 내일부터 두 달 동안 수도권 대체매립지 후보지 재공모를 진행하였다. 환경부는 일부 응모조건을 완화하여, 재공모를 진행하였다. 완화된 조건은 전체 부지면적이 220만 제곱미터에서 130만

---

46 경향신문(2021.04.14.). 나서는 지자체 하나 없는 수도권매립지 … 3개월 공모에 신청 '0'.
47 한국경제(2021.04.14.). 수도권매립지 공모 결국 무산.
48 한겨레(2021.04.15.). '2,500억 지원' 당근 내놨지만 … 수도권 대체매립지 '지원 지자체 없음'.
49 연합뉴스(2021.04.29.). 인천시 자체 폐기물매립지 조성 가속 … 토지 매입 완료(종합).

제곱미터 이상으로 줄었고, 주민 동의 요건도 '신청 후보지 토지 소유자 70% 이상'에서 '인근 주민 50% 이상의 동의'로 했다.[50]

2021년 6월 22일에는 수도권 3개 시·도 단체장과 환경부 장관이 수도권 쓰레기 처리문제 해법을 찾기 위해 2015년 4자협의체 합의 이후 6년 만에 논의를 시작하였다. 오세훈 서울시장과 박남춘 인천시장, 이재명 경기지사, 한정애 환경부 장관은 친환경 자원순환 방식으로 폐기물 처리 정책의 전환이 필요하다는 데 뜻을 모으고, 구체적인 실천 과제를 계속 논의하기로 하였다.[51]

2021년 7월 9일, 수도권 쓰레기매립지 2차 공모도 무산되었다. 환경부는 "대체매립지 공모 요건에 해당하는 100만㎡ 이상의 넓은 부지 찾기가 현실적으로 쉽지 않았을 것"이라고 설명하였으며, 3차 공모는 당분간 실시하지 않기로 하였다. 대신 환경부와 지자체 3곳은 수도권매립지에 반입되는 폐기물의 양을 줄이기로 협의했다. 건설폐기물의 수도권매립지 반입을 금지하고 재활용률을 높이는 방안을 검토하였다.[52]

공모가 잇따라 무산되면서 현재 수도권 쓰레기를 묻고 있는 인천 서구 수도권매립지 사용을 연장하는 방안에 관심이 집중되고 있다. 수도권매립지는 조성 당시에는 2025년이면 포화될 것으로 예상됐지만 올해 초에는 적어도 2027년까지는 사용이 가능하다는 용역 결과가 나왔다. 이에, 환경부는 이번 매립 폐기물 감축 추진이 현 수도권매립지의 포화시기를 더 늦추는 데 도움이 될 것으로 보고 있다.[53]

그러나 2021년 8월 26일, 인천시는 수도권매립지 종료시점을 2025년으로 명시한 '2040 도시기본계획안'을 마련 중임을 밝혔다. 인천시는 서울시 등에서 반대를 하더라도 '수도권매립지 2025년 종료를 강행하겠다'며 확고한 태도를 보였다. 수도권매립지공사는 인천시 의견청취 과정에서 회신을 통해 '수도권매립지의 종료시점을 2025년으로 명시한 사항은 수정이 필요하다'는 의견을 피력하였

50 MBC뉴스(2021.05.09.). '1차 공모에 응모 0' 수도권 대체매립지 내일부터 재공모.
51 연합뉴스TV(2021.06.23.). "매립지 갈등 풀자" … 오세훈·이재명·박남춘 전격 회동.
52 동아닷컴(2021.07.09.). 수도권 쓰레기매립지 2차 공모도 무산 … '응모 0'.
53 동아닷컴(2021.07.09.). 수도권 쓰레기매립지 2차 공모도 무산 … '응모 0'.

으나, 인천시 관계자는 "관계기관에서 어떤 의견이 오더라도 '수도권매립지 2025년 종료'는 바뀌지 않는다"는 입장을 밝혔다. 그러나 같은날 서울시는 인천시의 2025년 수도권매립지 종료 선언에 대해 공식적으로 반대입장을 내놓으면서 갈등이 발생하였다. 서울시는 최근 수도권매립지관리공사에 공문을 보내 매립지 2025년 종료 시점에 문제가 있다며 문제를 제기하였다. 서울시는 수도권매립지관리공사를 통해 "수도권매립지의 사용기간은 수도권매립지정책 4자협의체 합의서에 따라 매립지 사용종료 시까지로 매립지의 종료 시점을 2025년으로 확정해 명시한 사항은 수정이 필요"하다고 밝혔다. 또한, 인천시가 도시기본계획에 명시한 '2025년 수도권매립지 종료'에 대해 '4자 협의체 합의에 의한 매립지 사용종료 시까지'로 수정할 것을 요구하였다.[54] 2025년 8월, 제3-1매립 종료예정이다.

3. 사례 분석

1) 갈등쟁점 및 쟁점별 이슈

주요 갈등 이슈는 인천시와 서울시의 매립지 계약기간을 준수할 것인지 연장할 것인지에 대한 것이다. 1992년 2월에 난지도쓰레기매립장의 수용 용량이 한계에 이르자 서울시와 당시 환경관리공단이 373억원, 150억원씩 총 523억원을 들여 간척지를 매립하여 수도권매립지를 만들었다.[55] 당시 매립지 사용연한을 2016년 말까지 설정하였다. 2011년에 수도권매립지 인근의 악취문제로 민원이 지속적으로, 다발적으로 발생하자 인천시는 2016년 이후 매립지 사용을 원래의 계약대로 종료할 것이라는 입장을 보였다. 하지만 서울시와 환경부는 대체매립지가 없다는 이유로 매립지 사용 연장을 강력하게 주장하였다. 인천시가 사용연장을 동의하였으나, 2025년 매립지 사용종료를 공지하였다. 그러나 서울시와 경기도는 매립지 사용연한의 종료시까지 사용을 할 것으로 이야기하며 갈등이 발

---

54 경인방송(2021.08.26.). 인천시 "2025년 매립지 종료" VS 서울시 "협의 필요" 대립각.
55 아시아경제(2011.11.17.). 수도권매립지 해결점 찾을까.

생하였다.

인천시는 수도권매립지로 인한 악취 등 개인적인 피해를 지속적으로 호소하며, 관련된 법제도의 개정을 건의하였다. 구체적으로 인천시는 악취방지법상 배출부담금 제도를 신설하여, 행정처분과 배출허용 기준을 강화하고, 대기환경보전법의 비산먼지발생사업에 폐기물처리업을 포함하여 비산먼지 관리기준을 신설할 것을 건의하였다. 폐기물관리법의 경우에는 폐기물처리시설의 관리기준 가운데 악취관리와 저감대책 규정의 신설을 추진하기로 하였다.[56]

쓰레기 매립장의 일반적 사회문제로는 님비 현상의 대표 주자로서 여러 사회적 요인들로 인해 기피 대상이며, 지자체는 해당 문제를 해결하기 위해서 여러 편의시설을 지어주는 식의 대가를 제공하고 갈등을 저감하고자 하였다. 인천시는 쓰레기매립지로 인하여 환경권과 주거권에 큰 불이익을 받고 있으며, 지역에 피해가 발생한다는 입장이며, 2025년을 끝으로 수도권매립지를 폐쇄하고 자체 매립지를 조성하고자 하였다.

이에 인천시는 자체 쓰레기매립장 건설을 추진하고 있으며, 인천시만의 쓰레기를 대체매립장을 건설해 소화할 테니, 서울과 경기도도 알아서 대체매립지를 찾으라고 주장하고 있다. 인천시는 쓰레기매립지로 인하여 지속적인 피해를 입고 있고, 이에 현 수도권매립지는 2025년을 끝으로 폐쇄 예정이며 '인천 에코랜드'를 건설할 계획을 발표하였으며, 서울시와 경기도는 반발하며, 갈등이 발생하고 있다.

쓰레기매립지는 침출수로 인해 지표수 및 지하수가 오염될 위험이 있다. 또한, 쓰레기가 썩으면서 약 2~30년간 발생하는 메탄가스, 이산화탄소 등의 매립가스가 문제가 되며, 이런 이유로 인근 지역에서는 악취로 극심한 피해를 겪고 있다. 인천시민들은 "20년 넘게 악취와 미세먼지, 침출수 등 환경피해에 시달렸고, 매립지가 있는 서구 지역은 인천에서 가장 낙후된 도시가 됐다"라고 주장하였다. 더불어 환경단체는 근본적 해법을 요구하고 있다. 서울환경운동연합은

---

56 연합뉴스(2011.10.05.). 인천시 '수도권매립지 악취 저감' 법령 개정 건의.

"지자체가 일회용품·포장 사용을 제한해 쓰레기가 적게 발생하는 제품을 만들도록 유도해야 한다"라며 "종량제봉투 가격을 현실화하고, 쓰레기 처리시설을 지역 분산형으로 설치해 확충하는 방안을 고민해야 한다"고 이야기하였다.[57]

2) 이해관계자들과 그들의 속내(interest) 및 입장(position)

(1) 환경부

폐기물 처리는 지자체 사무라는 입장을 가지고 있다. 환경부는 다른 지자체 사례를 들어 정부 주관으로 대체매립지 조성사업을 추진할 수 없다고 주장하고 있다. 환경부 관계자는 "전국에 있는 매립지·소각장 모두를 해당 지자체에서 관할하고 있다"라면서 "더구나 4자 협의체는 대체매립지를 3개 시도가 조성하기로 2015년 합의한 바 있다"라고 강조하였다. 환경부 관계자는 "현재 쓰레기를 매립 중인 3-1 매립장은 2025년까지 사용할 수 있으며, 잔여 부지까지 더하면 2032년까지 사용할 수 있다"라며 매립지 공사의 추가 매립장 조성 계획을 뒷받침한다.

환경부는 쓰레기의 사용 가능 연한까지 인천시의 수도권매립지를 사용하고자 하며, 쓰레기 매입량을 줄이면 수도권매립지를 2044년까지 사용할 수 있다는 입장을 보이며, 사용연장을 주장하고 있다. 환경부는 선진국처럼 가능하면 매립량을 줄이고 썩으면 냄새가 나는 쓰레기는 매립하지 않는 방향으로 가야 하지만, 쓰레기 매립은 불가피하므로 인천시민들의 피해를 최소화면서 매립지를 연장하는 것이 실현이 가능한 대안이라는 입장을 보인다.

환경부는 공리주의적 측면에서 수도권지역 폐기물 처리라는 다수의 편익을 더욱 우선시할 수밖에 없는 입장에서 사용연장을 주장하고 있다(서형준, 2017). 따라서 서울시와 경기도와 동일하게 사용 가능 연한이 남아 있는 만큼 2044년까지 연장해서 사용하자는 태도를 보인다. 이에 환경부는 주민 반발이 뻔한 관 주도의 대체지 선정·조성보다는 공모를 통해 반발을 최소화하겠다는 계획을 세

---

57 경향신문(2021.04.14.). "나서는 지자체 하나 없는 수도권매립지, 3개월 공모에 신청 '0'".

우고 있다. 대체지 조성에 드는 사업비는 1조 2,580억원으로 추산된다. 이 중 20%인 약 2,500억원을 입지 지역주민들을 위해 사용하면 공모 효과를 높일 수 있다고 생각한다.

환경부 관계자는 "응모하는 지자체가 있을 경우 지역주민 유치 의향과 경제성을 고려해 절차에 따라 선정하고, 없을 경우 재공모에 나설 것"이라며 "이렇게 해서도 대체 후보지를 찾지 못하면 수도권매립지 잔여 부지의 15%(106만㎡) 면적 활용 방안을 검토할 것"이라고 말한다.

(2) 인천시

인천시는 지속적으로 수도권매립지 사용을 2016년 말에 종료하기로 하자는 입장을 보였다. 우선 인천시 주민들은 2011년 10월 4일에 국회 정문 앞에서 수도권매립지 악취에 대해 시위할 정도로 민원을 제기하였다.[58] 2011년에 약 6천여건에 이르는 악취 관련 민원이 발생할 정도로 인천시민들은 고통을 호소했다.

인천시민들은 "2016년까지 매립종료를 하겠다는 약속 하나 때문에 인천시민은 아직도 고통을 감내하고 있는 것"이라며 수도권매립지 사용 연장은 "우리들의 건강권, 환경권, 행복추구권을 박탈하는 폭력"이라며 "우리들의 쓰레기는 우리가 처리할 테니 서울시의 쓰레기는 서울시가 처리하라"는 의견을 보였다.[59]

인천시 대변인은 서울시와 환경부의 30년 사용연장 신청에 대해 "수도권매립지의 2016년 매립 종료 원칙에 변함이 없다"며 "매립 연장에 관련한 어떠한 시설물도 신규로 허가하지 않을 것"이라고 했다. 인천시는 "관련법상 쓰레기는 발생한 곳에서 처리하는 것이 원칙"이라며 "환경부는 매립지 연장보다 각 지자체가 자체 매립장을 마련해 (쓰레기를) 처리하도록 조정해 줘야 한다"는 입장을 표명했다.[60]

하지만 서울시 입장에서는 매립장에 반입되는 쓰레기 중 약 46.7%가 서울시

---

58 연합뉴스(2011.10.04.). '매립지 악취 대책 마련하라'.
59 뉴스1(2013.06.25.). 인천시민 "수도권매립지 2016년 종료해야".
60 경인일보(2013.11.22.). "매립지, 2016년 종료원칙 변함없다".

에서 나오는 것인만큼 서울시로서는 현재 매립지 외에 다른 대안이 없어 연장은 필수적이라는 입장을 보였다.[61] 서울시로서는 서울시 내에 그린벨트 외에는 마땅한 부지가 없으며, 수도권매립지의 남은 부지 외에는 다른 대안이 없어 사용기간 연장을 해야 한다며 지속적으로 맞서왔다.[62]

(3) 서울시, 경기도

서울시의 기본적인 입장은 수도권매립지가 서울시뿐만 아니라 국가적인 차원의 필요에 의해 조성됐고, 법적으로 공사가 설립돼 정부의 지원 아래 주민 지원, 피해 보상, 환경 개선 등의 업무를 진행하고 있는 만큼 서울시가 특별히 나설 이유가 없다는 것이다.[63] 서울시는 수도권 내 유일한 폐기물 처리시설인 수도권매립지가 폐쇄될 경우 수도권에서 발생하는 쓰레기를 처리할 수 있는 대안이 없다는 점을 강조하고 있으며, 현실적으로 다른 곳에 폐기물 처리시설을 설치하는 것은 불가능하다는 입장이다.[64]

서울시는 분리수거와 재활용 등의 영향으로 매립량이 크게 줄어들었기 때문에 인천시 수도권매립지 연장 추진은 당연하다는 입장을 보인다.[65] 하지만 서울시 입장에서는 매립장에 반입되는 쓰레기 중 약 46.7%가 서울시에서 나오는 것인 만큼 서울시로서는 현재 매립지 외에 다른 대안이 없어 연장은 필수적이라는 입장을 보인다.[66] 서울시로서는 서울시 내에 그린벨트 외에는 마땅한 부지가 없으며, 수도권매립지의 남은 부지 외에는 다른 대안이 없어 사용기간 연장을 해야 한다고 주장하고 있다.[67]

서울시는 매립 기술의 발전에 따른 폐기물 반입량의 지속적인 감소를 근거로 기존 매립지를 최소 30년 더 활용할 수 있음을 일관되게 주장하고 있다. 그러나

---

61 연합뉴스(2011.11.17.). 서울시-인천시 쓰레기매립지 공동TF 구성.
62 한겨레(2011.11.17.). 수도권매립지 악취 해결 서울·인천 '전담팀' 뜬다.
63 아시아경제(2010.08.11.). 서울-인천 쓰레기매립지 둘러싼 갈등의 내막은?
64 서울PN(2010.08.20.). 수도권매립지 사용기한 연장 갈등.
65 YTN(2010.09.29.). [인천] 수도권매립지 매립 연장 갈등.
66 연합뉴스(2011.11.17.). 서울시-인천시 쓰레기매립지 공동TF 구성.
67 한겨레(2011.11.17.). 수도권매립지 악취 해결 서울·인천 '전담팀' 뜬다.

환경부와 경기도는 대체 부지 선정의 어려움과 이미 조성된 부지가 있다는 이유로 매립지의 연장을 찬성하는 입장을 가지고 있다(정원욱·김숙진, 2016).

3) 특징

가장 큰 갈등은 수도권매립지를 사용하는 지방자치단체가 서울시, 경기도, 인천시인 데 반해 수도권매립지의 위치가 인천시라는 점이다. 수도권매립지가 인천 행정구역에 있지만, 소유권은 서울시에 있는 복잡한 구조 때문에 매립지 처리를 둘러싼 같은 갈등이 반복되고 있다. 또한, 수도권매립지는 대표적인 NIMBY시설로 매립장, SRF발전소, 소각시설 설치 모두 반대하는 입장이다. 그러나 수도권매립지의 사용기한이 만료되고 있으며, 사용이 종료되고 있는 상황에서 폐기물처리시설 등 수도권매립지가 조성될 필요가 있다. 대표적인 님비시설인 수도권매립지와 관련하여, 3개 지자체와 정부 모두 뾰족한 대책을 찾지 못하는 상황이다.

인천시와 서울시, 환경부 등은 인천 서구에 있는 수도권 쓰레기매립지 사용기한 연장을 놓고 수년째 갈등을 빚고 있지만 마땅한 합의점을 찾지 못하고 있다. 인천시가 2016년 매립종료를 두고 한발짝도 양보하지 않았던 경험, 이후 사용연장을 승인하였으나 대체부지를 확보하지 못하는 상황 등을 고려할 때 서울시와 환경부는 2044년까지 사용기한을 연장하자고 요구하는 데 반해 인천시는 서울시와 경기도가 각자 대체 매립장을 찾아야 한다고 맞서고 있다.

인천시는 "수도권 쓰레기매립지는 1989년 매립지를 조성할 때부터 2016년 매립 종료가 예정돼 있었고, 그동안 소각장 증설, 대체매립지 마련 등에 충분한 시간이 있었다"라면서 "그런데도 서울시는 필요 소각장(10개)에 미치지 않는 4개의 시설만 갖추고 있는데 이는 서울시의 의지 부족 때문"이라고 지적하였다. 이어 "현재 수도권 쓰레기매립지의 쓰레기는 서울 44.5%, 경기 38.9%, 인천 16.5%로 서울 쓰레기가 절반을 차지하고 있다"라면서 "이로 인해 인천시민은 악취, 비산먼지, 소음 등의 고통을 겪고 있다"라며 매립지 연장 사용을 반대하고 있다.

"매립종료 시한인 2016년까지는 시간이 많이 남은 만큼 지금부터라도 서울시는 소각장 증설, 대체매립지 조성 등에 나서야 한다"고 주장한다.[68]

인천시에 위치한 수도권매립지는 국가기관이 설치한 세계 최대의 매립지이다. 주인이 없는 매립지로 자원순환정책을 역행하는 폐기물처리 관행을 답습하고 있다. 생활폐기물을 직매립하는 시설이다. 구체적으로 수도권매립지는 지난 1989년 동아건설이 보유한 공유수면을 서울시와 환경관리공단이 각각 350여억원, 150여억원을 투자해 건설했으며, 투자비용 만큼 서울시 71.3%, 환경관리공단 28.7%의 지분 비율로 공유수면매립면허권을 나눠 갖고 수도권의 쓰레기를 매립하고 있다.

하지만 정작 수도권매립지가 위치한 인천시는 지분이 전혀 없다. 따라서, 인천시는 법적 권한과 책임을 갖지 못하고 있다. 인천시로선 서울시와 경기도에서 반입되는 쓰레기 처리과정에서 발생하는 피해는 고스란히 입는 반면 수도권매립지에 대해 어떤 권한도 행사할 수 없는 상황이 지속되어 온 것이다.[69] 이에 인천시가 수도권매립지를 둘러싼 주도권을 확보하려고 노력하고 있으나, 한계가 있다. 매립면허권, SL공사 이관 등 실질적 권한행사 확보에 환경부, 서울시와 협력 부족으로 공식적 해결방안을 찾지 못하고 장기적으로 표류하고 있다. 쓰레기 매립지는 주변 지역에 대한 재산가치를 훼손한다. 주변지역의 사유재산과 관련한 자산가치의 훼손이 갈등의 가장 주요한 원인이다.

갈등의 두 번째 원인은 대형화·광역화하여 집중적으로 관리하는 것이 효율적이나 발생지 처리원칙과 공정성을 생각하면 분산화를 하는 것이 공정한데 이 두 가지의 가치 중 어느 것을 선택하느냐 하는 딜레마라고 볼 수 있다. 실제 수도권매립지의 위치 등과 관련하여 재산가치를 둘러싼 편익의 불균형이 발생한다는 것이다. 더 나아가 2010년 8월 10일, 서울시와 인천시와의 갈등이 추가적으로 발생하였다. 경인운하 건설로 수도권매립지 일부 수용의 보상금으로도 갈등이 발생한다. 당시 경인아라뱃길(경인운하) 조성을 위해 수도권매립지 부지를 매

---

68 매일경제(2013.02.28.). "인천시, 환경부·서울시 쓰레기매립 기간 연장 '일축'".
69 아시아경제(2010.08.11.). 서울-인천 쓰레기매립지 둘러싼 갈등의 내막은?

각한 대금이 실제 매립지가 있는 인천시가 아니라 서울시와 정부에 귀속되면서 갈등이 심화되었다. 특히, 서울시가 초기에 매각대금을 매립지에 재투자하지 않으려는 의견을 보이자 인천시가 강력하게 반발하기도 하면서 갈등이 심화되기도 하였다.

2013년 10월 14일, 공동 T/F가 구성된 지 약 2년이 지나 기동민 서울시 정무부시장과 김교홍 인천시 정무부시장은 14일 오전 10시 인천시 정무수석실에서 "수도권매립지 현안 해결을 위해 협력한다"는 내용을 담은 합의문을 발표하였다. 양쪽은 합의문을 통해 먼저 수도권매립지 주변지역 환경 개선을 위해 힘을 모으기로 재차 결의하였다.[70] 합의문에 따르면 서울시와 인천시의 요구에 따라 경인아라뱃길 부지 보상금 1,025억원 전액을 2016년까지 수도권매립지 수송도로인 드림파크로 등 주변 환경 개선에 투자하기로 하였다.[71]

서울시 관계자는 "이번 합의로 수도권매립지 갈등이 완전 해소됐다고 단정하기는 이르지만 현안에 대한 공동해법을 모색하기로 한 만큼 인천시와 적극 협의해나갈 것"이라고 말한다.[72] 서울시와 인천시는 "수도권매립지 문제를 놓고 서로 견해가 달랐지만 수도권이 하나의 공동체라는 인식 아래 국가적 관심과 중앙정부 차원의 적극적인 해결 노력을 촉구할 예정이다"라고 말하였다.[73]

하지만 인천시 관계자는 "이번 합의문 발표는 2016년까지로 예정돼 있는 쓰레기 매립 종료와는 관련이 없다"면서 "양 시는 매립지 주변지역에 대한 환경개선에 초점이 맞춰져 있다"고 말해 서울시와 시각 차이를 보였다.[74] 합의문이 발표된 지 한 달 후, 2013년 11월 21일, 환경부와 서울시가 또 다시 수도권매립지 사용을 연장하고자 수도권매립지 공유수면매립실시계획 변경승인신청서를 제출하면서 갈등이 다시 표면 위로 드러나며, 4자 협의체의 합의결과의 실효성으로 연결되었다.

---

70 한겨레(2013.10.14.). 서울·인천 '수도권매립지' 1,025억 투자.
71 서울경제(2013.10.14.). 서울-인천 해묵은 수도권매립지 갈등 풀릴까.
72 서울경제(2013.10.14.). 서울-인천 해묵은 수도권매립지 갈등 풀릴까.
73 연합뉴스(2013.10.14.). 서울시, 수도권매립지 환경개선에 1천 25억원 투자.
74 서울경제(2013.10.14.). 서울-인천 해묵은 수도권매립지 갈등 풀릴까.

환경부와 서울시는 신청서에서 3매립장(307만 1천㎡), 4매립장(390만㎡), 잔여지역(147만 8천㎡)을 포함해 부지 844만 9천㎡에 대한 공유수면 매립을 승인해달라고 요구하였다. 이들은 수도권지역에서 발생하는 쓰레기 매립장을 조성하기 위한 목적이라며, 2016년까지로 돼 있는 수도권매립지 사용 기한을 2044년까지 연장해달라고 명시한다.[75]

이에 대해 인천시의 한 관계자는 "사용연장 불가라는 인천시 입장을 알면서 사전 협의도 없이 환경부와 서울시가 신청서를 냈다"며 "절대 승인해줄 수 없다"고 입장을 밝혔다.[76] 인천시는 "2016년 수도권매립지 매립을 종료시키겠다는 강력한 입장을 담은 공문을 22일 환경부에 보내기로 했다"고 밝혔다. 그는 "수도권매립지의 2016년 매립 종료 원칙에 변함이 없다"며 "매립 연장에 관련한 어떠한 시설물도 신규로 허가하지 않을 것"이라고 밝혔다. 허 대변인은 "관련법상 쓰레기는 발생한 곳에서 처리하는 것이 원칙"이라며 "환경부는 매립지 연장보다 각 지자체가 자체 매립장을 마련해 (쓰레기를) 처리하도록 조정해 줘야 한다"고 언급하였다.[77]

인천시는 "수도권 쓰레기매립지는 조성 당시에는 시 외곽이었지만 지금은 시가지로 바뀌어 70만명의 시민들이 악취, 비산먼지, 소음 공해로 고통을 받고 있다"며 "따라서 수도권매립지는 애초 약속대로 2016년 반드시 종료해야 한다"고 주장했다. 허 대변인은 "매립지 연장과 관련해 매립지 안에 들어서는 시설물에 대해서는 어떠한 경우에도 신규 허가를 하지 않을 방침"이라며 "이같은 내용을 담은 공문을 22일 환경부에 보낼 예정"이라고 덧붙이면서, 합의와 관련한 내용을 지켜야 하며, 협력해야 한다는 입장을 밝혔다.[78]

이어 2014년 12월 3일, 수도권 쓰레기매립지를 2016년 종료할지, 서울시와 경기도, 환경부의 요구대로 2044년까지 연장할지 올해 안으로 결정하기로 하면서, 인천시장은 4자 협의체에서 사용종료 원칙을 고수하기로 결단하였다. 유 시

---

75 노컷뉴스(2013.11.21.). 수도권매립지 사용연장 움직임, 인천시민 반발.
76 연합뉴스(2013.11.21.). 환경부·서울시, 또 매립지 사용 연장 움직임.
77 경인일보(2013.11.22.). "매립지, 2016년 종료원칙 변함없다".
78 뉴시스(2013.11.21.). 인천시, 수도권매립지 종료 연장 절대 불가.

장은 "지난 20여년 동안 인천시민이 쓰레기매립지의 악취와 처리과정에서 발생하는 먼지, 환경오염, 도로 파손, 교통난까지 감내할 수 있었던 것은 매립이 종료되면 주변지역 환경을 개선할 수 있다는 희망 때문이었다"며 "매립지 사용을 연장하는 것은 인천시민에게 또다시 고통을 강요하는 것"이라고 강조하였다.[79]

유 시장은 이어 "이를 위한 선제 조치로 매립지 소유권과 면허권의 인천 이양, 매립지관리공사의 인천시 이관, 매립지 주변지역에 대한 실질적인 지원정책 추진 등이 이뤄져야 한다"고 밝혔다. 이어 "이런 제반 문제에 대한 협의를 위해 인천시장, 서울시장, 경기도지사, 환경부 장관으로 구성된 4자 협의체를 제안한다"며 "환경부, 서울시, 경기도는 수도권매립지에 대한 모든 권한을 내려놓고 협의에 임해달라"고 강조하였다.[80] 2014년 12월 16일, 박원순 서울시장, 남경필 경기도지사, 유정복 인천시장, 윤성규 환경부장관은 본격적으로 수도권매립지 현안을 해결하기 위해 '4자 협의체' 국장급 실무단을 구성하기로 합의하였다. 이날 회의에서는 유정복 인천시장이 12월 3일에 요구한 '선제적 조치'와 관련하여 집중적으로 논의가 이루어졌다.

인천시는 서울시와 환경부가 보유한 수도권매립지 지분을 인천시로 일괄 이양할 것, 수도권매립지관리공사 관할권을 환경부에서 인천시로 이관할 것, 매립지 주변지역에 대한 실질적인 지원정책 추진 등 선제 조치가 관철돼야 한다는 입장을 거듭 표명하였다.[81] 구체적인 사항은 환경부와 3개 시·도 국장급으로 '4자 협의체 실무단'을 꾸린 뒤 인천시의 요구안에 대한 이행방안 등을 논의하기로 합의한 것이다.

그러나 인천시와 환경부, 서울시, 경기도의 견해 차이가 확연하였다.[82] 인천시는 선제적 조치를 수도권 쓰레기매립지 사용연장 여부와 관계없이 이뤄져야 한다고 주장하고 있지만, 환경부와 서울시·경기도는 연장의 전제조건으로 받아들였다. 서울시와 경기도는 매립지의 쓰레기 수용능력을 고려하여 2044년까지 사

79 경기일보(2014.12.03.). 유 시장 "수도권매립지 연장안돼 ··· 2016년 종료".
80 연합뉴스(2014.12.03.). 인천시 수도권매립지 2016년 사용종료 원칙 고수(종합2보).
81 SBS뉴스(2014.12.16.). 수도권매립지 '4자협의체' 첫발 ··· 국장급 실무단 구성.
82 경기일보(2014.12.16.). 수도권쓰레기매립지 둘러싸고 '동상이몽'.

용하자는 의견을 지속적으로 주장하고 있다.[83]

2015년 1월, 인천시와 환경부·서울시·경기도 등 매립지 4자협의체는 매립이 종료되는 수도권매립지의 연장 조건으로 서울시의 수도권매립지 면허권 및 소유권의 인천시 양도, 수도권매립지관리공사를 인천시로 이관하는 것 등 '선제적 조치'에 합의하였다.[84]

환경부·서울시·경기도는 현 매립지의 시설용량을 고려하여 매립지 사용을 연장하자고 재차 주장하였다. 그러나 인천시장은 2015년 3월 18일 인천시의회 시정질문 답변에서 "환경부는 폐기물의 안정적 처리를 위해 매립지의 30년 연장 사용을 제시했지만 인천시민이 정서적·심리적으로 납득할 수 있는 사안이 아니며 현실적으로 수용하기 어려운 사항"이라고 밝혔다.[85] 이에 서울시와 환경부는 부가가치만 1조 5,000억원에 달하는 매립지 지분 전체(서울시 71.3%, 환경부 28.7%)를 이양하겠다고 밝히며 인천시를 설득하였다. 더불어 수도권매립지관리 공사 관할권도 양도하고, 쓰레기 반입 수수료는 현재보다 50% 인상해 납부하겠다는 의견을 전달하였다.[86]

결국 2015년 6월 28일, 2016년 말 사용 종료하기로 한 수도권매립지를 약 10년간 더 사용하기로 서울·경기·인천이 합의하였다.[87] 이 기간은 3-1공구(103만㎡)를 추가 사용하기로 합의한 내용을 바탕으로, 현재 쓰레기 매립 추세를 고려했을 때 산출된 6년 4개월을 말한다.[88]

이 합의를 통해 인천시는 매립지 지분을 각각 71.3%, 28.7% 보유하고 있는 서울시와 환경부로부터 매립면허권과 토지 소유권 전체를 양도받았다. 이 규모는 국가시설인 환경연구단지와 환경산업실증화단지를 제외한 약 1천 600만㎡다. 더불어 환경부 산하 공기업인 수도권매립지관리공사는 인천시 산하 지방공

---

83 연합뉴스(2014.12.16.). 수도권매립지 '4자협의체' 첫발 … 국장급 실무단 구성.
84 경향신문(2015.05.10.). 인천시 "수도권매립지 사실상 연장".
85 연합뉴스(2015.03.18.). 유정복 "수도권매립지 30년 사용연장 수용 어렵다".
86 세계일보(2015.05.24.). 수도권매립지 사용 연장 갈등 '평행선'.
87 연합뉴스(2015.06.28.). 수도권매립지 사용연장 전격 합의.
88 연합뉴스(2015.10.01.). 수도권매립지 사용연장 승인 … 종료시점은 여전히 모호.

기업으로 전환하였다.[89]

　4자 협의회는 지속적으로 진행되었으나, 인천시와 서울시 그리고 경기도가 최종적으로 합의한 내용은 2015년 수도권매립지를 약 10년간 더 사용하기로 한 것과 추가적으로 매립이 종료될 때까지 사용하기로 한 것이다. 이전의 상황에는 갈등이 지속되었으며, 실제 갈등상황에서 합의한 내용들이 번복되는 등 합의안에 관한 세부적인 논의가 지켜지지 않은 경우가 많았다.

〈표 2〉 4자 합의 주요 내용

- ▶ 매립면허권 양도 및 매립지 공사 관할권 이관
- ▶ 반입수수료 가산 징수, 인천시 지원
- ▶ 수도권 3-1매립장(103만㎡) 사용 및 대체매립지 조성
　※ (단서조항) 대체매립지 조성 불가시 106만㎡ 범위 내 추가 사용
- ▶ 생활폐기물 직매립 금지, 건설·사업장폐기물 매립량 감축 등 친환경 매립방식 도입

　최종합의문에 근거하여 4자 간 협의를 통해 원활하게 갈등을 해소할 수 있으면 가장 좋은 상황일 수 있다. 그러나 앞선 과정을 살펴본 바와 같이 합의문은 강제성이 없어 갈등 해소를 위해 각 당사자에게 적극적인 역할을 강제할 수 없다는 것이 가장 큰 걸림돌이었다.

　종료 이후의 상황에 대해서는 구체적인 합의 없이 '추후 협의'라는 열린 방안을 제시함으로써 그 이용의 종료를 얼마 두지 않은 2020년 현재 협의 추진에 따른 추가적인 시간 소요와 함께 이용의 연장 당시의 동일한 갈등이 재현되고 있는 것으로 보인다. 수도권매립지와 대체매립지 등에 있어 환경부가 갈등 조정자로 참여하였다. 이에 수도권매립지와 관련하여 지자체별 갈등 상황을 해소하기 위해서는 '환경부'의 역할이 매우 중요한 시점이다. 실제 4자 협의체의 당사자들도 환경부의 역할을 기대하고 있으므로 수도권매립지 관련 현재의 갈등을 해소하기 위한 제안으로 환경부의 적극적 역할이 필요하다(석호영, 2020).

---

89 연합뉴스(2015.06.28.). "쓰레기대란 피했다" … 수도권매립지 사용연장 합의(종합2보).

환경부와 수도권 3개 시·도는 합의 이후 수도권매립지를 대체할 공동매립지를 찾는 작업을 진행하고 있으나, 4자 협의체간의 입장 차이로 대체매립지 조성이 지연되고 있다. 입장 차이의 첫 번째 쟁점은 사업추진 주체로 환경부의 적극적인 참여와 공동주체 참여 여부이다.

두 번째 쟁점은 정부 차원의 실효성 있는 지원책 마련과 관련한 것으로 재정상의 인센티브를 포함한 지역의 인센티브 등에 관한 논의이다. 세번째 쟁점은 정부 주도의 친환경 폐기물관리 정책의 추진방향성이다. 실제 수도권매립지의 사용기한이 다가오는 상황에서 현실적으로 대체매립지를 찾는 것도 쉽지 않은 상황이다. 이에 정부가 주도하는 환경관리정책의 마련이 필요하다. 마지막 쟁점은 공동으로 조성하는 대체매립지 조성방향과 각 지자체가 따로 매립지를 조성하는지의 여부로 견해 차이를 보이고 있다.

인천시는 쓰레기 발생지 처리원칙에 따라 각자 자기 지역에 대체매립지를 조성해야 한다는 입장이다. 인천시 관계자는 "대체매립지 추진단은 3-1 매립지 한시적 사용을 전제로 대체매립지 확보를 논의하는 기구로, 현 수도권매립지의 영구 사용을 논의하는 것은 아니다"라며 "최근 추진단 회의에서도 서울시의 주장에 동의해 대체매립지 공동사용을 결정한 것이 아니라, 대체매립지 용역 추진 시 공동·개별 사용을 모두 검토해 최적의 대체매립지를 찾자는 의견을 제시한 것"이라고 밝혔다.[90]

반면, 서울시는 자체 대체매립지 부지를 물색하기 어렵다며 막대한 예산 투입과 주민 반발 등을 고려해 대체매립지를 조성하더라도 3개 시도가 공동매립지를 운영하자는 쪽에 무게를 두고 있다. 이에 대해 인천 시민단체와 야권은 "대체매립지 조성 방식이 합의문에 명확히 적시되지 않아 사문화될 가능성이 크고, 3공구 연장은 곧 영구 매립의 가능성을 열어준 합의"라며 인천시에 재협상을 요구하였다.

---

90 아시아경제(2016.04.27.). "수도권 쓰레기 '2라운드' 돌입. 대체매립지 놓고 서울-인천 시각차".

4) 갈등관리과정

본 갈등사례에서는 환경부와 인천시, 서울시, 경기도 국장급으로 '4자 협의체 실무단'이 주요 협의를 이끌어 냈다. 이 국장급 실무단은 환경부 장관, 각 시장, 도지사의 위임을 받아 이 문제를 해결하기 위한 실무협상을 하였다. 시작 초기부터 각 시의 매립지에 대한 의견 차이로 진척을 보이지 못했었다.

주요 갈등해소는 인천시에 대한 다른 지방자치단체 및 중앙정부의 경제적 지원과 사용 기한의 축소로 이루어졌다. 기존에 서울시와 환경부가 요구했던 30년의 기한은 약 10여년으로 축소되었다. 이 기간은 3-1공구(103만㎡)를 현재 추세대로 매립했을 경우에 계산된 값이다. 더불어 인천시에 1천 600만㎡에 이르는 매립지 지분을 모두 양도하기로 결정하였다. 또한 환경부 산하 공기업인 수도권매립지관리공사는 인천시 산하 지방공기업으로 전환되었다.[91]

매립지 주변지역에 대해서는 인천도시철도 1호선과 서울도시철도 7호선 연장조기 착공, 테마파크 조성, 검단산업단지 환경산업 활성화, 체육시설 이용 프로그램 개발과 교통 확충 등을 추진하기로 하였다. 더불어 폐기물 반입 수수료의 50%를 가산금으로 징수, 매년 약 500억원을 인천시 특별회계로 전입해 매립지 주변지역 환경 개선에 쓰기로 하는 등의 인센티브를 제공하기로 하였다.

5) 결과

기존의 환경부의 입장은 폐기물관련 정책은 지자체의 고유사무라는 입장을 보이며, 이에 적극적으로 역할하지 않은 한계가 있었다. 폐기물과 관련한 정책 갈등은 정책참여자 간에 직접적 타협을 통한 해결이 필요하다. 수도권매립지 사용연장에 대한 최종합의문에 대해서 찬반 여론이 나뉘지만, 정책 결정을 통한 갈등 해소라는 점에서 긍정적인 측면도 존재한다. 따라서 이러한 각 정책참여자의 구심점을 마련하는 것이 결국 중앙정부인 정책중개자의 역할일 수 있다(서형

---

91 연합뉴스(2015.06.28.). "쓰레기대란 피했다" … 수도권매립지 사용연장 합의(종합2보).

준, 2017).

인천시, 서울시, 경기도와의 갈등에서 환경부는 조정자라고 하나 적극적인 조정자로서 활동하지 않았다는 문제가 있다. 환경부가 직접적인 조정이 어렵다면, 별도의 조정기구에 이관하고 진행 상황을 지켜보면서 갈등의 진행 과정을 살펴봐야 한다. 발생지처리원칙에 따라 자체 폐기물 처리대책 마련이 필요하며, 정부 입장에서 새로운 폐기물 발생원칙 및 처리원칙 등 장기적인 관점의 정책을 만들어야 한다. 환경부와 3개 시도는 수도권폐기물의 안정적이고 효율적인 처리를 위한 합의내용을 이행해야 할 것이다. 실제 환경부는 대체매립지 확보가 미진하였으며, 자체 감량화, 건설 및 사업장폐기물 매립량 감축이 부진하였다는 평가가 많다.

인천시의 주장과 폐기물처리 원칙의 필요성 등을 감안하여, 장기적인 관점에서 환경부가 활용할 수 있는 폐기물관리정책을 만들어야 할 필요가 있다. 환경부는 친환경폐기물관리정책 추진, 직매립 금지, 건설·사업장 폐기물 감축 등 세부적인 정책을 만들고, 지자체가 조례 등을 만들어서 자체적으로 추진할 수 있는 세부방안을 모색해야 한다.

환경부는 폐기물의 감량화, 자원화의 추진 등 폐기물을 저감할 수 있는 구체적인 방안을 모색하고, 지자체는 이를 구체화하는 조례를 구성할 필요가 있다. 입지지역을 지원할 수 있는 구체적이고 실질적인 지원방향 모색이 필요하며, 대규모 비선호시설 입지의 실효성 담보를 위해 정부 차원의 특별지원이 필요하다.

수도권매립지와 관련한 논의에서 환경부는 폐기물 처리 자체가 지자체 사무이기에, 3개 시도(경기도-서울시-인천시)가 적극적으로 노력하기를 원하는 상황이다. 그러나, 3개 시도의 노력과 힘만으로 대체매립지를 조성하는 것은 사실상 불가능하다. 이에 국무조정실에서는 4자 협의체를 구성할 수 있게 해야 할 필요가 있다. 이전에 4자 협의체가 운영되기는 하였으나, 실익없는 4자회의 등으로 인하여 행·재정적 낭비가 반복되고 있으며, 기관 간 입장의 차이로 인하여 실효성 있는 대책을 마련하지 못하고 있는 상황이다.

이에 대규모 광역매립지 조성에 필요한 건설기간이 부족한 상황이며, 대체매립지를 선정하지 않은 채 인천의 수도권매립지를 사용하겠다는 입장을 보이고 있다. 이에 국무조정실은 이들 기관 간의 갈등을 조정할 필요가 있으며, 실제 기관 간 갈등조정의 역할을 발휘하여, 적극적으로 조정할 수 있게 해야 한다. 필요시 정부의 정책을 설계하는 기반을 만들거나, 구체적인 지원방향을 모색하기 위한 법제도 개편 등을 통하여 국무조정실이 환경부와 3개 지자체를 조정할 수 있는 주체로 역할해야 한다.

4. 제언

인천시 수도권매립지 사례는 쓰레기매립지라는 대표적인 NIMBY(Not In My Back Yard) 문제를 지방자치단체가 어떻게 해결하는지를 보여주는 사례이다. 이 사례에서는 협의체를 통한 의견 조절과 더불어 경제적 인센티브를 통해 갈등을 봉합하는 과정을 보여주었다.

의견 조절의 경우에는 지방자치단체장에 의한 정치적 합의 이후 국장급 실무진의 실무적 합의를 통해 도달하였다. 이 과정에서 실질적인 사용 기한과 각 지방자치단체가 어느 정도로 양보하고, 어느 정도의 인센티브를 제공해야 하는지가 결정되었다. 특히 매립지 주변지역에 대한 직접적인 경제적 인센티브를 제공하는 전략을 취하였다.

하지만 사용연한이 다시 도래함에 따라 근본적인 해결책이 도출되어야 한다. 당시 서울시는 대안책이 없다는 이유로 수도권매립지 사용 연장을 주장하였다. 2025년에는 이러한 근거를 바탕으로 한 사용연장은 설득력을 잃을 수 있다. 그러므로 각 이해관계자는 더 장기적인 시각에서 쓰레기를 처리할 수 있는 방안을 고민해야 할 것이다.

쓰레기 처리는 크게 보면 재활용, 소각, 매립의 세 가지로 이루어진다. 다시 쓸 수 있는 것은 재활용하고 불에 타는 것은 소각하며 타지 않는 것은 매립하는 방식이다. 매립지가 꼭 필요한 이유는 재활용엔 한계가 있고 소각 역시 결과물로 소각재가 나오기 때문에 쓰레기의 최종 종착지는 매립지가 될 수밖에 없기 때문이다.

이에 정부는 폐기물 발생량 감소 및 재활용 증가를 위하여 쓰레기 종량제 시행, EPR 제도 도입, 음식물류 폐기물 직매립 금지 등의 정책을 시행하였으나 재활용 인프라 부족으로 재활용량 증가나 최종 처리되는 폐기물량 감소에는 한계가 있는 상황이다. 한편, 폐기물 처리시설의 건설은 점점 어려워지고 있다. 소각 등 폐기물 중간처리시설에서 배출되는 환경오염물질 처리기술에 대한 불신과 도시화 등으로 폐기물 처리시설의 신·증설을 위한 입지 선택은 점점 더 어려워지고 있다(윤하연, 2015).

하지만 수도권매립지의 사용연한이 다시 도래함에 따라 근본적인 해결책이 도출되어야 한다. 당시 서울시는 대안책이 없다는 이유로 수도권매립지 사용연장을 주장하였다. 2025년에는 이러한 근거를 바탕으로 한 사용연장은 설득력을 잃을 수 있으며 이에 각 이해관계자는 더 장기적인 시각에서 쓰레기를 처리할 수 있는 방안을 고민해야 할 것이다.

2016년 수도권매립지의 매립 종료를 앞두고 환경부, 서울시, 경기도는 안정적인 폐기물 처리와 신규 매립지 조성의 어려움으로 수도권매립지의 매립기간 연장을 주장하고 있으나 인천시는 수도권매립지가 주변 지역에 미치는 영향을 감안하여 예정대로 2016년 매립 종료를 주장하였다. 그런데도 매립지 구역이 인천에 있기에 매립지에서 발생하는 악취와 침출수, 대기오염은 인천시 서구 지역주민에 노출되어 항상 불만이 잔류하고 있었다.

이러한 상황에서 인천시와 서울시, 인천시와 지역주민, 서울시와 지역주민 등 관·관 및 관·민 간의 갈등이 잔존하고 있었다. 인천서구 지역주민들은 2016년 12월 사용 종료를 기대하고 있었지만, 서울시와 경기도, 인천시, 환경부 등이 모여 구성된 4자 협의체에서 사용연장 합의가 진행되었다.

4자 협의체에서 수도권 대체매립지 조성 갈등은 2025년까지 매립지 연장에 합의했으나, 인천시가 자체매립지 조성을 주장하는 상태이다. 해당 갈등 사례는 갈등이 해소되지 않은 상태이며, 향후 이해당사자들의 이견이 좁혀지지 않는 경우, 갈등은 다시 증폭할 수 있을 것으로 판단된다.

하지만 환경부, 서울특별시, 경기도 및 인천광역시가 4자 협의체를 구성하여 2015년 당시 2016년 종료가 예정되었던 매립지를 연장 사용하는 데 합의하면서 쓰레기 매립 문제를 일시적으로 해소하였다는 점에서는 의미를 가진다(석호영, 2020). 해당 갈등 사례는 관계기관 협력 및 보상 약속 및 폐기물 반입 수수료의 50%를 인천시 특별회계로 포함(법제도 마련)하면서 갈등이 완화되었다. 즉, 인천시에 도움이 되는 시설인 지하철 조기 착공, 테마파크 조성에 관계기관이 협의할 것을 약속하였으며, 특별회계 예산을 통하여 보상을 협의하는 과정에서 완화된 것이다.

수도권매립지는 광역 수도권매립지로 수도권지역의 중요한 환경문제로서 결국에 환경부의 주도적이고 적극적인 역할을 중심으로 관련 갈등이 해소되는 것이 바람직하다. 현재까지 진행되어온 합의의 내용대로 갈등이 해소되는 것이 가장 바람직하다 할 것이지만 2015년 구성된 '대체매립지확보추진단'의 역할이나 결과가 현재까지도 미비한 만큼 그리고 용역수행 결과로 선정한 10개의 대체 매립 후보지에 대해 발표도 하지 못하는 현 상황에서는 환경부의 적극적 역할이 요구되고 있다(석호영, 2020).

종합요약

　인천시 수도권매립지 사례는 쓰레기매립지라는 대표적인 NIMBY(Not In My Back Yard) 문제를 지방자치단체가 어떻게 해결하는지를 보여주는 사례이다. 이 사례에서는 협의체를 통한 의견 조절과 더불어 경제적 인센티브를 통해 갈등을 봉합하는 과정을 보여주었다.

　의견 조절의 경우에는 지방자치단체장에 의한 정치적 합의 이후 국장급 실무진의 실무적 합의를 통해 도달하였다. 이 과정에서 실질적인 사용 기한과 각 지방자치단체가 어느 정도로 양보하고, 어느 정도의 인센티브를 제공해야 하는지가 결정되었다. 특히 매립지 주변지역에 대한 직접적인 경제적 인센티브를 제공하는 전략을 취하였다.

　하지만 사용연한이 다시 도래함에 따라 근본적인 해결책이 도출되어야 한다. 당시 서울시는 대안책이 없다는 이유로 수도권매립지 사용 연장을 주장하였다. 2025년에는 이러한 근거를 바탕으로 한 사용연장은 설득력을 잃을 수 있다. 그러므로 각 이해관계자는 더 장기적인 시각에서 쓰레기를 처리할 수 있는 방안을 고민해야 할 것이다.

핵심정리

□ 이해관계자
  → 환경부, 인천시, 서울시, 경기도 등 중앙정부 및 지방자치단체, 지역 주민
□ 갈등쟁점
  → 매립지 사용 연장 및 새로운 매립지 선정
□ 쟁점별 입장 및 속내
  → 인천시: 수도권매립지 사용종료에 따른 새로운 매립지 발굴 필요성
  → 서울시, 경기도, 환경부 등: 지역 내 매립지 위치는 없으나, 지속적으로 매립
    지를 사용하고자 함
□ 쟁점별 대안
  → 쟁점별 대안은 많지 않으나, 지역주민들이 모두 합의할 수 있는 지역에 수도
    권매립지를 조성할 필요가 있음
□ 합의이행 여부 및 사후관리
  → 정부는 폐기물 발생량을 감소시켜야 하며, 인천시와 서울시 및 경기도는 수
    도권매립지의 사용연한 종료에 따른 새로운 대안을 만들어야 함. 협의체 등
    을 활용한 방안모색 이외에도 구체적인 사용방안에 대한 대안이 나와야 하는
    시점임

참고문헌

- 서형준 (2017). 옹호연합모형을 활용한 수도권매립지 사용연장 정책과정에 대한 사례 분석, 〈GRI 연구논총〉, 19(2), pp.47-78.
- 석호영 (2020). 지방자치단체 간 구성된 협의체에서 체결한 합의문의 의미와 문제점: 수도권매립지 사례를 중심으로, 〈토지공법연구〉, 91, pp,183-208.
- 윤하연 (2015). 수도권매립지 활용에 따른 인천시 대응 방안, 〈IDI 도시연구〉, 9, pp.175-216.
- 이정임·동그라미 (2015). 수도권매립지 이슈와 시사점, 〈이슈&진단〉, 195, pp.1-23.
- 인천연구원 (2018). 수도권매립지 관련 주요 현안 점검, 〈시정이슈제안〉. 80호.
- 인천광역시 (2020). 〈친환경폐기물 관리정책 전환과 자체매립지 조성 공론화〉 발표자료.
- 임지연 (2020). 수술실 영상정보처리기기 설치 의무화 득보다 실이 큰 법안 – 의료윤리강화, 자율규제 방향으로 흘러가야. 〈이슈브리핑〉 4호.
- 정원욱·김숙진 (2016). 수도권매립지 입지갈등의 전개, 〈대한지리학회지〉, 51(4), pp.451-558.

- 경기일보 (2012.12.09.). 수도권 쓰레기매립지 기한 연장불가 재확인.
- 경기일보 (2014.12.03.). 유 시장 "수도권매립지 연장안돼 … 2016년 종료".
- 경기일보 (2014.12.16.). 수도권 쓰레기매립지 둘러싸고 '동상이몽'.
- 경기일보 (2020.11.24.). 인천시, 2025년 수도권매립지 종료 TF 본격 가동.
- 경인일보 (2010.08.11.). "수도권매립지 기간연장 반대".
- 경인일보 (2011.09.21.). [뉴스분석] 수도권매립지 악취 '최고점'.
- 경인일보 (2013.11.22.). "매립지, 2016년 종료원칙 변함없다".
- 경인일보 (2014.12.23.). 매립지 4자협의체 '물밑협상' 본격화.
- 경향신문 (2015.05.10.). 인천시 "수도권매립지 사실상 연장".
- 경향신문 (2019.04.18.). 인천, 수도권 쓰레기 대체매립지 공모방식 선정
- 경향신문 (2019.09.30.). 인천시, 친환경 자체매립지 조성 나선다
- 경향신문 (2021.04.12.). 나서는 지자체 하나 없는 수도권매립지 … 3개월 공모에 신청 '0'.

- 국민일보 (2013.04.16.). 인천-서울, 수도권매립지 갈등 다시 가열.
- 내일신문 (2011.11.28.). 수도권매립지 갈등 갈수록 심각.
- 내일신문 (2012.02.14.). 서울-인천, 수도권매립지 두고 갈등.
- 노컷뉴스 (2013.11.21.). 수도권매립지 사용연장 움직임, 인천시민 반발.
- 뉴스1 (2013.06.25.). 인천시민 "수도권매립지 2016년 종료해야".
- 뉴스1. (2019.04.18.). "수도권대체매립지, 환경부 주도·파격 인센티브 제공하라".
- 뉴시스 (2008.02.26.). 수도권매립지 폐기물 반입수수료 대폭 인상될 전망.
- 뉴시스 (2013.11.21.). 인천시, 수도권매립지 종료 연장 절대 불가.
- 디지털타임스 (2021.05.05.). "수도권 쓰레기매립지 연장 사용한다".
- 매일경제 (2013.02.28.). "인천시, 환경부·서울시 쓰레기매립 기간 연장 '일축'".
- 매일경제 (2021.01.13.). "서울·경기 쓰레기 받아줄 지자체 없나요"… 2,500억 당근 내걸었다.
- 머니투데이 (2010.07.23.). "수도권매립지 영구사용?" 인천시민들 거센 반발.
- 머니투데이 (2015.06.28.). 수도권매립지 사용시한 '10년+@' 연장 합의.
- 서울경제 (2013.10.14.). 서울-인천 해묵은 수도권매립지 갈등 풀릴까.
- 서울경제 (2014.06.22.). 수도권 시민 "2017년부터 쓰레기처리 어쩌나"
- 서울경제 (2019.09.25.). 경기도·인천시 "수도권 대체매립지 조성, 정부가 나서라"
- 서울신문 (2011.06.26.). 수도권 쓰레기매립지 2016년 만료 … 연장 사용 갈등.
- 서울신문 (2019.04.22.). 신규 수도권매립지 조성 놓고 지자체·환경부 정면 충돌.
- 서울신문 (2020.11.18.). 서울·경기, 인천 빼고 대체매립지 조성.
- 서울신문 (2021.04.29.). "자체매립지 마련한 인천 … 서울·경기 울상"
- 서울PN (2010.08.20.). 수도권매립지 사용기한 연장 갈등.
- 세계일보 (2015.05.24.). 수도권매립지 사용 연장 갈등 '평행선'.
- 아시아경제 (2010.08.11.). 서울-인천 쓰레기매립지 둘러싼 갈등의 내막은?
- 아시아경제 (2011.11.17.). 수도권매립지 해결점 찾을까?
- 아시아경제 (2013.04.08.). "우리 갈 길 가겠다"… 인천시, 수도권매립지 대체부지 조성 천명.
- 아시아경제 (2016.04.27.). 수도권 쓰레기 '2라운드' 돌입…대체매립지 놓고 서울-인천 '시각차'.
- 아시아경제 (2019.07.22.). 수도권 쓰레기 대체매립지 난항…인천시, 자체매립지 확보

나서.

• 아시아경제 (2021.06.28.). 인천시민 83% "수도권매립지 2025년 종료"… 대체매립지
  의견은 팽팽.

• 연합뉴스 (1991.11.20.). 김포쓰레기매립장 1단계공사 완공.

• 연합뉴스 (1992.02.07.). 수도권쓰레기매립지 10일부터 가동.

• 연합뉴스 (1993.03.19.). 난지도 쓰레기매립지 완전 폐쇄.

• 연합뉴스 (1994.06.04.). 김포쓰레기매립지, 조기 포화상태 우려.

• 연합뉴스 (1999.11.05.). '수도권매립지 관리법' 제정 추진.

• 연합뉴스 (2010.03.25.). '매립지보상금은 서울시 세입'..인천주민 '불만'.

• 연합뉴스 (2011.10.04.). '매립지 악취 대책 마련하라'.

• 연합뉴스 (2011.11.17.). 서울시-인천시 쓰레기매립지 공동TF 구성

• 연합뉴스 (2012.12.03.). 서울 쓰레기 대란 오나 … 수도권매립지 협상 난항.

• 연합뉴스 (2013.10.14.). 서울시, 수도권매립지 환경개선에 1천 25억원 투자.

• 연합뉴스 (2013.11.21.). 환경부·서울시, 또 매립지 사용 연장 움직임.

• 연합뉴스 (2014.12.03.). 유정복 인천시장 수도권매립지 원칙 고수 배경은.

• 연합뉴스 (2014.12.03.). 인천시 수도권매립지 2016년 사용종료 원칙 고수(종합2보).

• 연합뉴스 (2014.12.04.). 서울시 "매립지 사용연장 위해 소유권 이양도 가능"(종합).

• 연합뉴스 (2014.12.15.). 인천 서구 주민 "2016년 매립지 사용 종료 위해 투쟁".

• 연합뉴스 (2014.12.16.). 수도권매립지 '4자협의체' 첫발 … 국장급 실무단 구성.

• 연합뉴스 (2014.12.16.). 수도권매립지 운명은 … 해법 모색 급물살.

• 연합뉴스 (2015.01.09.). 수도권매립지 사실상 연장 … 인천 주민·시민단체 반발.

• 연합뉴스 (2015.03.18.). 유정복 "수도권매립지 30년 사용연장 수용 어렵다".

• 연합뉴스 (2015.05.08.). '사용 종료 여부 논란' 수도권매립지 사용 연장 전망.

• 연합뉴스 (2015.05.20.). 인천시 '수도권매립지 사용 연장 가닥' … 야당 반발(종합).

• 연합뉴스 (2015.06.28.). 수도권매립지 사용연장 전격 합의.

• 연합뉴스 (2015.06.28.). "쓰레기대란 피했다" … 수도권매립지 사용연장 합의(종합2보).

• 연합뉴스 (2015.10.01.). 수도권매립지 사용연장 승인 … 종료시점은 여전히 모호.

• 연합뉴스 (2020.11.17.). 쓰레기 갈등 고조 … 서울시 "인천 빼고 대체매립지 공모"(종합).

• 연합뉴스 (2015.10.01.). 수도권매립지 사용연장 승인 … 종료시점은 여전히 모호.

• 중부일보 (2015.06.04.). 수도권매립지 4자협의체, 연장기간 이견 '무소득' 결렬.

- 파이낸셜뉴스 (2014.02.09.). "수도권매립지 대체부지 제공하겠다".
- 파이낸셜뉴스 (2015.01.09.). 서울·경기 '쓰레기 대란' 위기 넘겼다.
- 파이낸셜뉴스 (2017.11.28.). 인천시 이관 둘러싸고 공사와 갈등.
- 파이낸셜뉴스 (2018.04.01.). 매립지관리公 이전 갈등 속 인천 시민단체 결의안 채택.
- 한국경제 (2000.07.06.). 정부, 수도권매립지관리공사 사장에 이정주씨 발령.
- 한국경제 (2010.08.10.). 인천 "5년뒤 수도권 쓰레기 매립 못한다".
- 한국경제 (2016.09.12.). 인천시, 수도권매립지에 테마파크 짓는다.
- 한국일보 (2015.06.28.). 수도권매립지 10년 더 쓸 수 있다.
- 한겨레 (2011.11.17.). 수도권매립지 악취 해결 서울·인천 '전담팀' 뜬다.
- 한겨레 (2013.10.14.). 서울·인천 '수도권매립지' 1025억 투자.
- 현대일보 (2013.05.07.). "수도권 쓰레기매립지 사용연장 절대불가".
- SBS뉴스 (2014.12.16.). 수도권매립지 '4자협의체' 첫발 … 국장급 실무단 구성.
- YTN (2010.09.29.). [인천] 수도권매립지 매립 연장 갈등.

공저자

조 은 영
경희대학교 행정학박사

최 희 용
성균관대학교 행정학박사

최 일 환
경희대학교 행정학박사

이 선 우
한국방송통신대학교 행정학과 교수

갈등사례집

초판 발행   2023년 1월 20일

공저자   조은영 · 최희용 · 최일환 · 이선우
펴낸이   이구만
발행처   유원북스

         04091 서울특별시 마포구 토정로 222, 416호
         (신수동, 한국출판콘텐츠센터)
         Tel (02)593-1800   Fax (02)6455-1809
         등록 2011. 9. 6. 제25100-2012-3호
         www.uwonbooks.com uwbooks@daum.net

정 가   25,000원   ISBN 979-11-6288-165-1   93590